행복한
결혼학교
Cherish

행복한
결혼학교
Cherish

지은이   게리 토마스
옮긴이   윤종석
발행인   김혜정
디자인   홍시 송민기
기획위원   김건주
마케팅   윤여근, 정은희
발행일   초판 1쇄 인쇄 2019년 6월 10일
              초판 1쇄 발행 2019년 6월 21일
              개정판 1쇄 발행 2023년 5월 17일
              개정판 1쇄 발행 2023년 5월 29일
발행처   도서출판 CUP
출판신고   제 2017-000056호(2001.06.21.)
주소   (04549) 서울특별시 중구 을지로 148, 803호(을지로3가, 중앙데코플라자)
전화   02) 745-7231
팩스   02) 6455-3114
이메일   cupmanse@gmail.com
블로그   www.cupbooks.com
페이스북   facebook.com/cupbooks
인스타그램   instagram.com/cupmanse/

ISBN   979-11-90564-53-3 03230 Printed in Korea
* 파손된 책은 구입하신 서점에서 교환해 드리며 책값은 뒤표지에 있습니다.

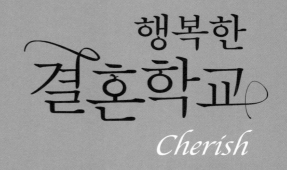

행복한 결혼학교
Cherish

게리 토마스 | 윤종석 옮김

관계의 성장을 바라는 부부를 위한 실제적 조언

사랑이 결혼생활의 양분이라면, 소중히 여김은 결혼생활의 '맛'이다

Cherish

The one word that changes everything for your marriage

Gary Thomas

—— 스킵(Skip)과 루시(Lucy)에게

\# 미국에서 "30일 만에 아내(wife)를 변화시키기"라는 책이 출간되었다. 책은 1주일 만에 200만부가 팔렸다. 하지만 저자는 책의 제목에 철자가 틀렸다는 것을 발견했다. 원래 책의 제목은 "30일 만에 인생(life)을 변화시키기"였다. 실수는 곧 고쳐졌다. 그리고 책은 한 달 동안 몇 권이 팔렸을까? 딱 3권이었다.

\# 이번에는 한국. 한 자매가 하나님께 기도한다. "하나님 살아 계세요? 그러면 제 남편 좀 사랑해 주세요. 다른 남편들 사랑하는 10분 1, 아니 100분의 1 그것도 아니라면 백만 분의 1이라도 사랑 좀 해 주세요. 그러면 변화시킬 수 있을 텐데요." 그러자 하나님이 즉각 응답하셨다. "딸아. 네가 뭔가 단단히 착각을 하고 있는 것 같구나. 네 남편은 네가 사랑해라. 변화시키는 것은 내가 해 보마"

모든 부부의 목표는 한결같다. 나도 그랬다. '어떻게 하면 바꾸어 놓을까?' 내 아내의 목표도 그랬단다. 누가 내게 귀뜸 했다. "목사님, 1만 원짜리 지폐와 5만 원짜리 지폐 좀 보셔요. 가장 위대한 왕, 세종대왕 5장이 평범한 여인네(신사임당) 1장에 불과하잖아요. 그러니 '소중히' 다루세요."(이런!!! 나도 안다. 어둠은 빛을 이길 수 없고, 거짓은 참을 이기지 못하며 남편은 결코 부인을 이길 수 없다.)

그랬는데 게리 토마스가 이 단어를 들고 나오다니! "Cherish" 맞다. 내가 조금만 일찍 이 단어를 핵심 개념으로 붙잡을 수 있었다면… 늙은 수도원 원장이 뒤늦게 지하서고에 보관중인 사본을 읽고 통곡하고 울며 탄식했다는 말이 떠올랐다. "Celebrate(즐겁게 살라)를 Celibate(독신으로 살라)로 읽다니…" 많은 사람이 그럴 것 같다.

"내가 'Cherish'(소중히 여기는 마음)를 놓치고 살았다니…!"

나도 솔직히 궁금하다. 게리의 책이 몇 권이 팔릴까? 이 추천사를 읽는다면 단연코 100만부는 팔린다. 나는 소망한다. 아내와 남편 모두가 배우자를 변화시키려 하기 보다 '소중히' 여겨 변화되는 기적을 맞보게 되기를!

결혼식장에서 결혼생활의 내비게이션으로, 결혼생활에 더 큰 활력을 불어넣고 싶은 이들에게는 행복비타민으로 딱(Simples!)이다.

— 송길원 | 목사, 가족생태학자, 행복발전소 하이패밀리 대표,
28년째 수만 쌍에게 부부코칭과 상담을 해 온 결혼 전문가

인생 만족도의 85%는 인간관계에서 온다고 한다. 인간관계 가운데 가장 중요하고 친밀한 관계는 부부관계다. 따라서 자신의 결혼생활을 매우 행복하다고 평가하는 부부는 인생 전체를 행복하다고 평가한다. 부부간의 행복도가 바로 생활만족도가 된다. 당신은 스스로의 결혼을 어떻게 평가하는가? 당신은 얼마나 행복한가?

게리 토마스는 독자의 행복도를 높이기 위해 책을 쓰는 작가다. 복음이 우리 실생활에 어떻게 적용되는가를 구체적으로 안내하는 베스트셀러 작가로 유명하다. 수많은 저자들의 지혜를 반영해 독자들을 설득하는 것으로 정평이 나 있는 저자이기도 하다. 전에도 가정생활과 부부행복에 대한 저술을 한 바 있지만, 이번에는 Cherish(소중히 여기라: 귀히 여기라)라는 단어가 현대 부부생활에 어떻게 적용될 수 있는지를 집중적으로 다루고 있다.

사랑은 누구나 배워서 습득할 수 있는 기술이다. 우리는 어떻게 사랑을 배우는가? 사랑을 받고, 보고, 듣고, 책을 읽고, 배운 것을 실천함으로 배운다. 행하지 않는 사랑은 사랑이 아니다. 우리 부부는 책을 읽고 나눔으로써 남편과 아내가 서로 어떻게 사랑해야 하는지를 배웠다. 사랑을 배우는 데는 끝이 없다. 이 책을 읽고 배운 것을 바로 실천해 보라. 남편이든 아내든 먼저 읽은 사람이 배우자를 소중히 여기는 마음을 행동으로 옮겨보라. 이 책을 읽고 놀랍게 변화된 당신을 발견할 것이다!

— **정동섭** | 박사, 가족관계연구소 소장, 가정사역전문아카데미 원장, 전 침신대, 한동대 교수

결혼할 때 우리는 대부분 서로를 "사랑하고 소중히 여기기"로 서약한다. 배우자를 사랑함에 대한 좋은 조언은 많이 들려온다. 물론 중요한 일이지만, 그게 다는 아니다. 사랑하는 배우자를 소중히 여김으로써 그 사랑을 실천하는 법을 게리 토마스가 우리에게 보여 준다.

— **짐 데일리**(Jim Daly) | 포커스 온 더 패밀리 총재

어떻게 하면 당신이 바라는 결혼생활을 날마다 누릴 수 있을까? 이 책은 아주 개인적이고 성스러운 결혼이라는 주제를 풍성한 지혜와 실제적 조언과 진솔함으로 풀어낸다. 게리 토마스는 우리의 일상 관계 속에 진리를 들여놓고 예수를 상기시킨다.

— 제니 앨런(Jennie Allen) | 《온전한 포기》(세움과비움) 저자,

IF:GATHERING 설립자

결혼과 가정과 영성의 베스트셀러 작가 게리 토마스가 또 하나의 놀라운 책을 썼다. 배우자를 사랑할 뿐 아니라 소중히 여기는 데 초점을 맞춘 책이다. 배우자를 귀히 여기고, 애정으로 아끼고, 보호하고, 양분을 공급하고, 자원해서 드러내는 마음이다. 이 책은 많은 부부와 그들의 관계에 엄청난 도움과 복이 될 필독서다.

— 성영 탠(Siang-Yang Tan) | 박사, 풀러 신학대학원 심리학 교수,

Counseling and Psychotherapy 저자

게리 토마스의 책을 손에 들 때마다 두 단어가 떠오른다. 그의 책은 심오하면서 실제적이다. 나도 라디오 프로그램에서 관계를 자주 다루는데, 우리의 관계에 대한 하나님의 가장 깊은 바람을 게리 토마스처럼 명료하게 풀어내는 사람은 없다. 그는 잘못을 지적하면서도 격려하고, 도전하면서도 능력을 길러 준다. 당신의 결혼생활이 권태롭고 밋밋하게 느껴진다면 이 책을 기도하는 마음으로 숙독하라. 몇 장만 넘기면 배우자를 새롭게 대하는 새날이 열린다.

— 수지 라슨 | 라디오 토크쇼 진행자, 전국적 강사, *Your Powerful Prayers* 저자

게리 토마스가 또 해냈다! 그는 내 결혼생활의 틀을 뒤흔들어 부부관계 속에서 하나님을 공경한다는 실제 의미를 환히 비추어 주곤 한다. 이 책이 당신에게도 똑같이 해 줄 것이다.

— 줄리 슬래터리(Juli Slattery) | 박사, Authentic Intimacy 총재

부부라면 누구나 배우자를 사랑하고 소중히 여기기를 원한다. 그런데 잘 사랑한다는 의미는 대부분 아는데 배우자를 소중히 여긴다는 의미를 아는 사람은 드물다. 타인을 참으로 소중히 여긴다는 의미를 게리 토마스가 생생히 그려냈다. 건강하고 역동적이고 생명력 있는 결혼생활을 가꾸는 새로운 길이 이 책에 밝혀진다.

— 케빈 G. 하니(Kevin G. Harney) | 박사, 목사, 《무모한 믿음》(규장) 저자,

Organic Outreach International 설립자

게리 토마스는 성경의 한 핵심 개념을 깊이 이해하고 적용한다. 어느 부부든 그대로 적용하면 틀림없이 관계가 한 차원 더 깊어질 것이다. 관계의 성장을 바라는 모든 부부의 필독서다.

— 토니 에번스(Tony Evans) | 박사, The Urban Alternative 총재

감화받을 준비를 하라! 이 책은 틀림없이 당신의 결혼생활을 한 차원 높여줄 것이다. 우리 부부에게도 그랬다. 그러나 게리는 우리를 감화하는 데서 그치지 않고 준비까지 시켜 준다. 배우자를 이전과 달리 사랑으로 돌보고 귀히 여기는 법을 보여 준다. 놀랍도록 실제적인 이 메시지를 놓치지 말라. 당신의 결혼생활이 달라질 것이다.

— 레스 & 레슬리 패럿(Les & Leslie Parrott) | 박사,

《결혼: 남편과 아내 이렇게 사랑하라》(요단) 저자

사랑해야 할 부부끼리 정말 사랑한다면 그 관계보다 아름다운 것은 없다. 이 책은 결혼생활이 그 달콤하고 행복한 차원에 들어설 수 있도록 도울 것이다.

— 팀 클린턴(Tim Clinton) | 박사, 미국기독상담자협회 회장

누구나 원대한 포부를 품고 결혼한다. "이 결혼만은 다르고 특별할 거야." 하지만 많은 부부가 목적을 잃는다. 삶이 바빠지고 고난이 닥쳐온다. 결혼생활은 바라던 바와 달라진다. 부부라면 누구나 둘의 관계가 더 나아지기를 원하지만, 대개는 어디서부터 시작해야 할지 모른다. 그래서 나는 이 책이 참 좋다. 게리 토마스는 결혼의 심장부에 다다른다. 그의 지혜를 빨아들여 이 원리들을 적용하라. 부부관계를 당신이 소중히 여길 대상으로 변화시키시는 하나님을 지켜보라.

— **저스틴 데이비스**(Justin Davis) | Hope City 교회 목사, RefineUs Ministries 설립자,
Beyond Ordinary: When a Good Marriage Just Isn't Good Enough 저자

나는 늘 게리 토마스 책의 열렬한 팬이지만 이 책은 특히 특별하다. 이 책은 실망스러운 결혼생활을 기쁨에 찬 결혼생활로 전환하는 법을 보여 준다. 상호 존중을 다룬 4장이 내게 특히 귀하다. 내가 상담하는 부부 중에는 결혼생활이 실망스러운 정도가 아니라 파괴적인 경우도 있다. 매번 존중의 결핍은 심각한 문제다. 배우자를 소중히 여기는 마음을 수시로 철회하면 그것이 정서적 학대의 차원으로 비화할 수 있다. 그 사실을 확증해 준 게리에게 고마움을 느낀다.

— 레슬리 버닉(Leslie Vernick) | 심리상담가, 관계 코치, 《결혼, 99%의 선택과 1%의 문제》(예수전도단), *The Emotionally Destructive Relationship* 저자

차
례

Cherish

감사의 말

감사의 말 첫 줄부터 이렇게 말하면 이상해 보이겠지만, 아이디어 구상부터 매일의 집필 과정까지 하나님이 이 책의 공저자처럼 늘 함께 계셨다. 특정한 요지에 대한 예화가 필요한 날이면 '때마침' 어떤 부부가 임의의 만남 중에 딱 맞는 사연을 털어놓았다. 글쓰기가 순전히 예배로 느껴진 날도 많았다. 이렇게 살아 계신 하나님을 섬길 수 있어 얼마나 감사한지 모른다. 내가 믿기로 그분은 자신의 교회가 성장하는 모습을 간절히 보기 원하신다. "그분이 아니었다면 이 책을 쓸 수 없었을 것이다"라는 말 정도로는 내 마음을 다 표현할 수 없다. 적어도 내게는 전부 하나님이 하신 일로 느껴진다.

초고를 사전 검토해 준 브룩스 파월, 메리 케이 스미스, 앨리 스미스, 아내 리자에게 깊은 감사를 전한다.

정말 고맙게도 많은 친구와 독자가 각자의 사연을 너그러이 들려주었다. 프라이버시를 보호하고자 세부 사항을 고친 경우도 있지만, 많은 이들이 자신의 삶을 적나라하게 전하도록 허락해 주었다. 그들은 부부관계와 교회에 역사하시는 예수를 삶 속에서 체험했다. 이 책은 그런 체험을 한데 모은 것이다.

나를 바짝 다그쳐 준 편집자 존 슬로운에게 깊이 감사한다. 그의 수고 덕분에 훨씬 좋은 책이 나왔다. 존더반(Zondervan) 출판사 팀 전체에게 도 고마움을 표하고 싶다. 발행인 데이비드 모리스는 열정으로 적극 지지해 주었고, 영업부장 톰 딘은 지칠 줄 모르는 인내를 보여 주었다. 브랜든 헨더슨과 로빈 바넷은 마케팅과 홍보 쪽으로 탁월한 지원을 베풀었고, 더크 버스마의 충실한 교열은 출판계 전체의 표준감이다. 에이전트로 곁에서 지도와 조언과 지원을 베푸는 커티스 예이츠와 마 이크 솔즈베리가 없다면 내가 이 사역에 동참한다는 것은 어림도 없 는 일이다.

내가 홀가분하게 집필에 몰두할 수 있음은 내 자녀들이 주님을 따르 며 매사에 훌륭한 선택을 내리는 덕이기도 하다. 아들 그레이엄과 며 느리 몰리는 사랑으로 내게 감화를 끼치고, 두 딸 앨리슨과 켈시는 날 마다 내게 즐거움을 준다. 자식 걱정으로 마음이 무거운 부모를 워낙 많이 보아 온 터라서, 이들 놀라운 네 젊은이에게서 감화를 받는 일이 내게 특히 복으로 느껴진다.

늘 그렇듯이 측량할 수 없는 복이 또 있다. 하나는 나를 지원하며 공동 체를 경험하게 해 주는 텍사스주 휴스턴 제이침례교회이고, 또 하나 는 내게 날마다 소중히 여기고 소중히 여김을 받는 기쁨을 가르쳐 준 아내 리자다.

나는 소중히 여김을 받는 느낌이 무엇인지 안다.

따뜻한 손길이 내 뺨을 감쌀 때, 이때 살짝 시선이 마주칠 수도 있다.

등을 살살 쓸어내려 줄 때.

호텔 방에서 잠을 깨 보니 침대 맡에 커피 한 잔이 놓여 있을 때.

과분한 인정의 말을 들을 때.

때로는 실내에 낯선 사람들이 가득할 때도 있다.

내 허리에 손을 대 줄 때.

신기하게 늘 차에 기름이 채워져 있을 때.

거친 반응이 정당했을 법한 상황에서 부드러운 말이 들려올 때.

이 중 어떤 것들은 **당신에게는** 소중히 여김이라기보다 오히려 성가시게 느껴질 수도 있다! 소중히 여김도 사람마다 방식이 다른데, 내 경우는 그런 작은 행위를 통해 내가 연모의 대상이고, 안전하며, 공들일 가치가 있는 존재로 느껴진다. **소중히 여긴다**는 단어만 들어도 나는 남편을 껴안고 뺨에 입을 맞추며 고맙다고 말하고 싶어진다.

최근에 친구가 내게 게리가 어떤 책을 쓰고 있느냐고 물었다.

Cherish(《행복한 결혼학교》)라는 새로운 결혼 서적이라고 했더니, 그녀는 반사적으로 자기 남편의 팔을 잡고 기대며 "와우!" 하고 기쁨의 탄성을 발했다. 단어만으로도 그런 반응이 나왔다. 이 책을 쓴 사람은 소중히 여기는 데 탁월하므로, 확신컨대 당신이 소중히 여기는 법을 배우는 데도 이 책이 도움이 될 것이다.

사랑하기와
소중히 여기기

01

소중히 여기는 태도는
당신의 부부관계를
풍성하고 깊어지고
영적으로 강건하게 해 준다

♡　　카니쉬타 '민트' 파사엥(Khanittha "Mint" Phasaeng)은 2015년에 태국의 미의 여왕으로 선발되면서 삶이 극적으로 바뀌었다. 〈데일리 메일〉지에 따르면 미인대회에서 우승한 그녀에게 큰돈을 벌 수 있는 영화와 광고와 텔레비전 계약이 쇄도했다. 고향에 돌아가자마자 민트가 쓰레기를 줍는 어머니의 발치에 무릎 꿇고 경의를 표하는 사진이 찍히면서, 그녀는 인터넷에 큰 화제를 일으켰다.

민트의 어머니는 말 그대로 쓰레기를 주워다 파는 게 생업이었다. 그래서 금의환향한 딸이 어머니와 상봉한 곳도 쭉 늘어선 쓰레기통 앞이었다. 태국의 신인 유명인사가 된 민트는 왕관과 화려한 어깨띠 차림 그대로였다.

미모의 아가씨가 슬리퍼 차림의 쓰레기 수거인 앞에서 더러운 바닥에 꿇어앉은 사진은 왠지 모르게 숨을 멎게 한다. 민트는 어머니의 생업을 부끄러워하기는커녕 가족을 먹여 살린 '명예로운 직업'이라 칭하며 어머니의 헌신과 보살핌을 칭송했다.

민트가 우승하기 일주일 전만 해도 이 어머니는 99.999%의 태국인에게 투명인간이나 다름없었다. 그런데 일약 유명해진 딸에게 소중히 여김을 받은 덕에 허다한 무리가 사연을 듣고 그녀의 성품과 가치를 알게 되었다.

이는 우리가 사랑하는 이를 소중히 여길 때 벌어지는 일을 잘 보여주는 일화다. 민트는 그저 어머니에게 감사장을 보내거나 어머니를 건성으로 껴안아 준 게 아니다. 사람들이 쓰레기를 버리는 곳에 그녀는 드레스를 더럽혀 가며 꿇어앉아 평복 차림의 여인에게 큰절을 올렸다.

민트는 어머니의 발치에 무릎을 꿇으면서까지 눈에 보이게 존중과 연모와 감사와 경의를 표했다. 일부러 상대를 주목하고, 진가를 알아주고, 존중하고, 귀히 여겼다. 바로 이런 모습을 가리켜 '소중히 여긴다'고 말할 수 있다. 민트는 가슴속에 뭔가를 느꼈고, 머릿속에 뭔가를 믿었고, 몸으로 무릎 꿇어 뭔가를 표현했다.

이 딸은 어머니를 소중히 여겼다.

무엇이든 특별대우를 받으면 모두의 시선이 거기로 끌리지 않던가? 워싱턴 DC를 걷고 있는데 소형 국기를 단 자동차를 검은색 SUV 경찰차 행렬이 호송하고 있다면, 알다시피 차에 탄 사람은 중요 인물이다.

그 사람은 보호받고 있다.

보석이 박힌 약혼반지를 신발 상자에 두는 사람은 없다. 렘브란트의 그림을 아이스캔디 막대로 만든 액자에 끼우는 사람도 없다. 조지 워싱턴의 자필로 된 진품 문서를 컵 받침으로 쓰는 사람도 없다.

물건을 취급하는 방식을 보면 그것을 소중히 여기는지 아니면 무관심하거나 하찮게 대하는지 알 수 있다. 참으로 소중히 여기는 물건이라면 일부러 돋보이게 하고 보호하고 애지중지한다. 내가 보는 가치를 남들도 보고 인정하고 확언해 주기를 바란다.

미술품 수집가가 유독 진귀한 작품을 전시할 때는, 이것저것 수도 없이 많은 액자를 살펴보고, 이리저리 조명 각도도 여러 번 살피고, 전시할 벽도 이것저것 따져본다. 마찬가지로 우리도 누군가를 소중히 여기면 시간과 생각과 수고를 들여 그 사람을 존중하고 알리고 보호한다.

배우자를 소중히 여기는 태도를 가꾸면 당신의 결혼생활이 관계적, 정서적, 영적으로는 물론 신체적으로도 격상된다. 관계의 목표 설정이 달라지고, 결혼생활을 보는 각도도 완전히 달라진다. 소중히 여김은 내면의 실체로 시작되는 듯 보이지만 언제나 **행동으로** 나타난다. 그리하여 당신의 결혼생활에 혁신을 몰고 온다.

등한시되는 말

수많은 부부가 결혼할 때 "죽음이 우리를 갈라놓을 때까지 사랑하고 소중히 여기기"로 서약했다.

사랑 부분은 거의 누구나 이해하고 알아듣는다. 헌신하고, 상대를 앞세우고, 섬긴다는 뜻이다. 하지만 배우자를 소중히 여긴다는 말은 무슨 뜻일까? 그냥 뒤에 따라붙는 말에 불과할까? 왜 결혼식 때 딱 한 번 말하고는 그 뒤로는 거의 언급조차 하지 않을까?

서로 소중히 여긴다는 의미를 탐색하고 이해하면 부부관계가 풍성하고 깊어지고 영적으로 강건해진다. 소중히 여김이란 그저 선심성 발언이 아니라, 결혼생활에서 우리가 무엇이 되어 무엇을 하도록 부름을 받았는지 더 잘 알게 해 주는 개념이다. 서로를 참으로 소중히 여길 줄 알면 결혼생활이 의무에서 즐거움으로 변한다. 부부관계가 헌신을 넘어 귀중한 최고 우위로 올라선다.

소중히 여김은 결혼생활에 노래를 더해 주는 선율이다.

소중히 여긴다는 단어는 안타깝게도 사람보다 물건과 추억에 더 널리 쓰이지만, 그런 일반 용법으로 미루어 말뜻을 더 잘 이해할 수 있다. 소중히 여기는 물건이라면 당연히 **보호하고**(억대의 벤츠를 차 문도 열고 열쇠도 꽂은 채로 길가에 두지는 않는다), **애지중지하고**("와서 내 새 차 좀 구경하시게!"), **부드럽게 대하고**(험한 노면을 피한다), **양분을 공급하고**(엔진 오일을 교체하고 정비한다), 일부러 **정성을 쏟는다**(자주 세차하고 깨끗이 닦는다).

소중한 물건일수록 **귀히 여기게** 마련이다. 그만큼 그 물건을 생각한다는 뜻이고, 생각할 때마다 큰 기쁨을 느낀다는 뜻이다. 그 물건에 대한 애정이 각별한 탓이다.

뭔가를 소중히 여기는 사람은 그게 자신에게 중요한 물건임을 일부러 밝힌다. 그리하여 그 물건을 **드러낸다**. 새로 약혼한 여자는 친구나 동료에게 약혼반지를 보여줄 때가 얼마나 많은가! 새 차를 사서 신나는 사람은 친구들에게 밖에 나와 자신의 새 '애인'을 보라고 할 때가 얼마나 많은가!

이것을 관계에 적용해 보자. 누군가를 소중히 여기면 당연히 상대를 **보호한다**. 물리적 보호만 아니라 정서적, 영적 보호일 수도 있고, 명예나 건강을 보호해 줄 수도 있다. 또 상대를 **부드럽게 대한다**. 자신에게 더없이 중요한 사람이기 때문이다. 또 상대에게 **양분을 공급할**

방법을 찾아내고, 적어도 가끔은 일부러 **정성을 쏟는다**. 또 소중한 사람일수록 **귀히 여긴다**. 일부러 상대를 생각한다는 뜻이고, 생각할 때마다 큰 기쁨을 얻는다는 뜻이다. 그 사람을 떠올리면 미소가 머금어진다. 이런 애정을 가꾸면 당연히 상대의 가치를 남들에게도 보여주고 싶어진다. 그래서 방법을 찾아 사람들에게 배우자를 **드러낸다**. 배우자의 장점을 보고 그들도 나처럼 기쁨을 얻기를 기대한다.

　어떤 의미에서 사랑이 결혼생활의 양분이라면, 소중히 여김은 결혼생활의 '맛'이다. 사랑은 필요를 채워 주고 소중히 여김은 혀를 자극한다.

"너무나 소중한 사람"

　은어 사전에서 **소중하다**는 단어는 믿어지지 않을 만큼 놀라운 사람을 가리키는 말로도 쓰인다. "그녀는 너무 소중한 사람이다!"

　바로 그 문장—"그녀는 너무 소중한 사람이다!"—의 문체로 쓰인 책이 성경의 아가서다. 고린도전서 13장이 사랑을 다룬다면, 아가서에는 소중히 여김이 잘 담겨 있다.

- ◆ 사랑은 너그러운 이타심이다.
  "사랑은 오래 참고 사랑은 온유하며"(고전 13:4).
- ◆ 소중히 여김은 열렬히 매료된 상태다.
  "네 사랑은 포도주보다 진하고 네 기름의 향기는 각양 향품보다 향기롭구나"(아 4:10).

◆ 사랑은 조용히 삼가는 편이다.

"시기하지 아니하며 사랑은 자랑하지 아니하며"(고전 13:4).

◆ 소중히 여김은 당당히 소리 높여 자랑한다.

"내 사랑하는 자는 희고도 붉어 많은 사람 가운데에 뛰어나구
나"(아 5:10).

◆ 사랑은 남을 생각할 때 이타적이다.

"교만하지 아니하며 무례히 행하지 아니하며 자기의 유익을 구
하지 아니하며"(고전 13:4~5).

◆ 소중히 여김은 사랑의 대상을 생각할 때 칭송한다.

"네 소리는 부드럽고 네 얼굴은 아름답구나"(아 2:14).

◆ 사랑은 상대의 최악의 상태를 바라지 않는다.

"불의를 기뻐하지 아니하며"(고전 13:6).

◆ 소중히 여김은 상대의 최선의 상태를 경축한다.

"내 사랑아, 너는 어여쁘고 어여쁘다"(아 1:15).

◆ 사랑은 많이 참는다.

"모든 것을 바라며 모든 것을 견디느니라"(고전 13:7).

◆ 소중히 여김은 많이 즐긴다.

"입은 심히 달콤하니 그 전체가 사랑스럽구나"(아 5:16).

◆ 사랑은 헌신이다.

"모든 것을 견디느니라. 사랑은 언제까지나 떨어지지 아니하
되"(고전 13:7~8).

◆ 소중히 여김은 기쁨과 정열이다.

"네 이름이 쏟은 향기름 같으므로"(아 1:3).

사랑과 소중히 여김은 경쟁하지 않고 서로를 보완해 완성한다. 당연히 양쪽이 겹쳐질 때도 있다. 힘써 소중히 여길수록 사랑도 더 잘하게 된다.

남자들이여, 아내가 당신에게 바라는 바는 헌신한다는 의미의 '사랑'만이 아니다. 아내는 당신이 자신을 소중히 여겨 주기를 바란다. "절대 당신을 떠나지 않고 당신에게 헌신하겠소"에서 그치지 않고 이런 말까지 듣기를 원한다.

◆ "여자들 중에 내 사랑은 가시나무 가운데 백합화 같도다"(아 2:2).

◆ "나의 사랑 너는 어여쁘고 아무 흠이 없구나"(아 4:7).

◆ "내 누이, 내 신부야, 네가 내 마음을 빼앗았구나. 네 눈으로 한 번 보는 것[으로] … 내 마음을 빼앗았구나"(아 4:9).

그리고 여자들이여, 알고 보면 소중히 여김을 받는 남편이 가장 행복한 남편이다. 내 친구가 남성 친구 일곱에게 물었다. "아내가 자네를 사랑하는가?" 일곱 모두 그렇다고 답했다. 이번에는 그가 "아내가 자네를 소중히 여기는가?"라고 물었더니 모두가 한결같이 아니라고 답했다.

일곱 명의 남편 모두 **사랑받는다**고 느끼지만, **소중히 여김을 받는다**고 느끼지는 않았다.

남편들은 아내에게서 이런 말을 듣기를 원한다. "남자들 중에 나의 사랑하는 자는 수풀 가운데 사과나무 같구나"(아 2:3).

남편을 소중히 여기면 그를 더 가까이하고 싶어져 결혼생활의 온도가 높아진다. "내가 … 마음에 사랑하는 자를 … 찾으리라"(아 3:2).

남편을 소중히 여기는 아내는 그의 가장 탁월한 자질 쪽에 집중하게 되어 결혼생활의 만족도가 높아진다. "입은 심히 달콤하니 그 전체가 사랑스럽구나 … 이는 내 사랑하는 자요 나의 친구로다"(아 5:16).

다행히 우리는 배우자를 소중히 여기는 법을 배울 수 있다. 그것은 단지 느낌만은 아니다. 배우자를 소중히 여기는 느낌이 들게 해 주는 영적, 관계적 실천이 있다. 그대로 행동하면 **정말** 마음으로 상대를 귀히 여기게 된다. 소중히 여김을 배우면 실제로 기쁨과 보람과 행복과 만족이 **싹튼다**. 논리적으로 맞아들지 않는 듯해도 믿음으로 실천하면 통하는 영적 실체가 있는데, 소중히 여김도 그중 하나다.

그냥 통한다.

우리의 결혼생활은 예의 바른 공존이나 기본적인 우정으로부터 그보다 훨씬 높은 차원의 영적 소명으로 격상될 수 있다. 서로를 참으로 소중히 여기는 법을 배우는 그 소명이 바로 이 책의 주제다. 이것은 결혼 여정이기 이전에 신앙 여정이다. 하나님의 말씀이 우리를 가르친다. 우리 마음이 "실수가 많"은(약 3:2) 사람을 소중히 여길 수 있도록 빚어지려면, 성령의 능력이 필요하다. 또 하나님의 진리가 우리를 깨우쳐 주어야 한다. 하나님도 실수가 많은 우리를 소중히 여기신다. 당신의 결혼생활이 거의 정체되었거나 조금이라도 진부해졌다면 이제부터 부부 간에 서로 소중히 여기는 법을 배울 수 있다. **하나님은 자신이 우리를 소중히 대하시듯 우리도 배우자를 소중히 대하도록 가르침과 능력을 주실 수 있다.** 거기에 우리의 희망이 있다.

지금까지 많은 결혼 서적을 통해 당신은 사랑하라는 도전을 받았다. 이 책의 도전은 소중히 여기는 일인데, 그러면 당신의 사랑이 전혀 새로운 차원으로 끌어올려진다. 소중히 여기는 나의 성경적 행위를 통해 배우자는 능히 하나님께 부름을 받은 본연의 자신이 될 수 있고, 그 과정에서 나도 더 본연의 자신이 되어 간다. 그 결과 결혼생활이 더 귀하고 잘 소통되고 만족스럽게 느껴진다.

성경적 결혼의 주요 요건인 사랑을 축소할 마음은 추호도 없다. 사랑은 언제나 성경적 관계의 근간이다. 그러나 소중히 여김의 특별한 속성을 공부하면 사랑이 광택을 입어 빛을 발한다. 그리하여 우리 삶과 부부관계에 특별한 윤기가 더해진다.

결혼을 향한 더 높은 비전

"우리 관계가 하도 좋아서 죄책감이 들 때도 있어요."

재클린(Jaclyn)과 도니(Donnie)는 결혼한 지 11년 되었다. 두 사업체의 소유주이며, 열 살 이하의 세 딸을 두었다.

이 부부가 서로 소중히 여기는 방식은 전염성이 있다. 내가 그들에게 강연한 날이 3월 21일이었는데, 마침 그날은 그들의 첫 데이트 기념일이었다. 둘은 애정을 담아 그날을 '재클린과 도니의 날'이라 부른다. 결혼생활은 본인들의 말로 '온통 춤판'이다. 부엌이 너무 좁아 곡예 비행단처럼 신속 정확하게 지나다녀야 하기 때문이다. 그래도 서로 걸려 넘어지지 않고 좁은 공간에서 용케 모든 일을 해낸다. 도니에 따르면 "그게 우리 부부의 삶을 가장 잘 보여주는 그림이다."

재클린과 도니는 둘 다 '화목한 성격'(본인들의 표현)의 막내 출신으로, 늘 공들여 소통을 유지한다. 텔레비전도 혼자 보는 일이 없는데, 그러려면 타협이 필요하다. 도니는 "내가 아내와 함께 드라마 '내슈빌'을 보아야 한다면 아내도 나와 함께 드라마 '에이전트 오브 쉴드'를 본다"라고 말했다. 이들은 개인의 취미 생활 때문에 둘 사이가 멀어지기를 원하지 않는다. 일 때문에 멀어지는 것도 싫어 아예 같은 사무실에서 일한다.

서로 호흡이 척척 맞는 그들의 모습을 보면 '소중히 여기는' 부부임을 알 수 있다. 도니는 재클린의 기분을 간파해 말없이 포도주를 따라주거나 초콜릿을 가져다주는 데 달인이다. 아이들 치다꺼리로 너무 힘들어지거나 업무와 생활의 스트레스로 심기가 불편해지기 이전에 말이다. 교회에서 봉사할 때도 15분간의 휴식 시간에 서로를 찾는다. 둘이 함께 걸을 때면 손을 잡거나 팔짱을 끼어 신체를 접촉한다. 말에도 의지가 실려 있다. 하루에도 몇 번씩 이런 말을 주고받는다. "난 당신이 제일 좋아요. 평생 함께 걸어도 될까요?" 이들처럼 서로를 보호하고 진가를 알아주는 여러 방식이 책 전체에 쭉 소개될 것이다. 처음부터 그들을 소개하는 이유는 내가 말하는 이런 결혼생활이 **가능하다**는 사실을 보이기 위해서다.

물론 힘들어도 끝내 참고 이겨내는 부부들의 사연도 필요하다. 하지만 결혼생활이 달콤하고 행복한 차원에 도달한 부부들의 이야기도 필요하다. 바로 이것이 이 책을 통해 고취하려는 부부관계다.

예술계에도 이에 상응하는 대비가 있다. 1세기 로마 예술의 특징은 실물 그대로의 현실주의였다. 초기 로마의 조각품을 보면 장군이든 여인이든 몸이 실물과 똑같고 많은 경우에 주름살까지 그대로다. 주인공의 대머리, 마맛자국, 뚱뚱한 몸, 작은 키도 그대로다. 실제 시민의 실제 모습을 동상으로 옮겨 놓았기 때문이다.

같은 시기의 그리스 조각품은 더 이상주의적이었다. 신과 운동선수를 조각할 때가 워낙 많다 보니 대상을 미화하는 경향이 있었다. 최상의 체형, 울퉁불퉁한 근육, 완벽한 아름다움 등 이상(理想)을 드러내려는 시도였다.

나는 이전 책에서 결혼생활의 어려운 현실을 주제로 많이 다루었다. 두 죄인의 관계라는 때로는 흉한 실상과 결혼생활의 주름살을 들여다본 셈이다. 그런 의미에서 앞의 책들이 '로마식'이라면, 반면 본서는 좀더 '그리스풍'이다. 이제 우리는 이상적 결혼생활을 보려 한다. 물론 그게 너무 놀라워서 결코 다 성취할 수는 없지만, 그래도 힘쓰면 여정이 아깝지 않을 만큼 아름다운 지점에 이르리라 믿는다. 그런 결혼이 존재한다는 사실을 알면 조금이라도 더 높이 도약하고 싶어진다.

본서의 주제는 하나님이 부부에게 서로를 기뻐하는 마음을 주셔서,

둘의 관계가 너무 좋아 때로 죄책감이 들 정도로 결혼생활을 즐기게 하실 수 있다는 것이다.

하나님 말씀의 이혼 '요건'에 해당하지 않는다는 이유만으로 부부 간에 이를 악물고 꾹 참으며 살고 싶은 사람은 없다. 배우자가 나를 존중하기는 고사하고 좋아하지도 않는 결혼생활을 누군들 원하겠는가. 우리는 소중히 여김을 받기 원하고, 또 배우자를 소중히 여기기를 원한다. 다시 말하거니와 원한다면 얼마든지 그 지점에 도달할 수 있다. 서로 소중히 여김을 이미 중단한 부부라도 말이다.

소중히 여김이 미움이나 무관심이나 그냥 꾹 참기보다 더 유쾌하고 즐겁고 만족스러워 보이지 않는가? 서로 소중히 여기는 마음을 키우고 싶지 않을 까닭이 있겠는가? 서로 소중히 여지기 못하게 우리를 막고 있는 게 무엇인가? 어떻게 하면 내게 상처와 실망과 좌절과 분노를 안겨준 사람을 다시 소중히 여길 수 있을까? 그런 데서 벗어나서 내 부족한 배우자를 끝까지 소중히 여길 수는 없을까?

이제부터 혼인 서약 중 흔히들 잊어버리는 이 두 번째 어구에 초점을 맞추어 보자. 소중히 여김이란 무슨 뜻인가?

- 혼인 서약을 통해 우리는 서로 사랑하고 소중히 여기기로 약속했다. 그런데 왜 우리는 사랑에 대한 말은 많이 하지만 소중히 여김에 대한 말은 별로 하지 않을까?
- 소중히 여김이란 마음을 들여 상대를 주목하고, 진가를 알아주고, 존중하고, 아껴 준다는 뜻이다.
- 누군가를 소중히 여기면 상대에 대한 생각이 즐거워지고 상대를 남들에게 드러내고 싶어진다.
- 사랑이 결혼생활의 양분이라면 소중히 여김은 결혼생활의 '맛'이다. 사랑은 필요를 채워 주고 소중히 여김은 혀를 자극한다.
- 사랑은 고린도전서에 칭송되어 있고, 소중히 여김은 아가서에 잘 표현되어 있다.
- 이 책의 주제는 다음과 같다. 제대로 소중히 여기는 나의 성경적 행위를 통해 배우자는 능히 하나님께 부름 받은 본연의 자신이 될 수 있고, 그 과정에서 나도 더 본연의 자신이 되어 간다. 그 결과 결혼생활이 더 귀하고 잘 소통되고 만족스럽게 느껴진다.
- 부족한 우리를 소중히 여기시는 하나님은 우리에게도 부족한 배우자를 소중히 여기도록 가르침과 능력을 주실 수 있다.

1 우리가 사랑에 대한 말은 많이 하지만 소중히 여김에 대한 말은 별로 하지 않는 이유가 무엇이라 보는가?

2 부부 중 한쪽이나 양쪽 다 소중히 여김을 실천하는 예를 본 적이 있다면 말해 보라. 어떤 모습이었는가? 당신에게 어떤 감화를 주었는가?

3 고린도전서와 아가서를 통한 사랑과 소중히 여김의 대비에서 당신에게 가장 강하게 와 닿은 부분은 무엇인가?

4 사랑은 어떻게 소중히 여김을 이해하는 데 도움이 되고, 소중히 여김은 어떻게 사랑을 이해하는 데 도움이 되는가?

5 당신이 배우자에게 특히 더 소중히 여김을 받는다고 느껴지던 시기에 대해 말해 보라. 이를 통해 당신 자신과 부부관계를 보는 눈이 어떻게 달라졌는가?

소중히 여기는 기술,
신경가소성의 원리

02

소중히 여김을
선택하도록
우리 뇌를 훈련하는
실제적인 방법

2만5천 달러를 들여 당신을 결코 실망하게 하지 않을 시계를 살 수 있다. 시계는 아주 정확하게 시간을 알려 준다. 하루에 열다섯 번을 보아도 그때마다 제 역할을 하며, 생전 지치지도 않는다.

열여섯 번째로 또 보아도 불평하지 않는다.

밤에 벗어 두었다가 아침에 차도 시계는 밤새 자기를 무시하고 이용만 한다고 징징거리지 않는다. 생일 선물이나 기념일 선물을 달라는 법도 없다. 아무것도 요구하지 않는다. 그저 당신에게 요긴한 정보를 알려 주고, 당신의 팔목에 멋을 더해 주고, 순전히 당신의 특정한 필요를 채우기 위해서만 존재한다.

하지만 이런 시계와 결혼하고 싶은 사람이 누가 있을까?

사실 생각보다 많이 있다.

서로에게 바라는 역할대로 서로를 대하는 남편과 아내가 많이 있다. "그냥 당신이 해야 할 일만 하고, 그 일을 하는 동안 웬만큼 멋있어 보이려 애쓰세요. 그러면 나머지는 다 잘될 겁니다."

이런 사고방식의 문제점은 남편과 아내가 영혼이라는 데 있다. 그들은 자신이 맡은 특정한 역할만이 아니라 전인적 존재로서의 자신을 배우자가 소중히 여겨 주기를 바란다.

삶이 워낙 바쁘고 우리에게 요구하는 일도 많아서, 소중히 여기는 마음가짐을 의지적으로 가꾸어야 한다. 그렇지 않으면 배우자를 인격체가 아닌 행위로만 중시할 위험이 있다. 행위로만 중시되는 사람은 자신이 소중히 여김을 받는 배우자가 아니라 종업원처럼 느껴진다.

신경가소성

예수께서 말씀하셨듯이 그리스도인의 열매는 "착하고 좋은 마음으로 말씀을 듣고 지키어 **인내로** 결실하는 자"에게 맺힌다(눅 8:15).

'인내로'(장기간에 걸쳐 꾸준히) 결실한다는 예수의 말씀은 신경과학을 2천 년 가까이 앞지른다. 그분은 뇌를 설계하신 분이므로 과학적으로 말할 때 수천 년 앞서 인간 본성을 간파하신 게 놀랄 일은 아니다. 오늘날 신경학자(뇌를 연구하는 사람)들의 말처럼 우리 뇌는 실제로 장기간의 경험을 통해 생리적으로 형성된다. 뇌에 빚어지는 각종 성향이 대개 우리의 행동을 지배한다. 반복되는 행동은 뇌에 아주 막강한 영향을 미쳐, 그 행동이 무엇이든 간에 반응의 기본값이 된다.

악기를 배우는 법이 그것으로 설명된다. 처음에는 악보의 음정마다 일일이 손가락을 어디에 둘지 생각해야 한다. 얼마 후에는 같은 음정을 보면 손가락이 그냥 제자리로 간다. 더 지나면 아예 악보가 필요 없어진다. 생각하지 않아도 그게 다음 음정인 줄을 알고 그냥 연주한다.

야구 선수를 생각해 보라. 아주 어린 아이는 누가 자기 쪽으로 땅볼을 치면 본능적으로 피한다. 나중에 코치는 공 쪽으로 다가가 잡도록 가르치고 연습시킨다. 전에는 무의식적으로 공을 피하던 사람도 의지적인 반복 연습을 거치면 무의식적으로 공 쪽으로 다가가게 된다. 야구 선수 브라이스 하퍼(Bryce Harper)가 센 땅볼이나 자기 쪽으로 날아오는 공을 피한다면 이상하고 부자연스러워 보일 것이다.

바로 이게 신경가소성이다.

홀딱 반한 시기가 지난 후 소중히 여기는 법을 배우는 데도 같은 원리가 적용된다. 이기적이고 미성숙한 우리 인간은 **어떻게** 소중히 여길지 생각해야 한다. 원망과 비난 대신 감사와 고마운 마음을 가꾸어야 한다. 산만해지지 않도록 의지를 구사해야 한다. 배우자를 생각할 때마다 즐거워하도록 자신을 일깨워야 한다. **단번의** 선택이 아니라 백 번, 천 번, 십만 번의 선택이다.

그러기를 계속하면 이는 마치 씨앗을 심고 물과 비료를 주고 잡초를 뽑아 주는 일과 같다. 싹으로 시작해서 점차 잎이 나고 마침내 꽃이 핀다.

다시 말해서 **소중히 여김을 가꿀 수 있다.** 신경학적으로 표현해서 소중히 여김은 하나의 '성향'이다. 우리의 행동과 생각과 반응 방식에서 그런 성향이 생겨나 결국 관계의 기본값이 된다.

소중히 여김을 배우려면 뇌의 성향을 형성하는 법을 알아야 한다. 그렇다면 소중히 여김을 선택하도록 우리 뇌를 훈련할 실제적인 방법은 무엇인가?

1. 사고를 활용해 마음을 빚어라

어느 부부가 호텔 승강기에 탔다. 승강기 안에 들어서면서 아내가 남편에게 9층이라고 일깨워 주었다. 그런데 그는 지리 시험이라도 치르는 사람 같았다. 숫자 9를 찾아 손가락이 온 숫자판을 헤맸다. 나라도 8과 10 사이에 있다고 말해 주고 싶었지만 예의에 어긋날 일이었다. 그의 아내가 씩 웃으며 그의 팔을 더 꼭 잡고 어깨에 입을 맞추었다. "당신, 아직도 그 계약을 생각하고 있는 거죠?"

"음."

"잘될 거예요."

뇌가 몽롱해지는 현상은 누구에게나 일어난다. 이 아내는 남편을 머릿속으로 비웃은 게 아니라(나는 그랬다), 정신이 산란해진 탓이라고 긍정적으로 생각함으로써 그를 소중히 여겼다. 그는 주의가 다른 데 팔린 상태였을 뿐 여전히 총명한 사람이었다. 그녀의 선택이 상황을 긍정적인 쪽으로 돌려놓았다.

소중히 여기려면 우리도 그래야 한다. 사람에 따라 많은 연습이 필요하다. 당신의 천성이 냉소적이거나 비판적이라면, 배우자를 비하하거나 농담에 악용하려는 기본값에 맞서 싸워야 한다. 대신 의지적으로 배우자의 최선의 모습을 생각해야 한다. 간단한 요령을 하나 배워 두면 좋다. **자신의 말을 들을 게 아니라 자신에게 말을 하라.** 당신의 사고를 통제하라. 부정적인 생각일랑 물리치고 긍정적인 생각을 선택하라.

빌립보서 4장 8절에 나와 있듯이 배우자를 생각할 때 우리는 다음과 같은 내용에 집중해야 한다.

- 무엇에든지 참되며
- 무엇에든지 경건하며

- 무엇에든지 옳으며
- 무엇에든지 정결하며
- 무엇에든지 사랑받을 만하며
- 무엇에든지 칭찬받을 만하며
- 무슨 덕이 있든지 무슨 기림이 있든지 이것들을 생각하라.

그러려면 당신의 사고를 관리하고 훈련해 배우자의 모습 중 경축할 만한 부분에 집중해야 한다. 배우자를 생각할 때 무엇에든지 명예롭지 **못하고** 불쾌하고 속상하고 수치스럽고 비난받을 부분에 집중한다면, 당신의 마음이 그대로 따라가더라도 놀라지 말라.

2. 배우자를 위해 희생하라

가장 애국심이 강한 시민으로 현역 군인과 퇴역 군인을 빼놓을 수 없다. 목숨까지 걸고 깃발을 위해 싸운 사람에게는 깃발과 그것으로 표상되는 나라가 한층 더 소중해진다.

결혼생활에서도 마찬가지다. 배우자에게 당신의 시간과 감정과 봉사와 심지어 복지를 더 많이 투자할수록 그만큼 상대를 더 소중히 여기게 된다. 왜 그럴까? **희생이 당신의 마음을 빚기** 때문이다.

제임스(James)는 수제 맥주를 아주 좋아해 중년의 취미로 삼았다. 그는 매주 출장을 다니므로 그 취미에 쉽게 탐닉할 수 있다. 업무 중 현지에서 마주치는 수많은 양조장에 들어가기만 하면 된다. 하지만 그는 그러지 않는다. 아내와 함께 있지 않을 때는 술을 마시지 않기로 아내에게 약속했기 때문이다.

혼자 출타 중에 술을 마시면 사람이 취약해진다. 그런 원칙을 세우게 된 위기일발이 있었는지는 모르지만, 제임스는 이 헌신을 고수한다. 그런데 결과가 어떤지 아는가? 그의 마음이 빚어진다. 술을 마시면 자신이 누구인지마저 망각할 수 있으나, 술이 당기는데도 마시지 않으려면 아내를 기억해야 한다. 아내를 떠올리니 아내가 더 소중히 여겨진다. 그는 귀가를 고대한다. 집에 가면 아내를 만날 뿐만 아니라 아내와 함께 있을 때만 즐기는 이 취미 생활도 할 수 있다. 제임스는 탐닉할 때보다 희생해서 얻는 게 더 많다. 자녀들이 떠나고 부부만 남은 결혼생활이 참으로 만족스럽다.

희생이 어떻게 소중히 여김으로 이어지는지 궁금하거든 이렇게 생각해 보라. 다음 둘 중 누가 자신의 첫 자동차를 더 소중히 여길까? 청소년은 부모에게서 차를 받았고, 청년은 3년 동안 야근과 주말 근무로 돈을 모아 직접 차를 샀다.

희생하면 소중히 여기는 마음가짐의 기초가 닦인다. 당신도 해 보면 알게 된다.

3. 마음껏 포옹해 주라

이탈리아의 한 출판인이 우리 부부를 현지의 어느 집회에 초대했다. 내 책 세 권을 이탈리아어로 출간하기 위한 예비 단계였다. 첫날밤에 우리는 수많은 포옹과 입맞춤을 보며 놀랐다. 한 여자가 우리 탁자로 다가오자 주최 측 인사의 얼굴이 환해졌다. 그는 밝은 표정으로 그녀를 끌어안고 입 맞추며(이탈리아어를 모르는 나로서 짐작건대) 아주 반갑게 안부를 물었다.

'아주 친한 사이인가 보다'라는 생각이 들었다.

그러나 이후 30분 동안에 보니 그와 '아주 친한' 사람이 많았다! 누구나 그에게서 뜨겁고 감동적인 환영을 받았다. 게다가 회의에 참석한 사람들도 대부분 똑같이 했다. 아버지는 아들에게 다정했고 친구 간에도 정감이 넘쳤다. 일주일 내내 열정적인 입맞춤과 포옹과 인사말이 장내에 넘쳐났다.

그에 비하면 내 아이들과 아내는 내게서 신체 접촉과 포옹을 받는 일이 참 적다는 생각이 들었다. 물론 나도 가족들과 만나고 헤어질 때 늘 포옹을 하긴 하지만, 그곳의 경우는 공동체적인 포옹과 입맞춤이었다. 부모만 아니라 누구나 다 그러는 것 같았다. 북미의 많은 배우자와 자녀들이 정서적으로 얼마나 굶주려 있을까 하는 생각이 들었다. 인사를 나눌 때 상대의 얼굴이 환해지지도 않고, 가끔의 차가운 악수나 주먹 마주치기 외에는 신체 접촉도 없으니 말이다.

이탈리아에서 돌아온 뒤로 눈에 띄는 변화가 있었다. 아침에 리자를 포옹할 때 30~45초만 더 오래 해도 놀라운 일이 벌어진다. 그전에는 잠에서 깬 아내를 포옹할 때 거의 지나가는 사람처럼 "잘 잤어요?" 하고는 내 일과로 돌아갔다. 대개 나는 이미 일어나 활동하는 중이었다. 그런데 포옹을 30초만 더 해도 그것이 리자에게는 질적으로 다르게 느껴진다. 효과가 100% 배가되어 자신이 소중히 여김을 받는다고 느낀다. 나는 아내를 의무감으로만 사랑하는 게 아니라 즐겁게 소중히 여긴다.

포옹하면 신경학적으로 우리 뇌에 옥시토신이 분비된다. 드포대학교의 심리학자 맷 허텐스타인(Matt Hertenstein)에 따르면 옥시토신은 흔히 '포옹 화학물질'로 불리는 신경펩타이드로, '헌신과 신뢰와 유대의 느낌'을 촉진한다. 허텐스타인 박사는 미국 공영라디오에서 말하기를, 포옹은 "정말 타인과 소통할 수 있는 생물학적 기초와 뼈대를 다져 준다"고 했다.[1]

다시 말해서 우리의 팔로 뇌를 빚을 수 있다. 소중히 여김이 반응의 기본값이 되도록 말이다.

4. 상대의 필요성을 알려 주라

배우자를 소중히 여기는 최고의 방법의 하나는 상대의 필요성을 인정하고 알려 주는 일이다. 소중히 여김이 상대를 장식대 위의 도자기 인형처럼 대한다는 뜻이라면, 내 아내는 보호받거나 소중히 여김 받기를 원하지 않는다. 아내는 자신이 **쓸모 있는** 존재임을 느끼기 원한다. 자신의 유용성이 인정될 때 소중히 여김을 받는다고 느껴진다. 우리는 다 누군가에게 꼭 필요한 존재가 되기를 원한다. 자신의 필요성이 느껴지지 않으면 소중히 여김을 받는다는 느낌도 들지 않는다.

---

1 다음 기사에 인용되어 있다. Michelle Trudeau, "Human Connections Start with a Friendly Touch," 2010년 9월 20일. www.npr.org/templates/story/story.php?storyId=128795325 (2016년 4월 21일 접속).

알렉스(Alex)는 독자이며 성격도 출생 순서와 딱 맞는다. 책임감이 강해 모든 일을 도맡는 남자다. 아내 에이미(Amy)는 막내라서 돌봄을 받기에 익숙했고 또 그게 좋았다(모든 독자와 막내가 그렇다는 말은 아니다. 다만 이 부부는 각각 전형적인 맏이와 막내의 유형에 해당했다). 그런데 하나님은 중병을 비롯한 오랜 일련의 사건을 통해 알렉스를 낮추셨다. 그는 몸져누워 사업과 집안일을 지속할 수 없었다. 에이미가 대신 나서야 했다.

이후 몇 달 동안 에이미는 자기가 많은 책임을 맡는 걸 **좋아한다는** 사실을 깨달았다. 남편이라면 꺼렸을 사업상의 결정을 자기가 내렸다가 그게 옳았다고 판명되자, 그녀는 남편의 표정을 마음껏 음미했다. 알렉스가 일에 복귀할 때는 사업도 집안 형편도 그가 입원하던 때보다 더 나아져 있었다.

에이미는 이 전환기가 부부관계에 미친 영향에 더 놀랐다. 그녀의 필요성이 확인되자 본인도 소중히 여김을 받는다는 느낌이 들었고, 남편도 그녀를 더 소중히 여기게 되었다. 그는 더 깊고 넓은 차원에서 아내의 진가를 알아주고 존중했다.

앞서 에스겔 16장에 보았듯이 하나님은 예루살렘을 소중히 여기셨다. 그분이 소중히 여겨 주시니 한때 버림받은 고아였던 예루살렘이 여왕으로 변해 온 세상에 명성을 떨쳤다. 여왕은 허구한 날 셀카나 찍어 인터넷에 올리는 허울뿐인 명사(名士)가 아니다. 여왕은 **다스리는** 사람이다.

못미더운 존재나 '보호 대상'이 되고 싶은 배우자는 없다. 삶의 여느 분야에서나 마찬가지다. 당신 자신도 상대에게 유용한 존재가 되어 주어야 한다. 그렇지 않으면 상대는 참으로 소중히 여김을 받는다고 느끼지 못할 것이다.

하나님이 아담에게 돕는 배필을 주셨음은 그가 외로워서만이 아니라 그에게 도움이 필요했기 때문이다. 결혼이란 외로움의 해결책만이 아니라 그 못지않게 두 사람이 서로 지원하고 돕는 일이기도 하다.

어떤 사람들은 배우자에게 '부담'을 주고 싶지 않아 혼자서 진이 빠지게 일한다. 가끔 "여보, 당신의 도움이 꼭 필요한 일이 있어요"라고 말하는 게 인정(認定)의 선물일 수 있음을 그들은 모른다(그렇게 말해 보았으나 배우자가 나서기는커녕 어쩌면 화까지 낸 때도 있을 것이다. 그것은 지금 다루는 주제와는 전혀 다른 역동이다). 그런 말을 통해 배우자의 가치가 인정된다. 덕분에 상대는 소중히 여김을 받는다고 느낄 수 있다. 아울러 당신의 뇌도 배우자를 소중히 여기도록 단련된다.

5. 배우자를 왕족으로 인식하라

소중히 여기는 태도를 유지하는 또 다른 방법은 배우자의 **신분**을 존중하는 일이다. 영국의 조지(George) 왕자는 딱히 이룬 일이 없는데도 언론에 자주 보도된다. 윌리엄(William)과 케이트(Kate)의 아들로서 왕족의 혈통인지라 시선을 끄는 것이다.

영적으로 말해서 당신의 배우자도 왕족이다. 동방정교회의 전통 혼례식에는 왕관을 쓰는 즐거운 풍습이 있다. 경사의 하나로 신랑과 신부가 왕관을 쓴다. 옛날에는 예식이 끝나도 여드레 동안 왕관을 쓰고 있었다. 오늘날에는 동방정교회의 신랑과 신부도 예식을 마치면서 왕관을 벗는 경우가 훨씬 많다.

진정한 그리스도인의 결혼은 우리를 유서 깊은 '왕족 부부'의 반열에 올려놓는다. 그 계보는 아담과 하와("땅에 움직이는 모든 생물을 다스리라"라는 명령을 처음 받은 부부, 창 1:28), 아브라함과 사라, 이삭과 리브가, 야곱과 라헬, 다윗과 밧세바, 스가랴와 엘리사벳, 요셉과 마리아 등으로 이어져 내려왔다. 우리는 그리스도인의 결혼의 관건이 행복과 출산 이상임을 인식해야 한다. 결혼이란 타락 이후의 인류를 회복시키시고 메시아를 통해 하나님의 세상을 되찾으시려는 그분의 장기 계획을 증언하는 일이다. 우리는 왕의 대사들이다. 하나님은 우리를 통해 그분의 통치를 확장하시고 나라를 세우신다.

사도 베드로는 하나님의 장기 계획인 구원을 말한 뒤에 이렇게 선포했다. "너희는 택하신 족속이요 왕 같은 제사장들이요 거룩한 나라요 그의 소유가 된 백성이니 이는 너희를 어두운 데서 불러내어 그의 기이한 빛에 들어가게 하신 이의 아름다운 덕을 선포하게 하려 하심이라"(벧전 2:9). 아내들(벧전 3:1~6)과 남편들(벧전 3:7)을 향한 베드로의 말은 바로 이 문맥에 뒤이어 나온다. 이는 우리가 서로를 **영적인 왕족**으로 대해야 한다는 명백한 진술이다. 결혼의 관건은 둘의 관계만이 아니라 하나님 나라를 증언하는 일이다. 이 사명을 다하려면 상대의 신분이 그 나라의 왕족이라는 인식도 꼭 필요하다.

공주는 잘못을 저질러도 여전히 공주이며 일정한 예우를 받을 자격이 있다. 왕자도 일진이 나쁘다고 해서 왕족의 혈통을 잃는 게 아니다.

캐나다 위니펙 출신의 유쾌한 남자 테리(Terry)를 생각해 보라. 그는 두 번의 사랑과 두 번의 비애를 겪었다. 두 아내를 모두 병으로 잃었다. 첫 아내는 결혼한 지 21년 되었을 때 잃었고, 재혼한 아내 섀런(Sharon)은 결혼생활 7년 만에 세상을 떠났다.

이 두 번의 결혼생활에서 우리는 배우자를 소중히 여기는 시범 사례를 볼 수 있다. 두 결혼의 주된 차이는 본인의 말로, 그가 섀런을 '공주'라 부르며 그대로 대했다는 데 있다.

테리의 첫 아내는 난소암으로 세상을 떠났다. 5년간의 투병은 처참했고 마지막 8개월 동안에는 24시간 내내 간병해야 했다. 테리는 혼자서 궂은일을 다하고도 거의 아무것도 돌려받지 못하는 데 익숙해졌다. 그로서는 새로운 상황이었지만, 아내가 몹쓸 병으로 서서히 죽어가고 있는데 달리 어쩌겠는가?

테리는 아내와 사별한 지 4년 후에 재혼했다. 결혼생활 마지막 몇 년 동안 집안일을 대부분 도맡아야 했고 혼자 살던 4년 기간에도 모든 일을 직접 했던 터라, 그는 재혼 후에도 같은 태도를 유지했다. 섀런은 44년 동안 독신으로 살다가 테리와 결혼했다. 혼자 있는 데 익숙해져 있다가 테리 같은 남자의 섬김을 받으니 자신이 세상에서 가장 운 좋은 여자처럼 느껴졌다.

테리에 따르면 초혼보다 재혼이 훨씬 친밀했고 여러모로 훨씬 풍성했는데, 이는 두 아내 중 어느 한쪽이 더 훌륭해서가 아니라 결혼생활에 임하는 자신의 **태도**가 몰라보게 달라졌기 때문이다. 그는 섀런을 왕족처럼 대했다. 흔히들 여왕을 어떻게 대할까? 바로 그게 테리가 섀런을 대한 방식이다.

아내를 그렇게 소중히 여길수록 마음이 그쪽으로 빚어져 더 소중히 여기게 되었다. 아내를 섬기고 지켜 줄수록 아내가 더 소중해졌다. 그래서 그는 사별의 그날까지도 아내를 공주라 불렀다.

테리의 말을 내가 제대로 이해했는지 확인하려고 재차 물어보았다. 두 번의 결혼 중 재혼 쪽이 훨씬 친밀했다. 그런데 그 차이는 재혼한 아내가 더 훌륭해서가 아니라(흔히 우리는 배우자가 훌륭해야 결혼생활이 행복하다고 생각한다) 아내를 대하는 자신의 태도가 달라졌기 때문이었다. 물론 그는 첫 아내도 헌신적으로 사랑했지만, 재혼한 아내의 경우는 소중히 여기기까지 했다.

두 번 결혼했던 테리의 이야기에서 보듯이 소중히 여기려는 헌신은 부부관계에 지대한 영향을 미친다. 그의 삶이 증언해 주듯이 누구와 결혼하느냐보다 내가 결혼생활에서 어떻게 행동하고 배우자를 어떤 태도로 대하느냐가 중요하다.

6. 배우자의 꿈을 이루어 주라

작은 일로 꾸준히 인정해 주는 게 소중히 여김의 일반 원리다. 그러나 상대를 참으로 소중히 여기려면 적어도 한두 번은 크게 한턱 내면 좋겠다.

다들 들어 보았겠지만, 불치병에 걸린 아이들에게 특별한 꿈을 이루어 주는 행사들이 있다. 예컨대 유명 운동선수를 만나게 해 주기도 하고, 놀이 공원에 데려가기도 한다. 부부 중 한쪽이 불치병 진단을 받은 경우에도 나는 비슷한 사연을 듣곤 했다. 평생 미루어 온 꿈을 마침내 이루어 주기로 배우자 쪽에서 작정하는 일이다. 그런 작정을 지금 한번 해보면 어떨까?

남편들이여, 내가 아내들에게서 가장 흔히 듣는 꿈은 다름 아닌 유럽 여행이다. 아이들이 다 큰 후에나 돈이 너무 쪼들리지 않을 때 파리나 런던 등 유럽의 인기 도시에 꼭 가보고 싶다는 아내들이 아주 많다. 당신이 중산층 수입으로 살아가고 있다면 유럽 여행이 아예 불가능해 보여 이렇게 말하고 말 수도 있다. "그야 가면 좋겠지."

하지만 매년 50만~70만원 씩(매달 5만~8만원 쯤) 몰래 비축할 수 있다면 어떤가? 10년이면 제법 괜찮은 유럽 여행을 갈 만한 자금이 마련된다. 아내가 뜯은 선물에서 당신의 글씨로 "우리의 다음번 데이트 장소"라고 적힌 에펠탑 사진이 나온다면, 그때 희색이 만면해질 아내의 얼굴을 상상해 보라. 족히 10년을 넘긴 당신의 희생은 또 얼마나 더 의미가 클지 생각해 보라. 아내에게 평생의 꿈을 이루어 주려고 그동안 용돈을 아껴 가며 그 돈을 모았으니 말이다.

요지는 이것이다. 아내의 꿈을 실현해 주려고 몰래 돈을 모으고 희생까지 하는 **과정에서** 당신의 마음과 생각은 배우자를 더 소중히 여기는 쪽으로 확실히 빚어진다. "무엇이 고장 나서 수리가 필요하든, 이 비자금에만은 절대로 손대지 않는다. 아내의 꿈을 이루어 주는 일보다 더 중요한 건 없다." 이런 마음을 가지면 아내를 소중히 여기는 마음이 더욱 깊어진다.

이런 장기적 소원은 결혼생활 내내 한두 번밖에 실현되지 못할 수도 있다. 그래도 한두 번이라도 시도는 해 보라. 이것이야말로 돈을 가장 잘 쓰는 방법의 하나다.

샌프란시스코 주립대학에서 실시한 한 연구에 따르면, 대부분 사람은 체험 활동보다 물리적 제품에 돈을 쓰는 게 더 낫다고 생각하지만, 정작 전반적 행복을 증대시켜 준 것은 물리적 제품에 들인 돈이 아니라 사랑하는 사람과의 체험에 소비한 돈이었다. "이 연구로 입증되듯이 외식이나 연극표 같은 체험 비용이 사람을 더 행복하게 하는 결과를 낳았다. 더 높은 차원의 필요를 채워 주기 때문이다."[2]

당신의 배우자는 평생의 꿈이 어딘가를 가는 게 아니라 자신에게 맞는 직업 분야일 수 있다. 도니와 재클린은 내슈빌에 살 때 너무 가난해서 정부에서 주는 식품 보조비의 수혜 대상이 되었다. 재클린은 사진가가 되려고 준비 중이었는데, 워낙 오래 걸리는 일이라 가계에 더 보탬이 되지 못한다는 자책감이 들었다.

마침 친한 친구가 식당 웨이트리스로 일하고 있어서 재클린도 그런 일을 해야겠다고 생각했다.

그런데 도니가 평소의 그답지 않게 강경하게 말했다. "아니, 그건 당신이 할 일이 **아니에요**. 계속 사진을 찍어요. 언젠가는 돈도 많이 벌 거예요. 꼭 그리될 거요."

---

2 San Francisco State University, "Buying Experiences, Not Possessions, Leads to Greater Happiness," Science Daily, 2009년 2월 17일. www.science daily.com/release/2009/02/090207150518.htm (2016년 4월 21일 접속).

도니는 그때의 생각을 이렇게 설명한다. "자라면서 나는 결혼한 후 꿈을 버렸다는 여자들의 말을 듣곤 했다. 재클린만은 그렇게 되게 하고 싶지 않았다. 솔직히 아내의 꿈이 무엇이든 그건 관계없었다. 가정주부든 석사학위든 사진가든 아내가 원하는 길이라면 무엇이든 이루도록 도울 작정이었다."

이 헌신은 도니에게 큰 희생을 요구했다. 아내 쪽의 수입이 없으니이를 보충하느라 겸업까지 해야 했다. 재클린은 처음으로 유급 일이들어왔을 때 제대로 된 장비가 없어 그 기회를 포기하려 했다. 그런데도니가 2천 달러를 들여 꼭 필요한 도구인 카메라 렌즈를 사 주었다.

"그때 우리는 단돈 20달러가 없어 먹을 것도 사지 못하던 때였다."

현재 재클린은 사진 사업으로 정말 **많은** 돈을 벌고 있다. 휴스턴 전역의 광고판에 그녀의 작품이 꽤 등장한다. 사실 지금은 그녀에게 고용된 다른 사진사도 많다. "촬영은 대부분 그들에게 맡기고 나는 이제편집을 주로 한다."

그러나 이런 희생적 태도는 그들의 은행 잔액보다 부부관계에 더큰 영향을 미쳤다. 재클린은 자기가 소중히 여김을 받는다고 느낀다. 이 책 1장에 "우리 관계가 하도 좋아서 죄책감이 들 때도 있어요"라고말했던 사람이 바로 재클린이다.

7. 바라보며 즐거워하라

전국 규모의 어느 결혼사역 기관에서 우리 부부를 초대해 소형선박크루즈 여행을 즐기게 해 주었다. 한 번의 강연 요청도 없이 말이다.

"여태까지 수많은 부부를 위해 힘써 주신 두 분께 감사를 표하고 싶을 뿐입니다"라고 그들은 말했다.

저녁 강연을 준비해야 할 일이 없으니 둘이 함께 여러 재미있는 현지 관광에 집중할 수 있어 즐거웠다. 강단에서 무슨 말을 해야 할지 신경 쓸 필요 없이 남편의 역할에 더 충실할 수 있었다.

배를 타던 날부터 내가 갑절로 즐거웠던 것도 아마 그래서였을 것이다. 리자는 여행 계획을 짜고 관광 상품을 고르는 데 대가다. 그 일을 아주 좋아한다. 평소에 늘 여러 대안을 연구하고 이용 후기를 찾아 읽고 가격을 비교하여, 95%의 사람들이 놓칠 만한 상품을 찾아낸다. 이번에도 어김없이 아내는 승선하기 전에 이미 연구를 마친 상태였다. 첫날 저녁에 모두 선택 관광 목록이 게시된 공동 구역에 모여 앉았는데, 리자가 사실상 크루즈의 관광 책임자가 되었다. 누가 묻는 말에 아내가 어찌나 답변을 잘했던지 계속 여기저기서 질문이 쇄도했다. 머잖아 아내는 사람들에 빙 둘러싸여 있었다. 빛을 발하는 리자를 나는 황홀하게 바라보았다.

우리 아이들과 나는 리자의 여행 계획에 웃고 말 때도 있는데, 이제 다른 사람들도 그 재능의 덕을 보고 있었다. 아내는 중앙 무대에 선 나의 발레리나였고, 사람들은 여태 내가 당연시해 온 혜택을 누리고 있었다.

리자는 사랑스러운 구석이 워낙 많아서 자칫 나는 아내가 얼마나 유용하고 실제적이고 똑똑할 수 있는지 망각하기 쉽다. 활동하는 아내를 느긋하게 앉아 지켜보노라니 아내가 더욱 소중하게 느껴졌다.

나는 그저 감탄하며 기쁨이 가득한 즐거운 마음으로 바라보았다.

때로는 한 걸음 물러나 배우자를 관찰하고 심지어 묵상해야 한다. 감동적인 상황에서 배우자를 보되 생전 처음 보듯 바라보라. **처음 사랑에 빠졌던 때를 떠올려 보라.** 그러면 소중히 여기는 마음이 자연스럽게 따라온다.

8. 에너지를 아껴 두라

당신도 느끼겠지만, 이 모든 소중히 여기는 일에는 시간과 노력과 에너지와 생각이 많이 들어간다. 남자친구나 여자친구에게 어쩌다 홀딱 반할 수는 있지만, 배우자를 어쩌다 소중히 여길 수는 없다. 오래도록 소중히 여기려면 의지와 목적과 성찰이 있어야 한다. 한 아내에게 어떨 때 가장 소중히 여김을 받는다고 느껴지느냐고 물었더니 한 단어로 '의지'라고 답했다.

배우자를 소중히 여기기 위해서라도 중독을 피해야 한다. 이미 중독된 경우라면 계속 충실하게 회복에 힘써야 한다. 중독은 소중히 여김에 대항해 싸운다. 중독은 부부관계에 들여야 할 에너지를 앗아간다. 중독이나 결혼생활 중 어느 한쪽을 살릴 수는 있어도 양쪽 다 살릴 수는 없다. 둘 중 하나는 힘을 잃을 수밖에 없다.

'건강한' 중독도 마찬가지다. 어떤 여성들은 자기도 모르게 아내의 역할보다 엄마의 직무를 어떻게든 앞세운다. 다른 식의 삶은 억지 같고 고통스럽고 심지어 생각할 수조차 없게 느껴진다. 그러다 보니 자녀 양육이 거의 중독에 가까워진다. 직장생활, 취미, 부모를 즐겁게 하는 일 등에 대해서도 똑같이 말할 수 있다. 다음의 여러 이유로 부부관계가 점점 멀어지는 경우를 나는 많이 보았다. 아내가 달리고 싶은 생각에 마라톤을 위해 산다. 남편이 교회 성장에 강박적으로 매달린다. 아내가 온통 자녀를 성공시킬 생각밖에 없다. 남편이 화면을 보며 공상에 빠지려고 혼자 있을 궁리만 한다. 다른 일에 1초를 내어줄 때마다 배우자에게 들일 시간은 1초씩 사라진다.

배우자를 소중히 여기려면 다른 무엇을 과도히 소중히 여기지 않도록 조심해야 한다. 다른 일에 자신을 쏟아부으면 배우자를 위한 삶에 충분히 집중할 수 없다. 단언컨대 서로 소중히 여기는 친밀한 결혼생활보다 더 만족스러운 무엇을 나는 보지 못했다. 나는 마라톤을 여남은 번 완주했고 그중 세 번은 보스턴 마라톤에 출전할 자격까지 얻었지만, 그래도 어떤 때는 다 끝나고 나면 '이게 다 무슨 소용인가?'라는 생각이 든다(마태복음 6장 33절에 따르면 우리가 첫째로 구해야 할 것은 하나님 나라다. 친밀한 관계보다도 그게 먼저다. 따라서 나는 그런 문맥에서 이 글을 쓰고 있다. 그러나《부부사랑학교》(CUP)에 썼듯이 내 아내는 하나님의 딸이므로 아내를 사랑하는 일도 그 나라의 일면이다. 물론 가장 친밀한 최선의 결혼생활은 서로에게 주로 집중하는 게 아니라 부부가 함께 하나님 나라의 일에 힘쓰는 삶이다. 이 점을 염두에 두고 읽어 주기 바란다).

인생에 부부관계처럼 오래 남는 것은 없다. 자녀를 위해 자신을 쏟아부을 수 있으나 몸과 마음이 건강한 자녀라면 결국 집을 떠나 각자의 삶을 꾸린다. 술에 중독되거나 도박에 도취된 인생에서 만족을 얻은 사람은 우주 역사상 전무하다. 그런 삶은 인간의 영혼에 만족보다 불행을 훨씬 많이 가져다준다.

혼자만의 생활을 추구하며 거기에 에너지를 쏟지 않도록 주의하라는 말이다. 그래야 자신도 더 행복하고 만족스러워진다. 그렇지 않으면 서로를 참으로 소중히 여기는 결혼생활의 기쁨과 경이를 잃을 수 있다. 물론 배우자가 동참하지 않는 취미 생활은 자연스럽고 건강한일이다. 다만 거기에 들이는 시간과 에너지를 절제해야 한다. 자신의낙에 너무 집착하면 배우자를 소중히 여길 수 없다.

신경가소성의 활약

어느 오후에 우리 부부는 캘리포니아 남부의 작고 멋진 해변 마을을 방문해, 리자가 열심히 연구하여 알아 둔 식당에서 점심을 먹었다.

"우리 산책해요." 식사를 마치자마자 아내가 말했다.

두 블록쯤 갔을 때 갑자기 요란한 굉음에 사방이 진동했다. 그렇게귀에 거슬리는 금속성 소리는 처음이었다. 리자는 움찔했고 나는 얼른 아내를 허리를 굽혀 감싸 안았다. 또 무슨 일이 있을까 싶어 그렇게멈추어 잠시 기다렸다. 뒤를 돌아보니 건축 현장에서 발생한 사고였다. 폭탄이나 테러는 아니었다. 그냥 뭔가 **아주 요란하게** 떨어지는 소리였다.

"휴, 당신이 내 목숨을 구했네요." 아내가 웃으며 말했다.

생각할 겨를조차 없었다. 뒤쪽에서 뭔가 위험한 일이 벌어져 본능적으로 내가 그 위험과 리자 사이를 막아섰을 뿐이다. 찰나의 반응이었다.

그동안 나는 리자를 소중히 여기게 해 달라고 간구했고, 의지적으로 아내를 소중히 여겨 왔다. 예수께서 교회를 소중히 여기시듯이 내게도 아내를 소중히 여기는 마음을 달라고 늘 기도했다. 그런데 생각하거나 이성으로 처리할 새도 없이 반사적으로 반응할 수밖에 없는 위기의 순간, 나는 하나님이 과연 내 마음을 빚어 오셨음을 보았다. 그 순간 내가 아내를 보호하고 소중히 여기는 쪽을 택했다. 신경가소성의 활약이었다!

그 뒤로 신기한 일이 벌어졌다. 하루가 다하도록 아내를 향한 내 사랑이 더욱 뜨거워졌다. 우리는 마치 십대 아이들 같았다. 아내가 다칠 수도 있었다고 생각하니 아찔해지기까지 했다. 아내를 향한 내 마음은 아주 애틋하여 애정이 넘쳤다. 잠시라도 아내를 시야에서 벗어나게 하고 싶지 않았다.

소중히 여김은 정말 **통한다**.

- 소중히 여김은 우리가 선택하는 정신적 태도로, 일단 가동되면 결국 행동의 기본값이 될 수 있다. 그렇게 설정하기 위해 우리가 할 수 있는 일들이 있다.

- 배우자의 긍정적인 면을 생각하라.

- 배우자를 위해 희생할수록 더 소중히 여기게 된다.

- 포옹과 신체 접촉은 배우자를 더 소중히 여기는 데 도움이 되는 도구다.

- 자신에게 필요한 것일수록 소중히 여기는 법이다. 상대에게 필요성을 알려 줄 방도를 모색하라. 배우자에게 당신을 섬길 기회를 주라.

- 배우자가 영적인 왕족임을 인식하라. 테리는 자신의 재혼이 초혼보다 더 행복하고 친밀했던 이유가 배우자 때문이 아니라 자신의 태도 때문임을 깨달았다.

- 배우자의 큰 꿈을 하나 알아내서 그 소망을 이루어줄 장기 계획을 추진해 보라. 10년 이상이 걸리더라도 해 보라. 조금씩 실천할수록 소중히 여기는 마음가짐이 싹튼다.

- 바라보며 즐거워하라. 배우자가 드러날 때 당신은 느긋하게 앉아서 넋을 잃고 바라보라.

- 에너지를 아껴 두라. 너무 바쁜 삶이나 무언가에 중독된 삶은 둘 다 소중히 여기는 마음의 적이다.

1 배우자를 긍정적으로 생각하도록 사고를 훈련해야 하는데, 이를 위해 당신이 활용할 수 있는 한두 가지 전략은 무엇인가?

2 근래에 당신이 배우자를 소중히 여기느라 희생한 것은 무엇인가? 희생이 필요했던 일이 생각나지 않거든, 앞으로 한두 주 동안 배우자를 위해 어떻게 희생할 수 있을지 생각해 보라.

3 당신이 어떻게 접촉해 주면(성적인 접촉이 아닌 것으로) 배우자가 소중히 여김을 받는다고 느끼는가? 당신은 배우자가 어떻게 접촉해 줄 때 소중히 여김을 받는다고 느껴지는가?

4 서로가 영적인 왕족임을 참으로 존중한다면 부부가 서로를 대하는 방식이 둘만 있을 때, 자녀들 앞에서, 다른 사람들 앞에서 각각 어떻게 달라질지 말해 보라.

5 초혼인 부부들이 두 번 결혼한 테리의 경험으로부터 배울 수 있는 교훈은 무엇인가? 현재의 부부관계가 더 깊어질 수 있도록 어떻게 새로운 태도로 다시 시작할 수 있겠는가?

6 당신이 보기에 배우자는 자신이 당신에게 얼마나 쓸모 있는 존재라고 느끼는가? 당신이 어떻게 해 주면 배우자가 자신의 유용성을 더 느낄 수 있겠는가?

7 죽기 전에 꼭 해보고 싶다는 당신 배우자의 평생소원은 무엇인가? 그중 당신이 지금부터 계획을 짜서 이루어 줄 수 있는 일은 무엇인가?

8 배우자를 소중히 여기려면 그만한 여력이 있어야 하는데, 당신의 정신적 에너지를 아껴 두지 못하게 막는 요인은 무엇인가? 그 부분을 어떻게 줄여 지금부터 의지적으로 배우자를 소중히 여기는 삶을 시작하겠는가?

세상에 하나뿐인 남자와 여자

03

소중히 여김이란
상대를 아껴줄 줄
안다는 뜻이다

세상에 하나뿐인 여자

남자들이여, 결혼생활에 최고의 만족을 원하는가? 아내를 비할 데 없이 사랑하고 싶은가? 아내를 소중히 여긴다는 참뜻을 알고 싶은가? 그렇다면 나와 함께 태초의 시간으로 거슬러 올라가 보자. 아담이 하나님과 함께 이 땅을 걷던 그때로 말이다.

아내를 소중히 여기는 법을 배우려면 아득히 먼 에덴동산으로 돌아가야 한다. 아담은 동물들이 노는 모습을 지켜보았고, 가지각색의 식물을 찾아냈고, 기어오를 나무도 많았고, 상상을 초월하는 하나님과 함께 대화도 나누었다.

그런데 자기 같은 사람은 없었다.

아무도 없었다.

그때 하나님은 아담을 깊이 잠들게 하셨다. 잠에서 깨어난 아담은 자신의 눈이 믿어지지 않았다. 앞에 하와가 서 있었다. 하와는 가장 중요한 면에서 아담과 같았지만, 더 중요한 면에서 그와는 사뭇 달랐다.

저 입술! 신기하게도 더 부드러워 보이는 눈빛. 아담과 같으면서도 왠지 멋지게 다른 두 다리. 그리고 가슴! 오늘날까지도 남자들의 탄성을 자아내는 어깨에서부터 발까지의 곡선.

그런 그녀가 그의 것이었고, 그는 그녀의 것이었다.

이 순간이 유독 강렬하고 중대하고 매혹적이었던 이유는 무엇일까? 할리나 샤니스나 소피아는 없었다.

오직 하와뿐이었다.

아담은 하와의 뒤태를 카밀라와 비교하거나 하와의 다리를 엠마와 비교할 수 없었다. 하와가 재닛보다 친절하다거나 클레어만큼 똑똑하지 못하다는 말도 할 수 없었다. 눈부시게 아름다운 하와뿐이었다. 하와는 첫 남자에게 '여자'를 규정해 준 여자였다. 하와 외에는 없었기에 아담은 다른 여자를 상상할 수 없었다. 더 키가 크거나 몸무게가 많이 나가거나 날씬하거나 가무잡잡하거나 재미있거나 지성적인 하와라면 어떤 모습일지 궁금할 일도 없었다.

하와는 그냥 존재했다.

세상에 하나뿐인 여자였다.

그대로 아담은 더할 나위 없이 행복했다.

결혼생활에 온전히 만족하고 싶은가? 아내를 소중히 여기고 싶은가? 그렇다면 마음속으로 아내를 하와처럼 대하라. 그렇게 아내를 세상에 하나뿐인 여자로 생각하라. 솔로몬처럼 말하라.

"내 비둘기, 내 완전한 자는 하나뿐이로구나"(아 6:9).

당신의 신부가 결혼식장에 입장하던 그날을 기억하는가? 당신에게 자신을 다 주려고 통로를 걸어오던 그 눈부시게 아름다운 여인을 보며, 그날 당신은 숨이 멎었었다. 어떤 다른 여자도 생각나지 않았다. 당신의 아내가 될 어여쁜 신부에 비교하면 다른 사람은 다 배경의 소품과도 같았다.

나도 그 순간을 맞은 남자들 곁에 많이 서 보았는데, 그중 더러는 가족과 직장 동료 앞에서 목메어 울기까지 한다. 그게 평생 단 한 번의 경험일 필요는 없다. 매일의 현실이 될 수 있다.

아내를 그렇게 소중히 여기려면 다른 여자를 그렇게 보지 않기로 머릿속으로 결단해야 한다. 2캐럿 다이아몬드는 전체 결혼반지 다이아몬드의 99%보다 크고 비싼데도 3캐럿 다이아몬드와 비교하면 작아 보인다. 안락한 80평 주택도 280평 저택에 비교하면 별로 양에 차지 않을 수 있다.

이렇게 기도하라.

"주님, 제 아내를 아름다움의 정의로 삼게 하소서. 매력 만점의 기준으로 삼게 하소서."

나 또한 그렇게 기도했다. 하나님이 여태 그 기도에 응답해 주셨고, 내 아내와의 관계에 너무나 긍정적이었다. 아내가 어떠하든 나는 그 모습에 최고의 매력을 느낀다. 아내는 내게 아름다움의 '다림줄'이며, 이 다림줄은 아내와 함께 노화해 간다.

결혼 31년 차가 넘은 최근에도 그런 놀라운 일이 있었다. 아내가 잔뜩 스트레스를 받은 모습으로 내 앞에 서서 그날 있었던 피곤하고 속상한 일을 털어놓는데, 문득 이런 생각이 들었다.

"아름답구나. 내 아내는 여전히 아름답구나."

우리 눈이 이전에 다른 사람으로 채워진 적이 있다면 자기 아내로는 완전히 양에 찰 수 없다. 포르노가 위험한 이유는 신경학적으로 우리를 길들여 아내가 덜 아름다워 보이게 하기 때문이기도 하다.

이 문제로 씨름하던 한 젊은 남편을 상담한 적이 있다. 그 문제에서 승리한 지 불과 몇 주 만이었는데, 식당에 마주 앉은 아내를 보는 그의 얼굴에 빛이 났다.

"무슨 좋은 일이라도 있어요?" 그의 아내가 남편의 생생한 기쁨을 알아차리고 물었다.

"그냥 오늘 밤 당신이 … **아름다워서.**"

그녀는 내가 아는 사실을 아직 몰랐다. 이 남편의 눈은 아내에게 집중했고, 그게 겉으로 드러나고 있었다. 그 일을 말하는 그의 모습은 기쁨으로 넘쳐 있었다.

그도 이겼고, 그녀도 이겼고, 하나님도 웃으셨다. 그날 밤 그분의 아들이 그분의 딸을 소중히 여겨 주었으니 말이다. 하나님이 설계하신 결혼생활은 바로 그런 것이다.

아내의 몸을 소중히 여기려면 다른 어떤 몸에도 끌리지 않도록 자신을 지켜야 한다. 남들의 매력을 몰라야 한다는 말이 아니다. 다만 남들을 어떻게 보며 생각을 어디에 둘지를 정해야 한다.

물론 이것은 비단 외모만의 문제가 아니다. 나는 아내의 간헐적인 좌절을 다른 여자의 평정심과 비교하지 않는다. 아내의 이런저런 솜씨를 다른 여자의 재능과 비교하지도 않는다. 내가 아내로 더없이 만족하려면, 리자는 내게 하와와 같은 존재가 되어야 한다. 내가 아내를 참으로 **소중히 여기려면**, 아내는 세상에 하나뿐인 여자, 하와와 같은 존재가 되어야 한다. 내가 **그렇게** 바라볼 대상은 아내뿐이다.

아내만을 보아야 할 방식으로 다른 여자를 보아서 경건하고 지속적인 만족을 얻은 남자가 있다면 어디 한번 솔직히 말해 보라. 짧은 순간의 짜릿함 후에는 훨씬 장기간의 좌절과 불만족에 이어 분노와 소원한 부부관계가 따를 것이다. 다른 여자를 공상함은 불만족과 소원한 부부관계로 가는 지름길이다. 그런 공상은 당신을 아내에게로 이끌어 주는 게 아니라 오히려 빠른 속도로 아내로부터 몰아낸다. 그야말로 불만족을 자초하고, 아내를 소중히 여기는 태도를 막고, 자신의 행복을 망치는 길이다.

아담은 하와를 비교할 대상이 실제로 아무도 없었으니 복이 많았고, 따라서 아주 행복했다. 지금은 세상에 다른 여자가 수십억이나 되지만, 그래도 우리 남자들은 아담이 하와를 보던 것처럼 자기 아내를 보기로 결단할 수 있다. **그렇게** 중요한 여자는 오직 아내뿐이다.

우리 눈을 아내로 가득 채울 수 있다. 아내에게 흠뻑 빠지면 줄리엣이나 제이더나 애나는 간 곳이 없어진다.

하와만 남는다.

우선은 기도로 시작된다.

"주님, 제 아내를 세상에 하나뿐인 여자로 보게 하소서."

그다음은 결단이다.

그다음에는 마음을 지키며 초점을 유지해야 한다. 넘어지면 다시 헌신해야 한다. 되돌아가 다시 기도해야 한다. 다시 결단해야 한다.

그렇게 아내를 줄곧 귀히 여기며 머릿속으로 아내에게만 초점을 맞추려 애쓰면, 결국은 실현된다. 아내가 소중히 여김을 받는다. 남편의 선택에서 아내는 1순위 정도가 아니라 **유일한** 존재가 된다.

남편 자신도 행복과 만족과 보람을 얻는다.

당신에게 아름다움이란 곧 아내로 규정되므로 세상에서 가장 아름다운 여인상도 당신의 아내와 함께 늙어간다. 당신은 나이 스물다섯의 모델을 연모하는 예순의 남자가 되지 않는다. 누가 그런 남자가 되고 싶겠는가?

당신은 예순의 아내에게 매료된 예순의 남편이 된다. 그때 가서도 아내가 특유의 미소를 짓거나 특정한 옷을 입고 나타나면, 당신은 여전히 심장이 두근거린다. 햇살이 아내에게 마침맞게 비쳐들면 당신은 만사를 잊고 시간마저 망각한다. 당신은 평생 아내를 소중히 여기는 법을 배울 수 있고, 평생 다른 여자를 다 제쳐 두고 아내에게만 매료될 수 있다.

남자들이여, 내 말을 믿어 보라. 당신도 이것을 원한다. 흔히 간과되지만 이거야말로 결혼생활 최고의 복 중 하나다.

배우자를 소중히 여기려면 아껴 주는 법을 배워야 한다. 그것은 주의력과 의지와 연습이 필요하다. 하지만 일단 거기에 도달하게 되면—당신의 아내가 하와처럼 유일한 존재가 되면—자신이 세상에서 가장 복된 남편으로 느껴질 것이다.

당신의 아내는 마치 태초에서처럼 진심어린 당신의 흠모로 인해 자신이 소중히 여김을 받는다고 느낄 것이다. 하늘 아버지도 기뻐하실 것이다. 그분의 딸이 한껏 소중히 여김을 받는 게 그분의 기쁨이니 말이다. 당신의 자녀는 영적으로 부모의 애정을 듬뿍 받으며 안전감을 느낄 것이다.

모두가 이긴다.

모두가 승자이지만 그중에서도 아담이 최고의 승자다.

세상에 하나뿐인 남자

여자들이여, 당신을 똑같은 여정으로 초대하고 싶다. 참으로 행복한 결혼생활의 관문인 에덴동산으로 거슬러 올라가 보자. 그 문을 열어 최고로 기쁘고 행복한 아내가 되려면 이제부터 남편을 아담으로, 즉 세상에 하나뿐인 남자로 보아야 한다.

이혼 통계와 개인 사례를 종합해 보면 여자가 남자보다 결혼생활에 더 불만족을 느끼는 경향이 있다. 당신은 사납게 엄습해 오는 실망에 맞서 사투를 벌여야 하는지도 모른다. 자칫 좌절감에 이끌려 고통에 빠지고, 자신이 멸시의 포로가 되지 않도록 하라.

어떻게 멸시와 싸울 수 있을까? 어떻게 남편을 지구상의 유일한 남자인 양 소중히 여길 수 있을까?

여기 당신에게 필요한 영적 결단이 있다. 결혼할 때 여자는 이 헌신에 만족하기로—의식적으로든 그렇지 않든—동의한다. 만족의 기준을 영원히 재설정한다. 그래서 자기 남편을 다른 남편들과 비교하지 않는다(남자들에 대한 비판적 비교는 연애 기간에 해야 할 일이지 부부가 된 후에는 금물이다). 그녀에게는 남편이 세상에 하나뿐인 남자여야 한다. "나는 내 사랑하는 자에게 속하였고 내 사랑하는 자는 내게 속하였으며"(아 6:3).

당신은 이미 남편을 선택했다. 이상적인 세계에서라면 다른 사람과 다시 시작할 마음이 없다. 그러니 그 선택을 수호하는 데 초점을 맞추고 힘을 쏟으라. 그 선택의 강점을 잘 살려내고, 이 남자를 선택하기를 잘했다는 감사가 깊어지게 하라. 당신 자신을 첫 남자 아담 앞에 서 있는 에덴동산의 하와로 생각하라. 하와는 아담을 비교할 대상이 없었다. '이 사람은 팔뚝 근육이 평균 이하지만 그래도 일자 눈썹은 없군.' 그런 생각을 할 수 없었다. 그녀가 할 수 있는 생각이라곤 이것뿐이었다. '남자란 이런 거구나. 이 사람이 바로 내 남자야.'

당신이 그렇게 하지 않으면 남편은 자신이 비교당하고 있다는 사실을 알아차린다. 당신이 보는 그것을 남자들도 다 본다.

브룩스(Brooks)는 고등학교 때 모교와 주(州)에서 수영의 일인자였다. 실력이 워낙 출중해 프린스턴대학교 수영팀에 입학 제의를 받고 운동선수로 들어갔다. 여자친구(훗날 아내가 되었다)는 그런 그에게 감동했으나, 근육이 유난히 불룩 튀어나온 풋볼 선수라든가 액션 배우처럼 생긴 남자를 보면 무심코 감탄을 발하곤 했다. 브룩스는 그게 여자친구 셸비(Shelby)가 원하는 바라고 생각해 힘과 근육을 단련하는 훈련에 더 치중했다. 문제는 보디빌더의 어깨나 흉근이 수영선수에게는 필요 없다는 데 있었다. 근육이 과하면 오히려 수영 속도가 느려질 수 있다. 본래 셸비는 수영하는 그에게 끌렸던 건데, 브룩스는 본의 아니게 자신의 수영 실력을 떨어뜨리고 있었다.

셸비가 브룩스의 생각을 알았더라면 기겁했을 것이다. 다른 남자들을 향한 그녀의 감탄이 곧 브룩스의 체형이 못마땅하다는 뜻은 아니었다. 남자친구의 강점을 깎아내릴 의도가 전혀 없이 그저 무심결에 한마디씩 던졌을 뿐이다.

불행히도 대부분의 남자는 매사에 듣는 귀가 과민하다. 여자의 눈빛이 빛날 때와 그렇지 않을 때를 용케 알아차린다.

만능인 남자란 없다. 장거리 사이클 선수로 성공한 사람은 보디빌더가 될 수 없다(이 세상에 내 팔뚝을 안심하고 비교할 수 있는 대상은 투르 드 프랑스의 사이클 선수들뿐이다). 온갖 물건을 고칠 수 있는 수리공에게 운동이나 긴 대화는 즐거운 일이라기보다 잡일로 비칠 수 있다. 예외가 있긴 하지만, 한 가지 일에 특출해질 정도로 시간을 바치다 보면 대개 다른 수많은 일에는 특출해지기 어렵다.

만능인 남자란 있을 수 없으므로 여자가 남자에게 줄 수 있는 최고의 선물 중 하나는 눈빛과 관심과 말과 수용으로 이렇게 말해 주는 것이다. "당신은 자신 외에 그 무엇도 될 필요가 없어요. 당신은 나의 아담, 곧 세상에 하나뿐인 남자니까요. 나는 **당신을** 소중히 여깁니다."

그런 태도를 품으면 무엇이든 남편에게 없는 부분은 문제가 못 된다. 어차피 당신의 남자는 그런 사람이 아니니 당신도 그 부분을 기대하지 않는다. 없는 부분 때문에 안달해 봐야 부질없는 짓이다. 남편의 손재주가 별로라면, 당신은 손재주가 없다는 이유로 그를 비판하지 않는다. 남편이 과묵한 편이라면, 당신은 절친한 친구가 자기 남편과 몇 시간이고 대화한다는 사실을 곱씹지 않는다. 남편이 생각하는 운동이 비디오게임가나 집어 드는 정도라면, 당신은 함께 3종경기를 하는 남편을 상상하지 않는다.

대신 당신은 남편을 아담으로, 세상에 하나뿐인 남자로 생각한다. 그를 있는 그대로 소중히 여기고, 그 외에 무엇도 바라지 않으며, 절대로 남과 비교하지 않는다.

극단적인 말로 들릴 수도 있지만, 한번 답해 보라. 여태 남편의 약점을 다른 남편의 강점과 비교해서 얻은 게 무엇인가? 더 행복해지거나 결혼생활의 만족도가 높아졌는가? 아내로서 사랑이 더 많아졌는가? 남편이 더 가깝게 느껴지고 기쁨이 커졌는가? 남편이 딴 사람으로 변했는가?

물론 아니다.

남편이 실직의 스트레스를 풀려고 몇 시간씩 비디오게임으로 도피한다며 내게 하소연하는 아내들이 많다. 그게 얼마나 속상한 일인지 충분히 이해가 된다. 그런데 남편이 열심히 일하는데도 다른 부분에 실망하는 아내들이 얼마나 많은지 모른다. 열심히 일한다는 사실은 완전히 무시된다. 남자의 본분쯤으로 당연시한다.

하지만 정말이지 남자라고 다 그렇게 열심히 일하는 건 아니다. 막연한 채용 전화를 기다리며 온종일 비디오게임만 하는 남자들도 있다. 흔히 우리는 배우자의 강점을 당연한 기본으로 여기고 겨우 **참아**준다. 뇌의 작동 방식이 그렇다. 그러니 설령 최고의 남편과 결혼했더라도 당신에게는 그가 평균에 불과하며 여전히 실망스러운 면이 보이게 마련이다.

아침에 깨어 보니 남편이 이미 출근해 침대 옆자리가 비어 있다면, 어떤 아내는 드디어 '남편에게 일자리가 생겼음을 감사'하며 15분 넘게 하나님을 예배할 것이다.

그러나 비어 있는 옆자리를 보며 이렇게 생각하는 여자도 있을 것이다. '오늘은 남편이 어제처럼 또 잊어버리지 말고 퇴근길에 세탁물을 찾아와야 할 텐데'.

행복한 결혼생활을 원하는가? 가상의 합성품이나 완벽하게 갖춘 '괴물' 남편을 동경하기보다는 한 실존 인간을 소중히 여기고 싶은가? 그렇다면 이제 자신의 선택에 책임을 져야 한다. 당신이 선택한 사람을 소중히 여길 줄 알아야 한다.

"내게 속한 내 포도원은 내 앞에 있구나"(아 8:12).

단순히 창세기의 창조 기사를 생각하며, 이제부터 남편을 세상에 하나뿐인 남자인 아담이라고 생각할 수 있도록 기도하고, 실제로 그렇게 대해 보라. 장담컨대 그러면 결혼생활이 훨씬 더 행복해지고 당신은 훨씬 좋은 아내가 될 것이다. 이 과정을 다 통과하려면 성경을 이해하고, 하나님께 간구하고("하나님, 이렇게 하도록 저를 도와주소서"), 지적으로 동의하고("이렇게 하고 싶다"), 끝으로 의지적으로 단호히 행동에 옮겨야 한다("지금부터 시작한다"). 그러면 당신의 뇌가 남편을 아담으로 생각하도록 재설정될 것이다. 성경을 이해함으로 실망을 퇴치하라. 이 책이 거기에 도움이 되리라 믿는다.

기도로 좌절을 퇴치하라. 남편으로 인해 감사하게 해 달라고, 하나님처럼 남편을 그분의 아들로 보게 해 달라고 기도하라.

지성에 집중해 원망을 퇴치하라. 남편이 못났다고 혼자 투덜대는 대신 남편의 탁월한 점을 생각해 보라. 그렇게 하면 멸시가 서서히 물러나고 소중히 여기는 마음이 찾아든다.

단번에 될 일은 아니다. 어느새 후퇴해 다시 비교하게 된다. 그럴 때는 원점으로 돌아가 과정을 다시 시작해야 한다. 시간이 지남에 따라, 그것은 당신이 남편을 바라보는 방식이 될 것이다. 남편을 아담으로 생각하는 게 기본값이 될 것이다.

그렇게 되면 당신은 남편을 멸시하지 않고 소중히 여기게 된다. 그의 약점에 노하는 게 아니라 강점으로 인해 감사한다. 또 하늘 아버지의 기쁨도 경험한다. 자기 아들이 소중히 여김과 격려와 존중을 받는 모습에 그분도 기뻐하실 것이다. 당신은 그리스도인에게나 비그리스도인에게나 생생한 증인이 되며, 어머니로서 자녀에게도 최고의 역할 모델이 된다.

하지만 무엇보다 중요한 것은, 결혼생활에서 누릴 만족과 즐거움과 행복과 친밀함이 더욱 깊어진다는 것이다. 당신의 마음은 자부심으로 차오르고, 그런 당신을 모든 친구가 부러워하게 될 것이다. 모임 가운데 남편을 지극히 사랑하며 만족하는 여자, 다른 남자와의 결혼을 상상조차 할 수 없는 여자가 된다면, 얼마나 즐거운 삶이겠는가!

- 배우자를 소중히 여기고 자신도 행복과 만족을 누리려면 서로를 아담과 하와로, 세상에 하나뿐인 남자나 여자로 보아야 한다.

- 배우자의 약점을 남의 강점과 비교하면 결코 결혼생활의 만족도가 높아지지 않고, 배우자의 성장에 도움도 되지 않을뿐더러 오히려 본인의 낙심만 깊어진다. 그러므로 비교 자체를 아예 삼가야 한다.

- 남자는 자기 아내를 아름다움의 정의 자체로 삼게 해 달라고 하나님께 기도해야 한다. 결혼식장에 입장하던 그 신부에게 매료되었던 특별한 순간을 고이 간직하며, 그게 매일의 현실이 되기를 사모해야 한다. 어떤 식으로든 비교하면 이 현실이 무산된다.

- 여자는 결혼생활에 실망해 힘들어할 때가 많다. 남편을 아담으로 보면 이를 극복하는 데 도움이 된다.

- 배우자를 선택한다는 것은 그 사람으로 만족하겠다는 새로운 헌신이다. 일단 배우자를 선택했으면 자신의 선택에 책임을 져야 한다. 그 선택의 결과를 받아들이고 가장 좋은 부분을 살려낼 줄 알아야 한다.

- 만능인 배우자란 있을 수 없음을 인식하라. 사실 한 부분에 출중해지려면 거의 언제나 다른 부분을 희생해야 한다.

- 배우자에게 줄 수 있는 최고의 선물 중 하나는 말과 애정과 눈빛으로 이렇게 말해 주는 것이다. "당신은 자신 외에 그 무엇도 될 필요가 없어요. 당신은 나의 하와(아담), 내게는 세상에 하나뿐인 여자(남자)니까요."

1 배우자를 하와나 아담으로 보는 일은 자신이 선택한 결혼 상대를 온전히 수용하는 행위이기도 하다. 그 선택을 드디어 온전히 받아들이고 살려내 결국은 한껏 누려야 한다. 이 일이 정신적, 정서적, 영적으로 어떤 의미일지 말해 보라.

2 이제부터 활용할 만한 기도문을 작성해 배우자를 아름다움의 정의 자체로 삼게 해 달라고 하나님께 기도하라. 이것이 왜 영적으로 건강한 일이며, 배우자를 더 소중히 여기는 데 어떻게 도움이 될지 토의해 보라.

3 대체로 여자가 남자보다 더 결혼생활의 불만족 때문에 힘들어하는 이유가 무엇이라 생각하는가? 이런 성향에 남편과 아내는 각각 어떻게 반응해야 하겠는가?

4 그냥 재미 삼아 남자들은 이상적인 '합성품 여자'에 대해, 여자들은 이상적인 '합성품 남자'에 대해 토의해 보라. 이상(理想)의 항목끼리 서로 정면충돌할 때도 있음에 유의하라. 하나님은 우리를 합성품이 아닌 실존 인간을 소중히 여기는 쪽으로 이끄신다. 이를 통해 그분이 우리에게 가르치시려는 바가 무엇이라 보는가?

5 배우자가 당신의 아담이나 하와, 곧 세상에 하나뿐인 남자나 여자임을 확신시켜 주기 위해 당신이 앞으로 몇 주 동안 할 수 있는 일은 무엇인가?

결혼생활은
발레와도 같다

04

소중히 여김이란
배우자를 드러낼 줄
안다는 뜻이다

러시아 태생의 유명한 발레 안무가인 게오르게 발란친(George Balanchine)은 "발레는 여자다"라는 말을 남겼다.[1] 최고의 남성 무용수들이 인정하듯 남자의 역할은 온통 여성 무용수의 아름다움을 드러내는 데 있다. 혼성 2인조 발레인 파드되에서는 특히 더하다. 대개 사람들은 여자 주인공의 아름다운 자태와 기품과 균형과 협응과 힘을 보려고 발레 공연에 간다. 그런데 이 모든 자질은 남성 무용수가 발레리나를 받쳐 주고 세워 주고 잡아 줄 때 더욱 잘 드러난다.

남성 무용수 출신으로 나중에 안무가가 된 발란친은 "아름다움을 더 아름답게 하는" 일이 자신의 임무라고 말했다.[2]

강하고 실력 있는 남성 무용수가 곁에 있으면 발레리나는 단독 무대일 때보다 더 많은 동작을 시도하고 해낼 수 있다. 뉴욕시 발레단에 대한 다큐멘터리를 제작한 세라 제시카 파커(Sarah Jessica Parker)는 "발레리나와 짝을 이룬 남성 무용수는 그녀를 떠받치고 안정시키고 들어 올리고 회전시킬 수 있다. 덕분에 파트너는 혼자서는 결코 할 수 없는 기량도 선보일 수 있다."라고 말했다.[3]

---

1 다음 기사에 인용되어 있다. Arlene Croce, "Balanchine Said," New Yorker (2009년 1월 26일). www.newyorker.com/magazine/2009/01/26/balanchine-said (2016년 4월 11일 접속).

2 같은 기사.

3 Sarah Jessica Parker 제작 감독, "City Ballet: Partnering," 시즌1 제9회차 (2013년 11월 3일). http://tinyurl.com/n7lusu9 (2016년 4월 11일 접속).

우리도 '아름다움을 더 아름답게 하는' 일을 남편과 아내의 임무로 생각하면 어떨까? 배우자를 떠받치고 안정시키고 들어 올리고 회전시켜 최고의 강점과 성품이 드러나게 해 주면, 상대는 혼자 할 때보다 더 나은 사람이 되어 더 많은 일을 할 수 있다. 이미 있는 아름다움을 보아 주고 인정해 주기만 해도 배우자는 한결 더 아름다워진다.

어떤 배우자는 자신에게 최고의 모습이 **있음을** 아예 모를 수도 있다. 이를 찾아내도록 도와주는 게 우리의 임무이자 기쁨이다. 자신감이 없어 최고의 모습을 마음껏 발휘하기는커녕 아예 남에게 보인 적조차 없는 배우자도 있다. 이럴 때 우리가 상대를 소중히 여길 줄 알면 요긴한 버팀목이 되어 줄 수 있다.

배우자를 소중히 여기는 법을 배우려면 '드러냄'이 필수 요소다. 드러냄이란 배우자를 소중히 여기는 쪽으로 애써 사고를 전환하여, 마치 무용수가 파트너를 떠받치듯 상대의 아름다움을 부각하는 일이다. 두 무용수가 각기 더 눈에 띄려고 또는 서로에게 잘 보이려고 온 힘을 기울인다면, 그 공연은 보기 흉한 대실패로 끝난다.

남편은 남성 무용수의 태도를 취해 아내의 아름다움을 드러낼 수 있다. 그 아름다움이 지혜일 경우, 남편은 사람들이 모인 상황에서 어떻게든 아내에게 발언의 기회가 충분히 돌아가게 한다. 그 아름다움이 리더십일 경우, 남편은 아내가 사람들에게 비전을 제시할 수 있도록 지원한다. 그 아름다움이 손님 대접일 경우, 남편은 필요한 물건을 사고 집을 개방해 아내의 아름다움이 십분 드러나게 한다. 설령 혼자 있고 싶더라도 "오늘 내 임무는 아내를 소중히 여기는 일이다"라고 스스로 일깨운다.

"오늘 내가 어떻게 당신을 지원할 수 있을까요? 당신의 하루를 어떻게 더 나아지게 할 수 있을까요?" 날마다 서로 이런 말부터 주고받는다면 이혼으로 치달을 부부는 거의 없을 것이다.

아내도 같은 태도를 취해 남편 혼자서는 결코 할 수 없는 기량을 발휘하도록 지원한다면, 머잖아 남편이 이름은 같은데 '딴 사람'으로 변해 있을 것이다. 자신감 넘치고 더 평온하고 가정적인 사람으로 말이다. 아내가 가장 든든한 지지자이며 최고의 격려를 베푸는 동반자임을 남편이 마음 깊이 안다면 어떻게 될까? 어떻게 달라질까? 바깥세상에서나 자녀와의 관계에서 기꺼이 실패를 각오하고 모험에 나설지도 모른다. 자신이 아내에게 늘 소중히 여김을 받는 최고임을 알기 때문이다. 아내는 그를 지원하고 안정시킨다. 그가 실패해도 아내는 영적, 정서적 상처를 싸매 준다. 매번 그를 들어 올리고 회전시켜 늘 최고의 모습이 돋보이게 한다. 모든 아내가 아침에 깨어 이렇게 생각한다면 어떻게 될까? "오늘 내 임무는 남편을 소중히 여겨 최고의 모습을 드러내게 하는 일이다."

어떤 천생연분

캐나다계 미국인 천체물리학자 휴 로스(Hugh Ross) 박사는 휴스턴 제이침례교회에서 5천 명의 주의를 사로잡았다. 하나님을 믿지 **않는** 게 명백히 터무니없는 일임을 과학적 증거만으로 제시했다. 그는 각종 복잡한 숫자 방정식을 머릿속에서 식은 죽 먹기로 끌어냈는데, 준비된 원고가 아니라 즉석 질의에 대한 답변이었다. 그 바람에 나머지 우리까지도 다른 종(種)의 뇌로 생각하는 것처럼 느껴졌다. 그런데도 강연 끝에 로스 박사는 자신에게 '분명히 자폐 증세가 있어' 아내 캐시 (Kathy)가 아니었다면 지금의 자기는 없을 거라고 고백했다.

로스 박사의 싸인을 받으려고 사람들이 장사진을 이룬 사이, 캐시가 내게 그를 처음 만난 사연을 들려주었다. 그때 그는 캘리포니아 공과대학에서 박사 과정을 수료한 후 연구자로 있으면서 교회에서 봉사도 하던 총명한 젊은이였다.

그때나 지금이나 휴는 과학과 하나님에 대한 열정이 대단하다. 닫혀 있을 뻔했던 문들이 똑똑한 휴 앞에 많이 열렸으나 자폐 성향이 그의 영향력을 저해했다. 캐시는 친구로서 그를 도울 방도를 모색했다.

"어떻게 하면 좋을까요?" 휴가 그녀에게 물었다.

"우선 이발부터 합시다. 옷도 좀 바꿔 입고요. 예를 들어 줄무늬와 격자무늬는 서로 어울리지 않거든요. 양말에까지 내려올 바지도 있어야겠네요. 바지에 어울릴 양말은 물론이고요. 영적 원리나 과학적 원리를 설명한 뒤에는 개인적 사례를 제시해 보세요. 그래야 사람들이 당신의 말에 공감할 수 있거든요. 아 참! 그리고 이건 아주 중요한 건데, 휴, 말할 때는 사람들을 보면서 하세요. 큰 차이가 있을 거예요."

요점이 그랬다는 말이고, 실제로 캐시는 더 재치 있고 멋있게 말했다. 그녀의 회고에 따르면 휴는 조그만 메모지를 꺼내 그녀의 말을 받아 적었다. "이발. 옷. 사례. 사람들의 눈을 볼 것. 이상."

휴는 백화점에 가서 직원의 도움을 받아 서로 어울리는 옷을 샀다. 이발도 했다. 이발사에게 그냥 '평범하게' 깎아 달라고 했다. 말할 때는 내용만 아니라 방식도 집중해 사람들의 눈을 보았다.

그의 영향력은 일취월장으로 증대되었다. 그럴수록 그는 캐시가 더욱 고마웠다.

캐시는 점차 휴에게 로맨틱하게 마음이 끌렸다. 하지만 휴처럼 똑똑하고 영향력 있는 남자가 자기에게 관심을 보이리라고는 상상도 못했다고 한다. 게다가 자폐 부분은 또 어찌할 것인가? 그녀는 무엇보다도 먼저 하나님을 섬기기로 작정한 상태였다. 그래서 이런 기도를 자주 했었다. "하늘에 계신 아버지, 누군가를 도와 아버지를 알게 할 수 있다면 저는 바로 그 일을 하고 싶습니다."

캐시가 휴에게 깊이 끌린 것도 그래서였다. 그녀는 휴가 이 땅에서 하나님을 위해 이미 하고 있는 일을 보았다. 그리고 아직 발휘되지 못한 그의 잠재력도 보았다. 그를 잘 내조해 줄 사람이 필요했다. 그녀가 자신의 사역 활동을 지속하기보다 휴를 도움으로써 더 많은 사람에게 다가갈 수 있을지도 모르는 일이었다.

휴도 캐시를 사모하는 마음이 생겼다. 그의 '로맨틱한' 구애는 자폐 증세가 있는 사람들 특유의 사무적인 말투였다. "캐시, 당신과 함께 보내는 시간이 더 많았으면 좋겠습니다. 공부와 교회 봉사를 하고 나면 일주일에 쉬는 날이 하루뿐인데, 그날을 함께 보내며 서로를 더 잘 알아 가면 어떨까요?"

믿거나 말거나 그 정도면 캐시의 마음을 녹이기에 충분했다. 둘은 연애와 약혼을 거쳐 결혼한 지 수십 년째 함께 충실히 하나님을 섬기고 있다.

캐시는 내게서 결혼생활이 발레라는 은유를 듣더니 대번 눈빛이 반짝였다. 자신의 삶이 바로 그렇다고 했다. 그녀가 만난 남자는 똑똑했지만, 대인관계가 어색했다. 그를 내조하고 코치하고 격려하고 사랑함으로써 그녀는 그의 재기(才氣)를 세상에 드러냈다. 휴의 증언과 지적인 설득 덕분에 복음을 받아들인 사람들도 많고 신앙이 더 다져진 사람들도 있다. 그러는 내내 휴의 바로 곁에 캐시가 있었다(웹사이트 www.reasons.org에 들어가면 이 부부의 영향력을 볼 수 있다).

로스 부부의 결혼생활이 아주 원활한 데는 이유가 있다. 휴는 천체물리학자가 아닌 캐시를 문제 삼지 않고, 캐시는 휴에게 자폐 후유증이 없는 남자처럼 행동하기를 기대하지 않는다. 휴는 캐시가 없었다면 지금의 자신이 없음을 알고, 캐시는 휴의 사역으로 자기 삶의 영향력이 줄어든 게 아니라 무한히 더 커졌다고 믿는다. 그녀는 그의 자폐를 부끄러워하지 않으며, 오히려 그를 쓰시는 하나님을 자랑스러워한다. 그래서 평생을 바쳐 남편을 드러내고 있다.

요컨대 이들은 서로 소중히 여기며 세워 주는 부부다. 서로에게 있고 없는 부분을 그대로 받아들인 덕분에 실제로 그들은 두 개인의 총합 이상이 되었다. 그들은 서로 떠받치고 들어 올리고 회전시키고 드러낸다. 그리하여 파트너가 가장 잘하는 부분에서 파트너를 빛나게 해 준다.

캐시와 휴는 서로의 약점 때문에 사랑이 줄어드는 게 아니라, 서로의 재능을 소중히 여기고 드러내서 더 강화한다. 또 하나님이 하시는 일에 함께 경탄한다. 각자 개인일 때보다 한 팀으로서 이들은 훨씬 큰 존재가 되었다.

아름다움이 더 아름다워졌다. 이것이 소중히 여김의 위력이다.

교향악의 원리

교향악단의 명지휘자인 레너드 번스타인(Leonard Bernstein)은 가장 연주하기 힘든 악기가 무엇이냐는 질문에 **제2바이올린**이라고 답해 많은 사람을 놀라게 했다. "제1바이올린 주자는 얼마든지 있지만 제2바이올린, 제2프렌치호른, 제2플루트를 그 못지않게 열정적으로 연주할 사람을 찾는 게 문제다. 제2악기를 연주할 사람이 없으면 화음도 없다."[4]

소중히 여기는 법을 배우려면 제2바이올린 연주로 만족할 줄 알아야 한다. 근본적으로 이는 매우 성경적인 일이다. 예수의 다음 말씀에 그게 암시되어 있다.

"인자가 온 것은 섬김을 받으려 함이 아니라 도리어 섬기려 … 함이니라"(마 20:28).

---

4 이 인용문을 여러 곳에서 보았다. 본문의 표현은 다음 책에 나온다. Dennis & Barbara Rainey, *The New Building Your Mate's Self-Esteem* (Nashville: Nelson, 1995), 268 (《부부 건축》 생명의말씀사).

예수를 닮으려면 제2바이올린을 연주할 기회를 찾아야 한다. 위의 본문에 예수께서 결혼을 명시하지는 않으셨지만, 결혼이야말로 이런 태도를 가꾸기에 안성맞춤인 장이다.

아름답고 조화로운 결혼생활은 발레나 교향악과 같아서 무용수나 음정이 하나만 있는 게 아니다. 그런 결혼생활을 누리려면 수시로 이렇게 자문해야 한다.

"지금 나는 배우자를 드러내려고 애쓰고 있는가, 아니면 배우자를 통해 내가 어떻게 드러나는가에만 정신이 팔려 있는가?"

배우자를 소중히 여기고 드러내는 일보다 사업의 성공이나 사역의 성공이나 개인적 행복을 더 중시하는 순간, 당신은 배우자를 소중히 여기기를 그만두는 것이다. 그때부터 배우자와의 사이가 더 멀게 느껴진다. **사실상 자신과의 외도에 빠진 셈인데**, 그렇게 딴 사람을 소중히 여기면서는 부부관계가 더 친밀해질 수 없다.

영적으로 불가능하다. 분명히 말하거니와 자아에 집중해 자신과의 외도에 빠질수록 배우자를 소중히 여기는 마음은 줄어든다.

새로 약혼한 여자가 왼손을 내밀며 "반지에 신경 쓰지 말고 내 손가락만 보라!"고 말한다면 얼마나 실없어 보일지 상상해 보라. 결혼생활에서 우리가 '제2바이올린' 연주를 거부하고 배우자를 향한 사랑보다 자아와 자신의 성공을 앞세울 때도, 영적으로 그와 똑같이 터무니없어 보인다.

다른 즐거움

배우자를 그렇게 드러내려면 다른 즐거움을 중시할 줄 알아야 한다. 바로 배우자의 즐거움이다. 그게 내 즐거움보다 우선이다.

상대를 드러냄은 이기심의 정반대다.

세상의 사랑은 나한테 득이 되니까 하는 사랑이다.

"네가 내 기분을 아주 좋게 해 주니까 너를 사랑한다."

"네가 나를 행복하게 해 주니까 너를 사랑한다."

"네가 아주 사랑스러우니까 너를 사랑한다."

홀딱 반한 커플은 비록 **생각은** 이와 같지 않아도 **감정은** 그렇다. 그래서 홀딱 반한 감정이 식고 진정성과 섬김에 기초해 친밀한 결혼생활을 재건해야 할 때가 오면, 그들은 원망과 분노에 사무칠 수 있다.

휴와 캐시의 이야기를 읽고서 이런 생각부터 들었다면 아주 조심해야 한다. '맞다, 그런데 왜 내 배우자는 캐시가 휴를 드러낸 것처럼 **나를** 드러내 주지 않는 거지?'

소중히 여기려면 배우자를 원망할 게 아니라 드러내야 한다. 그러려면 어느 정도 자아를 망각하고 의지적으로 배우자에게 초점을 맞추어야 한다. 다시 말해서 소중히 여김의 소명이란 배우자가 즐겁게 해 주기를 바라는 게 아니라 배우자를 즐겁게 하는 데서 즐거움을 취하는 것이다. 소중히 여기면 기쁨으로 충만해지는데, 이는 배우자가 당신을 기쁘게 해 주어서가 아니라 당신이 배우자의 기쁨을 기뻐하기 때문이다. 자신의 복보다 배우자의 복이 당신을 더 신바람 나게 한다. 소중히 여기면 배우자의 최고의 모습을 남들에게도 보여 주고 싶은 마음이 아주 간절해진다.

이제 막 발레리나를 떠받치고 던지고 잡고 회전시키고 드러낸 남성 무용수를 떠올려 보라. 그는 마지막 동작으로 그녀를 번쩍 들어 올렸다. 어찌나 힘차고 우아하고 멋지던지 그녀에게 스포트라이트가 비추어지는 순간 관객들이 우레 같은 기립 박수를 보낸다.

이때 남성 무용수는 천천히 어둠 속으로 물러선다. 힘을 쓴 데다 즐겁기까지 해서 심장이 쿵쾅거린다. 발레리나가 찬사를 받았으니 그의 임무는 완수되었다. 그녀를 위한 기립 박수가 그에게 큰 기쁨을 가져다준다. 바로 그게 소중히 여김의 의미다.

믿기 어려울지 모르지만 여기 신기한 진리가 있다. 배우자를 소중히 여길수록 관계의 기쁨이 배가된다. 당신의 배우자를 칭송하고 감탄하는 사람들을 보면 당신도 배우자를 마음으로 더욱 칭송하고 감탄하게 된다. 드러냄이 행복의 이상한 뒷문처럼 보일지 모르나 그 효력을 내가 장담할 수 있다. 배우자를 기쁘게 하는 게 당신의 가장 큰 기쁨이 되면 **결혼생활은 하늘로 날아오른다.**

내 친구인 데니스와 바버라 레이니(Dennis & Barbara Rainey) 부부는 자녀가 장성해 집을 떠난 직후 둘만의 부부 피정을 했다. 인생의 이 시절이 부부 각자에게 어떤 의미인지 의논할 예정이었다. 그런데 데니스 차례까지 넘어가지 못하고 바버라의 새로운 사역 기회와 그 의미를 구상하는 데만 사흘을 보냈다.

데니스는 예산이 수천만 달러에 달하는 기관의 최고 지도자로서 바쁜 사람이다. 그런 그가 성실한 남편답게 아내의 향후 계획에 기꺼이 모든 시간을 할애했고, 인생의 새로운 시절을 맞은 아내에게 필요한 지원을 의논했다. 데니스는 결혼과 가정에 대해 말만 하는 게 아니라 그대로 실천하는 사람이다.

어떻게 하면 배우자를 더 잘 소중히 여겨, 그 결과로 상대가 하나님이 지으신 본연의 사람이 될 수 있을까? 둘 사이에만 할 일은 무엇이며, 공적으로 할 일은 무엇인가? 특정한 성격과 재능을 지닌 나만의 배우자를 드러내 주면서, 결점과 약점을 극복하도록 도울 최선의 길은 무엇인가?

배우자가 내성적이라면, 사람들이 모인 상황에서 배우자를 중앙 무대로 내보내기보다는 당신이 곁에 있어줄 수 있다. 버팀목으로 당신이 필요할 테니 말이다. 당신은 이런 일로 원망하지 않는다. 배우자를 소중히 여긴다면 말이다. 배우자가 편안해하면 당신도 편안해진다. 배우자에게 혼자만의 시간이 필요하다면, 가끔 홀로 떠날 기회를 줌으로써 배우자를 드러낼 수 있다. 당신은 이런 일로 원망하거나 감정이 상하지 않는다. 오히려 배우자의 필요가 채워지는 데서 고요한 만족을 얻는다. 드러냄의 관건은 아름다움을 더 아름답게 하는 데 있다.

타일러 워드(Tyler Ward)는 《결혼의 혁신》이라는 책에 이렇게 썼다. "잘 사랑받지 못하는 배우자는 세상에서 자신의 선한 잠재력을 다 발휘하지 못할 수 있다. … 배우자를 사랑해 베푸는 법을 배우면, 나도

---

5 Tyler Ward, *Marriage Rebranded: Modern Misconceptions and the Unnatural Art of Loving Another Person* (Chicago: Moody, 2014), 91.

최고의 자신이 될 뿐 아니라 배우자도 최고의 자신이 될 기회를 얻는다. 그러므로 사랑이란 배우자가 잘되도록 베푸는 것이다."[5]

사랑이란 배우자가 잘되도록 베푸는 것이다.

내게 상담을 청하는 부부의 90%는 둘 다 제1바이올린을 연주하려는 게 문제의 뿌리일 것이다. 소중히 여긴다는 개념에 힘입어 우리는 더 낮고 생산적이며 친밀함을 더해주는 마음가짐을 되찾을 수 있다. 소중히 여김이란 배우자를 귀히 여기고, 아껴 주고, 새 약혼녀가 약혼반지를 자랑하듯 배우자의 아름다움을 드러내려 하고, 배우자의 즐거움을 즐거워하는 일이다.

결혼생활의 나머지 부분은 다 제대로일 수 있다. 서로 찰떡궁합일 수도 있다. 그러나 서로 드러내기를 멈추면 결혼생활은 결국 진부해진다. 아예 완전히 비참해질 수도 있다. 남자들이여, 당신이 얼마나 힘센 무용수이든 관계없다. 아무리 팔뚝이 올림픽 챔피언 같고 넓적다리 근육이 나무 기둥 같아도 당신이 발레리나를 잡아야 할 때 놓고, 들어 올려야 할 때 막아서고, 그녀의 근육을 드러내야 할 때 자신의 근육을 수축시킨다면, 끔찍한 발레 공연이 될 것이다.

로맨스는 변덕스럽고 예측할 수 없고 취약하다. 대개 예고 없이 왔다가 사라지며, 남편과 아내 양쪽 모두 불꽃을 되찾으려 미친 듯이 뒤쫓게 만든다. 반면에 드러냄으로 표현되는 소중히 여김은 신중하고 의지적이다. 그 일관된 길에서 부부관계의 친밀함과 행복은 점점 깊어진다.

◆ 그리스도인의 부부관계는 발레와도 같다. 배우자를 떠받치고 안정시키고 들어 올리고 회전시켜 최고의 강점과 성품이 드러나게 해 주면, 상대는 혼자 할 때보다 더 나은 사람이 되어 더 많은 일을 할 수 있다.

◆ 부부가 서로 소중히 여기려면 제2바이올린 연주로 만족하고 아름다움을 더 아름답게 할 줄 알아야 한다.

◆ 소중히 여김의 소명이란 배우자가 즐겁게 해 주기를 바라는 게 아니라 배우자를 즐겁게 하는 데서 즐거움을 취하는 것이다.

◆ 드러냄이란 상대의 강점을 공적으로 부각하고—상대방의 아름다움을 더 아름답게 하고—사적으로 거기에 양분을 공급한다는 뜻이다.

◆ 배우자를 소중히 여길수록 관계의 기쁨이 배가된다. 배우자를 기쁘게 하는 게 당신의 가장 큰 기쁨이 되면 결혼생활은 하늘로 날아오른다.

1 발레에서 혼성 2인조 사이에 존재해야 할 신뢰에 대해 말해 보라. 여자는 자기를 잡아 줄 남자를 신뢰해야 하고, 남자는 자기를 신뢰하는 여자를 관객 쪽으로 회전시켜 주어야 한다. 이 은유는 결혼생활을 보는 당신의 시각에 어떤 영향을 미칠 수 있겠는가?

2 배우자는 자신에게 최고의 모습이 있음을 아예 모를 때도 있다. 당신 배우자의 강점이나 재능 중 본인이 모르고 있어서 당신이 가꾸고 끌어내 줄 수 있는 부분이 있다면 무엇인가?

3 '자기 자신과의 외도'에 빠지면 배우자와의 결혼생활을 온전히 누리는 게 어떻게 불가능해지는가?

4 휴와 캐시 로스는 둘 다 서로의 강점과 약점을 현실로 인정한다. 서로 소중히 여긴다 해서 현실을 부정하는 게 아니라 오히려 현실을 수용하고 개선해 나가야 한다(이 부분은 뒤에서 차차 살펴볼 것이다). 서로 소중히 여김이 당신의 부부관계에 가장 이상적으로 이루어진다면 어떤 모습이 될지 토의해 보라. 각자의 특성을 살려 구체적으로 말해 보라.

5 앞으로 한 달 동안 어떻게 당신 배우자의 아름다움을 가장 잘 드러낼 수 있겠는가? 적어도 한두 가지 예를 구체적으로 생각해 보라.

6 이번 장을 읽고 나서, 배우자를 소중히 여김과 배우자에게 홀딱 반한 상태는 어떻게 다르다고 보는가?

서로
존중하라

05

소중히 여김이란
서로 주목하고
존중한다는 뜻이다

교회에서 어느 부부가 내 맞은편에 앉았고, 그 남편 옆에 남편의 친구가 앉았다. 목사가 재미있는 말이나 통찰력 있는 말을 할 때마다 남편은 친구 쪽을 보며 그 순간을 함께했다. 그때마다 그의 아내는 간절한 기대의 눈빛으로 남편 쪽을 보았으나 남편의 시선이 반대쪽으로 향함을 보고는 그 기대가 무너져 내렸다.

그러기를 서너 번 되풀이되었다. 다섯 번째부터 그녀는 시선을 돌리지 않았다. 무표정한 얼굴로 앞만 멀뚱멀뚱 보았다. 그 표정에 뜨거운 수성(水星)도 얼어붙을 것만 같았다. 그래도 남편은 알아차리지 못했다. 깨달음과 웃음의 순간을 신나게 친구와 함께 나누었을 뿐이다.

그간 부부 상담을 많이 하다 보니 귀갓길에 그들 둘 사이에 오갔을 대화가 가히 짐작된다.

"여보, 무슨 일 있었어?"

"아무것도 아니에요."

"화난 것 같은데 … "

"화날 일이 뭐가 있겠어요?"

"나야 모르지. 그래서 묻잖아."

물론 그 대답은 아내를 더 화나게 만든다. 그러면 남편도 아내의 까탈이 너무 심하다는 생각에 부아가 치민다.

아내가 화난 이유는 이렇다. 그녀는 소중히 여김을 받고 싶다. 당신과 함께 삶을 나누고 싶다. 그런데 당신은 (어쩌면 본의 아니게) 그 자리를 친구에게 내주었다. 당신에게는 아무렇지도 않은 일처럼 보일 수 있다. "그 순간을 친구와 함께한 것뿐인데, 그럼 나는 친구도 없어야 한단 말인가?" 아니, 아내도 당신에게 친구가 있기를 원하며, 당신도 그 사실을 알고 있다.

그러나 아내는 소중히 여김을 받기도 원한다. 당신은 결국 아내를 무시했고, 마치 그 자리에 없는 사람처럼 대했다. 배우자를 투명인간 취급함은 소중히 여김의 반대이며, 소속감 대신 소외감을 낳는다.

관건은 친구가 아니다. 취미, 직장 일, 비디오게임, 자녀, 중독 등이 결국 관건이 아님과 마찬가지다.

관건은 **존중**이다. 배우자를 **주목하는** 일이다.

배우자를 소중히 여기려면 계속 상대를 주목해야 한다. 다시 말해서 계속 존중해야 한다.

은근히 입히는 상처

웬만한 남자에게 정서적 학대를 정의해 보라고 하면, 우리 중 90%는 '고함치고, 소리 지르고, 가시 돋친 말을 내뱉고, 말로 상처 주는 일'이라 답할 것이다.

절반만 옳다.

사랑과 격려와 지원을 **거두는** 일도 정서적 학대다. 작위의 죄 못지 않게 박탈의 죄도 여기에 해당할 수 있다. 이렇게 생각해 보라. 아내의 상처에 침묵으로 반응하는 남편이 있다면, 그는 자기가 잘못한 게 없다고 말할 수 있다. 못된 말을 한마디도 하지 않았으니 말이다. 하지만 이 정황에서는 침묵 자체가 상처를 입힌다(고의인 경우가 대부분이다). 바로 그게 정서적 학대다.

우리 중 절대다수는 결혼식 날 "죽음이 우리를 갈라놓을 때까지 서로 사랑하고 소중히 여기기"로 약속했다. 따라서 남자든 여자든 배우자에게 소중히 여김을 받고 싶은 마음은 정당하며, 소중히 여김을 거두면 정서적 학대에 해당할 수 있다. 배우자에게 주목받고 소중히 여김을 받으려는 마음은 무리한 요구가 아니라 정당한 갈망이다. 어린 아이가 부모에게 양식을 기대하는 마음이 정당함과 마찬가지다.

어느 순간을 함께하려고 배우자를 보았는데 그때마다 상대가 다른 사람이나 다른 일에 정신이 팔려 있다면, 남편이든 아내든 머리에 얼음을 뒤집어쓴 기분이 된다.

친밀함이 깨진다.

워싱턴대학교 교수이며 결혼 전문가인 존 고트먼(John Gottman) 박사는 "결혼생활의 기술을 아무리 많이 배워도 존중이 없으면 소용없다"라고 썼다.[1]

배우자를 존중함은 소중히 여김의 필수 요소다. 존중하는 사람에게는 최고의 대우를 하게 마련이다. 여왕이 인사를 건네면 우리는 절하

---

1 다음 기사에 인용되어 있다. Marriage Missions International, "Quotes on 'Communication Tools.'" http://marriagemissions.com/about-us-2/quotes-on-communication-tools/ (2016년 4월 11일 접속).

거나 무릎을 굽힌다. 판사가 법정에 입장하면 우리는 기립한다. 소중한 배우자가 방에 들어오거나 말을 걸면 우리는 주목하여 존중하고 소중히 여긴다.

사람을 소중히 여기지 않고도 존중할 수 있지만, 존중하지 않고는 소중히 여길 수 없다. 배우자를 소중히 여기지 않음은 사실상 무시하는 처사다.

고트먼 박사가 역설하듯이 존중이 없으면 행복한 결혼생활도 없다. 친밀하고 성공적인 결혼생활도 없다. 아무리 특효의 '비결'(대화 연습, 사랑의 언어, 갈등 해결 등)을 결혼생활에 적용해도 서로 존중하고 소중히 여기기를 힘쓰지 않으면, 촛불을 켜 놓고 산소를 없애는 것과 같다. 불꽃은 잠깐 깜박이다 만다. 소중히 여김이라는 신선한 공기를 넣어 주지 않으면 어떤 전략도 통하지 않는다.

투명인간이 된 여자

남자들이여, 여자들이 창작하는 음악을 보면 남자에게 무시당하는 여자가 얼마나 많은지 알 수 있다. 1970년대에 아레사 프랭클린(Aretha Franklin)은 최소한의 존중을 요구하는 유명한 노래 "리스펙트"(Respect)로 각종 차트의 정상을 석권했다. 근래에는 여성 그룹 체리쉬(Chrish, 이름이 공교롭게도 우리의 주제어와 같다)가 "몰라주네요"(Unappreciated)라는 제목의 싱글 앨범을 발표했다. 이 동영상의 조회 수는 2016년 초에 이미 **7백5십만** 회를 넘었다. 체리쉬가 부르는 노래 가사는 수많은 여성을 대변하는 듯 보인다. "요즘 정말 몰라주네요. 당신 곁에 있으면 나는 투명인간 같아요."

바로 그 심정을 나도 많이 접한다. "나는 투명인간 같아요." 니콜 존슨(Nicole Johnson)은 투명인간이 된 여자를 주제로 단행본까지 썼는데, 그 책에 보면 자기 집에서 투명인간 취급받는 아내가 얼마나 많은지 모른다.[2] 그들이 말하면 아무도 듣지 않는다. 간혹 허락만 구할 뿐 그들의 의견을 묻는 사람도 없다. 부부 동반으로 저녁 파티에라도 가면, 남편은 아내가 보는 데서 다른 여자와 시선을 마주치며 관심을 보이고 질문을 던져 대화를 이끌어 간다. 아내에게는 비수와도 같은 상처다. 자신은 남편에게서 그런 눈길이나 질문이나 경청을 받아 본 게 마지막으로 언제인지 기억조차 없다. 집에 가려고 차에 타는 순간 아내는 자신이 투명인간이라는 사실 앞에 무너져 내린다. 알고 보니 남편은 여자를 소중히 여길 줄 몰랐던 게 아니다. 방금 전에 눈으로 똑똑히 보았다! 그런데 왜 **나를** 소중히 여기지는 못한단 말인가? 이튿날 그녀는 남편과 아이들이 모여 있는 거실에 들어가 뭐라고 말한다. 그러나 마치 그녀가 존재하지 않는다는 듯 아무도 반응이 없다.

그녀는 투명인간이다. 자기 집에서 말이다.

꼭 해야 할 행동을 하지 않으면, **그 자체가** 나쁜 행동이다.

내가 아는 어느 집의 자녀들은 엄마가 입을 뗐다 하면 순식간에 엄

---

2 Nicole Johnson, *The Invisible Woman: A Special Story of Mothers* (Nashville: Nelson, 2005) (《하나님의 눈에만 보이는 여자》 인피니스).

마에게로 시선을 돌려야 한다. 그 집의 남편이 그렇게 만들었다. 아이들이 **즉각** 반응하지 않으면 그는 그들이 보고 있던 게 무엇이든 그것을 꺼 버린다.

"지금 고의로 너희 엄마를 무시하는 거냐? 우리 집에서는 절대로 안 통한다. 무엇을 보던 중이든 너희 스스로 거기서 눈길을 뗄 수 없다면 내가 해 주지. 대신 잠시 멈춤이나 저장은 없을 줄 알아라. 엄마가 말하면 너희는 무조건 엄마한테 주목해야 해." 그가 아이들에게 하는 말이다.

그런 아내는 결코 자신이 투명인간으로 느껴지지 않는다. 오히려 소중히 여김을 받는 기분이다.

문제는 존중이다

책을 쓰는 동안 아내들에게 어떤 때 소중히 여김을 받는다고 느껴지는지 묻곤 했다. 그때마다 마치 한 마리 여우를 잡으려고 사냥개를 떼로 풀어 놓은 듯 대답이 술술 쏟아져 나왔다. 그런데 남편들에게 어떤 때 아내에게 소중히 여김을 받는 기분이 드느냐고 물으면, 무슨 말인지 통 모르겠다는 눈빛만 돌아오곤 했다.

소중히 여김을 아내들이나 원하는 일로 생각하는 남자가 많다. 그런 남자들은 이런 용어를 쓰는 것부터가 남자답지 못하다고 여긴다. 그래서 나도 질문을 바꾸었다.

"아내가 어떻게 해 줄 때 자신이 특별하고 존중받고 주목받는다고 느껴지는가?"

그러자 가장 전형적인 대답은 이거였다.

"흠, 원하는 게 19금 아닌 답변인가, 아니면 진짜 답변인가?"

진부한 말처럼 들리겠지만, 대다수 남자의 경우 이불 속에서 주목받지 못하면 침실 밖에서 무슨 일이 벌어지든 다 소용없다. 20대, 30대, 40대의 남편이라면 특히 더하다. 인생의 그 시기에 남자가 섹스에 취약하다는 사실은 대개 아내 입장에서 아무리 존중해도 지나치지 않다. 목사로서 나는 젊은 남편들을 자주 만나는데, 그때마다 순결하게 살려고 애쓰는 남자들에게 하루가 멀다고 쏟아지는 포르노 세상의 공격을 확인하곤 한다.

여자들이여, 남편의 성욕을 존중받으려는 정당한 요구로 보면 도움이 된다. 많은 남자가 가족을 부양하기 위해서만 아니라 혼인 서약에 충실하기 위해서라도 일에 매달린다. 남편의 영혼을 타협에 빠뜨리려는 영적, 물리적 세력이 즐비하다. 당신의 육체적 애정은 남편의 헌신과 싸움과 육욕을 존중하는 한 방편이다.

내가 대화해 보니 아내에게 가장 소중히 여김을 받는다고—즉 가장 존중받는다고—느낀 남편들은 바로 성적인 부분에서 실컷 채움을 받는 부류였다. 남편들은 이렇게 말해 주는 아내를 원한다. "그 전체가 사랑스럽구나 … 이는 내 사랑하는 자요 나의 친구로다"(아 5:16).

여자는 자기가 말을 꺼내거나 방에 들어가거나 남편을 부를 때 진지하게 주목받기 원한다. 대화해야 할 때 전화기나 들여다보는 남편을 원하지 않는다. 마찬가지로 남편들도 어두운 침실에서 주목받기 원한다.

남편이 그런 식으로 말하지는 않겠지만, 당신이 다른 일은 다 하면서 성관계에만 심드렁하다면 그는 무시당하는 기분일 것이다. 젊은 남편을 자녀보다 뒷전으로 여기거나 성관계 횟수가 세탁보다 훨씬 뜸하고 하수구 청소를 겨우 웃도는 정도라면, 이는 당신이 남편에게 말하다가 문득 그가 여태 한마디도 듣지 않았음을 깨닫는 일과 비슷하다. 남편을 무시하는 처사라는 뜻이다.

배우자를 존중하려면 알아야 할 핵심 원리가 있다. 존중의 방식은 존중받는 당사자가 정한다. 영적으로나 심리적으로나 그게 순리다. 나는 유난히 더운 날 보스턴 마라톤을 달린 적이 있는데, 도중에 어느 일가족이 막대 아이스크림을 나누어 주었다. 순전히 설탕물을 꽁꽁 얼린 거라서 아주 차가웠다. 그 사려 깊은 일가족이 평생 고마울 것이다. 마라톤 후반부에서 더운 날씨에 필요한 최고의 선물이었다.

그 외에 내가 달렸던 모든 마라톤에서는 많은 사람이 바셀린을 나누어 주었다. 발바닥이 갈라져 아플 수가 있으나 그 문제라면 사전에 대비하는 법을 알았다. 그래서 나는 마라톤에 총 13회를 참가했어도 한 번도 멈추어 바셀린을 바른 적이 없다.

그래도 경주 때마다 사람들은 내게 바셀린을 건넨다.

남편에게 정작 필요한 건 얼린 아이스크림인데 당신이 바셀린을 주려 하면, 그는 참 모른다고 생각할 것이다. 필요한 것을 주어야 존중으로 느낀다. 별로 필요하지 않은 것을 준다면 소중하게 느낄 수가 없다. 남편은 아내가 섹스에 생각과 시간을 더 들여 주기를 바라는데 아내는 온갖 다른 일에만 힘쓴다면, 그에게는 존중이나 소중히 여김이라고 전해지지 않는다.

오히려 **투명인간**이 된 심정일 것이다.

당신도 그 심정이 싫다. 그러니 침실에서 무시당하는 남편이 어떤 심정일지 이해하는 데 위의 비유가 도움이 될 것이다.

물론 반대쪽으로도 마찬가지다. 남편의 성욕이 자기보다 약해서 고충을 겪는 아내들이 점점 늘고 있다. 그들도 아가서의 솔로몬이 사랑하는 아내를 소중히 여긴 것처럼 그렇게 소중히 여김을 받기를 원한다. "사랑아, 네가 어찌 그리 아름다운지, 어찌 그리 화창한지 즐겁게 하는구나"(아 7:6). 그런 대우를 받는 아내는 이렇게 자랑한다. "나는 내 사랑하는 자에게 속하였도다. 그가 나를 사모하는구나"(아 7:10).

남자들이여, 다른 아내들은 남편이 늘 성적으로 자기를 탐한다고 말하는데 그 속에서 당신의 아내만은 당신이 마지막으로 접근한 게 언제인지 기억조차 없다면, 역시 무시당하는 기분이 든다. 이제 더는 남자 쪽에서 항상 원하고 여자 쪽에서 승낙 여부를 정하는 세상이 아니다. 사실은 그랬던 적도 없다. 어떤 남자는 건강상의 문제로, 특히 체중 감량과 다이어트 때문에 섹스에 흥미를 잃는다. 어떤 남자는 포르노를 보아 뇌가 망가져 있다. 원인이 무엇이든(노화나 질병으로 인한 신체적 쇠퇴를 말하는 게 아니다) 성적으로 무시당하거나 남편의 접근이 없는 여자는 소중히 여김을 받는다고 느끼기 힘들다.

남자들이여, 성적 표현의 관건은 자신의 필요를 채우는 게 아니라 아내의 아름다움과 사랑스러움과 매력을 인정해 아내를 존중하는 데 있다. 남편이 먼저 접근해 줄 때 아내는 주목받는다고 느낀다. 포르노 시대에 우리는 성적 관심을 '아껴' 아내의 몫으로 비축해 두어야 한다. 그러면 아내는 남편이 자기를 충분히 원하고 소중히 여긴다고 느낀다. 서로 소중히 여기고 존중하려면 성적 갈망을 빼놓을 수 없다. "모든 사람은 결혼을 귀히 여기고 침소를 더럽히지 않게 하라"(히 13:4).

서로 먼저 하기

로마서 12장 10절에 보면 "존경하기를 서로 먼저" 하라고 했다. 딱히 결혼에 관한 말은 아니지만, 교인들끼리 그러하다면 부부간에는 **특히** 더 그래야 한다. 이는 존중을 표하기를 말 그대로 배우자보다 '먼저' 하라는 명령이다. 일상적 표현으로 바꾸어 보면 이렇다.

"매일 아내가 당신을 소중히 여기는 것보다 당신이 아내를 더 소중히 여기도록 힘쓰라."

"매일 남편이 당신을 소중히 여기는 것보다 당신이 남편을 더 소중히 여기도록 힘쓰라."

본능적으로 우리는 그와 반대로 행동하지 않는가? 배우자를 소중히 여길 방도를 궁리하기보다 우리는 이 물음에 집착한다. "왜 아내는 내가 자기를 사랑하는 방식으로 나를 사랑할 수 없는 거지?"

성경에 따르면 당신이 집중해야 할 소명은 배우자를 먼저 존중하는 것이다. 존중받기보다 상대를 더 존중하고자 최선을 다해야 한다. 이렇게까지 생각할 수도 있다. '남편의 기준이 좀 낮아서 차라리 다행

이다. 그렇지 않으면 그보다 더 존중하라는 명령에 충실하기 힘들 테니까.'

날마다 아침에 일어날 때 부부가 둘 다(또는 혼자만이라도) 배우자를 먼저 존중하려는 목표를 품는다면 결혼생활이 어떻게 달라질까? 그러면 계획을 짤 것이다. 몇 가지 일에 착수할 것이다. 바로 그게 소중히 여김의 배후 동기다. 존중하고 드러내고 주목하고 섬기고 연모하기를 적극적으로 힘쓰는 삶이다.

그렇게 하루를 살고 나면, 받은 것보다 준 게 많은 듯싶어 억울하기보다는 오히려 순종의 기쁨이 있다. 배우자를 먼저 존중한다는 목표를 달성했으니 말이다. 물론 이 사실을 배우자에게 지적하지는 않는다. 그랬다가는 하루의 노력이 다 물거품이 될 것이다. 대신 자신이 하나님의 뜻대로 행하고 있다는 사실에서 조용한 위안을 얻는다.

배우자를 먼저 존중하는 법을 배우려면 한 가지 실제적인 방법으로, 배우자보다 '신호에 더 많이 반응하면' 된다.

신호에 반응하라

존 고트먼 박사는 부부의 행복과 직결되는 요인을 연구한 뒤 부부들을 '승자'와 '패자' 두 부류로 구분했다. 그에 따르면 각 배우자는 상대의 주목을 얻고자 온종일 꾸준히 '신호'를 보낸다. 이런 신호를 이 책의 방식대로 표현하자면, "당신은 여전히 나를 소중히 여기나요?"라는 물음과 같다.

배우자가 신호에 반응하는 방식은 부부의 소통과 행복에 지대한 영향을 미친다. 에밀리 에스파하니 스미스(Emily Esfahani Smith)는 〈더 애틀랜틱〉지에 기고한 글에 다음과 같이 설명했다.

온종일 각 배우자는 상대에게 소통을 요구한다. 고트먼의 표현으로 '신호'다. 예를 들어 새라면 사족을 못 쓰는 남편이 마당에 날아든 오색방울새를 보았다 하자. 그는 아내에게 "바깥의 저 아름다운 새 좀 봐요!"라고 말할 수 있다. 이는 단지 새에 대한 소감이 아니라 아내의 반응—관심이나 지지의 표현—을 요구하는 말이다. 새를 매개로 잠시나마 소통하기를 바라는 마음이다.

이제 아내가 반응을 선택할 차례다. 고트먼의 표현으로 아내는 남편 '쪽으로 고개를 돌릴' 수도 있고 '외면할' 수도 있다. 새라는 신호가 사소하고 실없어 보일 수 있으나 사실은 이를 통해 관계의 건강 상태가 고스란히 드러날 수도 있다. 남편이 새를 화제로 삼음은 그만큼 새를 중요하게 여기기 때문이다. 문제는 아내가 이를 알아차리고 존중할지 여부다.

연구에서 배우자 쪽으로 고개를 돌린 사람들은 신호에 관심과 지지를 보이며 상대와 교감했다. 반면에 외면한 사람들은 무반응이거나 최소한의 반응으로 그친 채 텔레비전 시청, 신문 읽기 등 자기가 하던 일을 계속했다. "읽는 중이니 건드리지 말아요"와 같은 말로 적의를 드러낸 때도 있었다.

이런 신호에 대한 반응은 부부의 행복에 심대한 영향을 미쳤다. 6년 후에 추적 조사를 해 보니 이혼한 부부들은 신호의 33%에만 상대 쪽으로 고개를 돌렸다. 즉 정서적 소통을 원하는 신호가 열 번이면 그중 세 번꼴로만 친밀한 반응을 보였다. 반면에 6년 후에도 여전히 함께 사는 부부들은 신호가 올 때 상대 쪽으로 고개를 돌린 비율이 87%에 달했다. 열 중 아홉 번은 상대의 정서적 필요를 채워 준 것이다.[3]

고트먼 박사의 연구가 예증해 주듯이, 배우자를 소중히 여기려면 상대의 흥밋거리에 적극 흥미를 보일 줄 알아야 한다. 존중과 주목이란 바로 그런 뜻이다. 경청과 그에 따른 반응은 연습할 수 있다. 신호가 올 때 배우자 쪽으로 고개를 돌리는 비율을 최소한 90%까지 높이는 걸 목표로 삼을 수 있다. 나도 여기서 도움을 받는다. 다음 사실을 내게 가르쳐 주기 때문이다. 즉 아내가 의견을 밝히거나 흥미로운 신문 기사를 읽어 주거나 소감을 말할 때마다 나는 아내를 소중히 여기거나 무시하거나 둘 중 하나다. 여기에 중립이란 없다. 나는 아내의 신호에 응하거나 거부하거나 둘 중 하나다. 소중히 여김을 표현하거나 그렇지 않거나 둘 중 하나다. 부부간의 대화가 아무리 평범한 내용일지라도 친밀함은 깊어지거나 공격받거나 둘 중 하나다.

야구에서 타석에 들어선 타자를 생각해 보라. 투수가 던지는 공은

---

3 Emily Esfahani Smith, "Masters of Love," *The Atlantic*, 2014년 6월 12일. www.theatlantic.com/health/archive/2014/06/happily-ever-after/372573 (2016년 4월 11일 접속).

다 카운트가 된다. 타자가 가만히 서 있든 헛스윙하든 안타를 치든 어쨌든 투구 수에 더해진다. 배우자가 보내는 신호도 다 하나의 투구이며 당신은 결정을 내려야 한다. 결정하지 않는 것도 사실은 결정이며, 이 경우 상처를 입히는 해로운 결정이다.

이렇게도 볼 수 있다. 당신의 관심을 구할 때마다 배우자는 이렇게 묻는 셈이다. "당신은 여전히 나를 소중히 여기나요?" 관심의 종류가 무엇이며 장소가 집 안의 어느 방이든 관계없다.

기쁜 소식

지금까지 당신이 배우자를 주목하지 않고 무시했다면 여기 기쁜 소식이 있다. 고트먼 박사에 따르면 존중은 학습과 연습을 통해 향상될 수 있다. 일례로 그가 역시 심리학자인 아내 줄리(Julie)와 함께 알아낸 사실이 있다. 배우자의 기쁜 소식에 어떻게 반응하느냐에 따라 큰 보상이 뒤따를 수 있다. 아내의 책을 출간할 계약이 드디어 성사되었다고 하자. 남편이 이를 큰 경사로 알고 함께 기뻐하고 축하하고 응원해 주면, 아내를 존중하는 데 큰 도움이 된다. 반면에 남편이 "선금이 고작 이거란 말이요? 괜히 이용만 당하는 거 아닌가?"라는 식으로 대수롭지 않게 여기면, 결혼생활에 미치는 피해가 심각하다. 아내는 **무시당하는** 기분이 든다.

주목과 존중을 이렇게 요약할 수 있다. **힘든 일에는 더불어 공감해 주고, 잘된 일에는 열심히 축하해 주라.**

배우자를 소중히 여기는 사람은 위의 상황에서 이렇게 묻는다. "정말 잘 됐군요! 원고 마감일은 언제고 담당 편집자는 누구지요? 얼마나 걸려야 끝나겠어요? 내가 어떻게 해 주면 당신이 글 쓰고 수정할 시간이 더 많아질까요?" 이런 질문을 통해 진정한 관심과 지원이 표현된다. 그래서 배우자는 당신이 참으로 배려한다고 느낀다.

소중히 여김을 이렇게 생각해 보라. 그 계약의 주인공이 만일 **당신**이라면 당신은 자신에게도 똑같이 물을 것이다. 바로 그 질문을 배우자에게 함으로써 상대의 즐거움에 동참한다. 상대를 주목하고 존중한다. 그리하여 상대는 자신이 소중히 여김을 받는다고 느낀다.

배우자가 거둔 실적의 규모나 범위는 중요하지 않다. 종신 재직권을 취득했든 드디어 옷장 정리를 마쳤든, 아내는 자신이 한 일을 인정받기 원한다. 아무리 말해도 지나치지 않거니와, 남편은 아내가 무엇을 하든 인정해 주고 아내는 남편이 무엇을 하든 인정해 주라. 그 일을 높이 평가하고 소중히 여기라. 상대를 지원하고 격려해 주라. 자기 일처럼 최대한 중시하라.

배우자가 무시당할 때

주목과 존중은 물줄기에 역류해 노를 젓는 일과 같다. 가만히 두면 배는 무시 쪽으로 떠내려간다. 우리도 노 젓기(존중과 주목)를 계속하지 않으면 반대쪽으로 휩쓸려 간다. 앞으로 나아갈 수 없다.

결혼 초 케빈(Kevin)은 하루에도 몇 번씩 알리사(Alyssa)에게 전화했다. 덕분에 알리사는 남편의 행방을 늘 알 수 있어 위안이 되었다. 전업주부로 어린 자녀들을 기를 적에는 점심 전에 남편한테서 전화가 **두 번씩** 걸려올 때도 많았다.

"나와 아이들에 대해 남편이 물어봐 주는 것만으로도 기분이 무척 좋았다." 알리사의 회고다.

자신이 주목받는다고 느껴졌다는 말이다. 이렇게 그녀는 존중받고 소중히 여김을 받았다. 또한 케빈은 알리사에게 휴대전화로 '용건 없는 다정한' 문자를 자주 보냈다. 굵은 글씨체도 없고 구두점도 없는데 달랑 한 문장으로 아내를 존중할 수 있다는 게 놀라웠다. 순전히 그녀를 생각하는 케빈의 마음이 전달되었기 때문이다.

그러다 결혼 10년차쯤 되어 변화가 나타났다. 처음에는 전화가 점심 전에 한 번만 오더니 점차 하루 한 번으로 줄었다. 또한 문자까지도 뜸해졌다. 주목이 허술해졌다는 건 케빈의 마음이 변했다는 신호이기도 했다.

케빈은 직업상 출장이 꽤 잦았는데, 처음 10년 동안에는 호텔에서 잠자기 전에 꼭 알리사에게 전화해 잘 자라고 말했다. 그런데 이제 출장을 가면 며칠이고 소식이 없었다. 며칠씩이나 말이다.

처음에 알리사는 그런 생각을 애써 떨쳤다. 속으로는 "남편은 오늘 아이들과 내가 어떻게 지내는지 관심조차 없는 거야"라고 느껴졌지만, 그런 논리에 내포된 의미가 너무 두려워 더 생각하고 싶지 않았다.

남편이 귀가하면 그녀는 과잉 보상심리가 발동했다. "남편에게 하루 일을 말하는 게 워낙 몸에 배어 있었다. 평소에 조금씩 수시로 하던 말을 이제 한 번의 긴 대화로 다 쏟아내야 할 것만 같았다. 남편은 들으려 하지 않았으나 나는 하루 일을 말할 수만 있다면 어떻게든 소통이 이어질 줄로 알았다. 하지만 그럴수록 남편을 질리게 할 뿐이었다."

알리사는 주목받고 싶었지만, 케빈은 그녀를 주목할 마음이 없었다. 그녀는 억지로라도 남편의 시선을 끌어낼 수만 있다면 어쩌면 부부관계를 유지할 수 있다고 생각했다. 하지만 그런 식으로 되는 일이 아니다.

마침내 운명의 설날 전야가 도래했다. 워싱턴 DC에 출장을 가 있던 케빈은 밤 10시에 아내에게 안부 전화를 했다. 그러나 그녀가 새해가 밝는 순간을 함께 축하하고 나누려고 자정에 다시 전화했으나 케빈은 받지 않았다.

"본래 케빈은 전화기를 늘 몸에 차고 있었고, 그렇지 않을 때도 15 *cm* 이상 멀리 두거나 꺼둘 때가 **한 번도** 없었다. 그래서 음성 사서함으로 연결되었을 때는 꼭 명치를 한 대 얻어맞은 기분이었다."

이튿날 알리사가 어떻게 된 일이냐고 묻자 케빈은 "벨소리가 안 들렸겠지"라고만 말했다.

그 순간 알리사는 자신이 두려워하던 최악의 사태가 현실로 벌어졌음을 알아차렸다. 케빈의 '비서'는 더는 그냥 비서가 아니었다. 그녀가 워싱턴 DC에 동행한 적이 있음을 남편도 인정했다. 알리사가 몇 주 동안 그 문제를 제기하자 결국 케빈은 그녀를 다른 부서로 보내겠다고 약속했다. 그런데 사실은 하와이 출장도 함께 가려던 참이었다.

전말을 알고 난 알리사의 심경은 이 끔찍한 한마디로 요약되었다.

"나는 밀려나 있었다."

그녀는 무시당한 기분이었다. 투명인간이었다. 소중히 여김을 받는 아내는커녕 성가시고 귀찮은 존재가 되어 있었다.

남편들이여, 죽는 날까지 단 한 순간도 아내에게 자신이 **귀찮은** 존재라는 느낌이 들게 해서는 안 된다. 그거야말로 소중히 여김의 정반대다. 아내가 신호를 보내올 때마다 당신은 눈빛이 밝아지면서 두 팔을 활짝 벌려야 한다.

케빈은 비서를 다른 부서로 보내지 않은 자신의 결정을 정당화하려고 "그녀의 복지도 고려해야 한다"라고 말했다. 하지만 알리사는 '**나의** 복지는 어떻고? 당신 자녀들은 어떻고?'라는 생각밖에 들지 않았다.

객관적인 사람이라면 누구나 알리사의 말에 공감할 수 있다. 케빈만 눈이 멀어 이를 보지 못한 이유는 이미 다른 사람을 소중히 여기고 있었기 때문이다. 누군가를 소중히 여기면 그 사람의 필요가 누구보다도 최우선이 된다. 소중히 여김이란 바로 그런 의미다. 케빈이 알리사를 더는 주목하거나 존중하지 않았다는 사실은 더 소중히 여기는 다른 사람이 있다는 증거였다.

안타깝게도 결과는 당신이 짐작하는 대로다. 이 이야기의 끝은 해피엔딩이 아니다. 케빈은 비서와 동거 생활을 시작했다. 아직도 알리사에게 자신을 도로 받아 달라는 신호를 가끔 보내오긴 하지만, 다시 합치겠다는 알리사의 확답이 없는 한 비서와의 관계를 정리할 마음은 없다. 당연히 알리사는 자신이 하와로, 즉 세상에 하나뿐인 여자로 느꺼지지 않는다. 오히려 비서에게 약간 싫증이 난 케빈이 알리사 자신을 당장의 차선책으로 보는 것처럼 느껴질 뿐이다.

배우자를 한결같이 주목하고 존중하면, 그런 행위를 통해 특정한 관계가 가꾸어지고 유지된다. **우리 마음이 그렇게 빚어진다.** 소중히 여김의 효과와 위력은 주목과 존중을 통해 지속된다. 작은 일에서 배우자를 더는 주목하거나 존중하지 않으면 관계가 취약해진다. 남편과 아내가 원하는 바는 헌신으로 그치지 않는다. 그들은 주목과 관심을 원한다. 알아주기를 원한다. 자신이 중요한 존재이기를 원한다. 자신의 신호에 배우자 쪽에서 '반응해 주기를' 원한다.

부부는 서로 존중받기 원한다.

알리사는 남편들에게 이렇게 당부한다. "아내가 하는 말에 늘 관심을 보이라. 시시콜콜 다 듣고 싶지 않더라도 말이다. 케빈은 내게 이렇게 말하곤 했다. '자세히 다 말하고 싶겠지만 간단히 요점만 말하면 안 될까?' 그러면 나 자신이 그를 귀찮게 하는 것처럼 느껴졌고, 남편도 내 말을 원해서 듣는 게 아니라 의무감 때문에 듣는 것만 같았다. 소중히 여김을 받는다는 느낌이 전혀 없었다.

아내를 소중히 여기려면 낮에 직장이나 집으로 전화해 주라. 단 20초라도 괜찮다. 남편으로서 아내를 생각하고 있다는 최소한의 표시이며, 서로 떨어져 있는 동안에도 아내를 주목했다는 뜻이다."

배우자를 소중히 여기려면 절대로 **투명인간**처럼 대해서는 안 된다. 소중히 여김을 받는 남편은 주목받는다고 느낀다. 소중히 여김을 받는 아내는 상대 쪽에서 먼저 접근해 준다고 느낀다. 소중히 여김을 받는 배우자는 존중받는다고 느낀다.

잦은 전화 통화나 성관계가 **과거의** 일이 되어 버렸다면, 당신이 어느새 배우자를 소중히 여기고 있지 않음을 알아야 한다. 그렇게 슬슬 멀어지다가 자칫 이혼이라는 최악의 지경에 이를 수도 있다.

서로 주목하고 존중하고 소통하려면 시간이 걸린다. 하지만 부부가 서로 소중히 여길 때 결혼생활이 더 즐겁지 않은가?

나의 어리석은 실수

배우자를 주목하고 존중하려면 어떻게 해야 하는지 존과 줄리 고트먼 부부를 통해 배웠음에도, 나는 해서는 **안 될** 일을 하고 말았다. 그 사례를 제시하려 한다. 호텔 방에서 이번 장의 초고를 집필한 뒤에 아내를 깨우러 안에 들어갔더니 아내는 다짜고짜 꿈 이야기부터 했다.

"당신은 평소에 꿈이 기억나요?" 아내가 물었다.

"대개는 기억 안 나는데."

"기억날 때는 좋은 꿈인가요 나쁜 꿈인가요?"

"대개 나쁜 꿈이 기억나지."

"흠, 어디서 읽었는데 비타민 B6가 부족하면 그럴 수 있대요."

"응? 뭐라고?"

"꿈이 기억나지 않거나 늘 나쁜 꿈만 기억나면 비타민 B6가 결핍되어 있다는 뜻일 수 있다고요."

웃음이 절로 났다. 내 블로그나 책의 독자들은 알겠지만 내 아내는 전인 치료, 유기농 식품, 공정 거래, 글루텐 없음, 목초지 방목, 풀을 먹고 자란 소, GMO 없음, 현지 재배, 부분적 수소 처리 없음, 무가당 등을 매우 중시한다. 그래도 이번에는 너무 심하다 싶었다. 그래서 나도 웃고 말았다. 아내의 말이 터무니없어 보였다.

그러다 문득 내가 어떤 행동을 했는지 깨달았다. 아내는 유익이 된다고 생각하는 내용을 나누었고, 자신에게 중요한 부분을 들려주었다. 아내가 기대한 것은 냉정한 일축이 아니라 사려 깊은 반응이었다. 게다가 아내는 연구 결과를 읽었지만 나는 이 주제에 철저히 무지한 상태였다.

그런데 내가 웃는 행위로 아내를 완전히 무시했다.

그래서 사과했다. "여보, 미안해. 당신은 연구 결과를 읽었는데 의사도 아닌 내가 뭘 알겠소? 내게도 알려 주어 고맙소."

거기서 그칠 게 아니라 내가 비타민 B6의 섭취량을 늘릴 방법까지도 물었어야 했다. 비타민 B6가 꿈에 영향을 미친다는 개념은 여전히 내게 미심쩍어 보인다. 하지만 이 대화의 관건은 꿈에 작용하는 B6의 힘이 아니라, 내 아내가 아침에 눈을 뜨면서부터 소중히 여김을 받는가 아니면 무시당하는가의 문제다. 불행히도 나는 무시하는 쪽을 택했다. "신호에 응답하라"라는 글을 읽고 그 내용으로 글까지 쓰고 난 후였는데도 말이다. 이번 회전(回戰)에서 내 목표가 90%라면, 다음 아홉 번의 신호에는 제대로 반응해야 한다는 뜻이다.

친구여, 이것은 하룻밤 사이에 정복할 문제가 아니라 하나의 긴 여정이다.

- ◆ 소중히 여김이란 배우자를 주목하고 존중해야 할 능동적 소명이다. 따라서 부부관계에서 수동적 태만은 (고의성 여부를 떠나) 일종의 정서적 학대로 간주될 수 있다

- ◆ 소중히 여김 받지 못하는 아내는 자신이 투명인간으로 느껴진다.

- ◆ 침실 안에서든 밖에서든 주목은 대개 존중의 문제다.

- ◆ 성경은 우리에게 배우자를 존중하기를 서로 먼저 하라고 명한다.

- ◆ 여러 연구에 따르면 부부는 배우자의 주목을 얻고자 꾸준히 '신호'를 보낸다. 이런 신호를 "당신은 여전히 나를 소중히 여기나요?"라는 물음으로 보아야 한다.

- ◆ 가장 행복한 '승자' 부부들의 경우, 배우자의 신호 쪽으로 고개를 돌리는 비율이 90%에 육박한다. 우리도 이런 신호에 주목하는 법을 학습할 수 있다. 얼마든지 향상시킬 수 있는 기술이다.

- ◆ 배우자를 소중히 여기려면 상대의 기쁜 소식에 감동과 관심으로 반응하며 질문으로 정보를 더 끌어내는 게 특히 중요하다.

- ◆ 부부간에 소중히 여김을 받는다고 느끼려면 전화나 문자로 소통을 유지하는 단순한 행위도 꼭 필요하다.

1 배우자에게 약간 무시당한다고 느껴지던 때에 대해 말해 보라. 무슨 일이 있었는가? 그때 기분이 어땠는가?

2 당신 쪽에서 배우자를 무시하거나 뒷전으로 대했다고 생각되는 때에 대해 말해 보라. 어떤 행동으로 그랬는가? 왜 그랬는가? 너무 바빴거나 산만했는가? 본의 아니게 그렇게 되었는가?

3 투명인간 취급받는 쪽에서 그 상황을 배우자에게 알리는 건강한 방법은 무엇인가?

4 배우자를 소중히 여기지 않음을 일종의 정서적 학대로 볼 수 있다는 데 당신도 동의하는가? 그렇다면 왜 그런가? 그렇지 않다면 왜 그런가?

5 배우자의 성욕을 채워 주는 일을 존중의 일환으로 보면, 성적인 친밀함을 보는 부부의 시각이 어떻게 달라지는가?

6 앞으로 7일 동안 힘써 배우자를 먼저 존중하려면, 지금부터 달라져야 할 당신의 행동은 무엇인가?

7 지난 한 주간을 돌아보며 당신이 배우자의 신호 쪽으로 고개를 돌렸던 세 가지 사례를 떠올려 보라. 당신이 보였던 반응은 무엇인가? 기억나지 않거든 배우자에게 물어보라.

8 반응률 90%를 목표로 했을 때 현재 당신이 배우자의 신호 쪽으로 고개를 돌리는 비율은 얼마나 되는가? 이미 90%에 도달했는가? 70% 정도인가? 50% 미만인가? 배우자의 생각은 어떤지 겸손히 물어보라.

9 배우자가 정말 기쁜 소식을 받았던 게 마지막으로 언제인가? 그때 당신이 보였던 반응과 참여도에 점수를 매긴다면 몇 점쯤 되겠는가?

상대방을
무시하지 말기

06

소중히 여기려면
서로 보호하며
멸시를 퇴치해야 한다

"남편은 주방장이 아니라 요리사일 뿐이에요!"

"목사님이 날 주방장이라고 부르셔도 되지!"

"아니죠. 당신은 주방장이 아니죠. 주방장은 음식을 처음부터 만들지만, 당신은 데울 뿐이잖아요. 엄연히 다르죠."

나는 과묵한 남자를 토의에 끌어들이려던 참이었다. 그래서 그를 주방장이라 부르며 그의 직업을 화제로 꺼냈다.

"주방장들이 좋아하는 건 대개 따로 있다지요. … "

그런데 그의 아내가 공격적으로 끼어들어 자기 남편은 주방장이 **아니므로** 세상 누구도 **절대로** 그렇게 불러서는 안 된다고 강변했다.

이 남편은 양로원에서 일하며 입주자 2백 명의 식사를 준비한다. 예산도 빠듯하고 시간은 더 빠듯하다. 경영진은 책임자인 그에게 최소 기준의 비용보다도 10%를 덜 쓰도록 지시하곤 한다. 그러다 보니 안타깝게도 냉동식품을 데워 먹는 식사가 많은 건 사실이다. "끼니마다 주요리만도 세 종류를 내놓아야 합니다." 남편의 설명이었다.

"어차피 거기 사람들은 음식 맛 따위엔 신경도 안 써요." 아내가 받아쳤다.

"아니, 맛도 **중시해요.** 정말 그렇다니까." 남편이 조용히 힘주어 대답했다.

객관적 관찰자 입장에서 볼 때 이 남자는 딱한 처지에 놓여 있었다. 한정된 예산으로 노인 2백 명에게 최대한 좋은 급식을 제공해야 하니 말이다. 그런데 아내는 그 수고를 평범하다 못해 아예 창피한 수준으로 깎아내렸다. 행여 누가 실수로라도 그를 과도히 존중하는 게 그녀는 마냥 싫은 듯했다.

빠듯한 예산으로 온 힘을 다해 노인 2백 명에게 매일 즐거움과 영양분을 공급하려는 남편을 아내로서 귀히 여기지 못할 이유가 무엇인가? 남편은 좋은 일을 하고 있지 않은가? 예산을 정하고 한도를 못 박은 사람은 그가 아니다. 그는 그 속에서 최선을 다할 뿐이다.

이 아내가 남편 덕분에 노인들의 삶이 더 나아지도록 그를 위해, 그와 함께 기도하면 어떨까? 하나님께서 남편을 통해 일하시도록 구하면 더 좋지 않을까? 예수께서 얼마 안 되는 빵과 물고기로 큰 무리를 먹이셨듯이 말이다. 하나님이 이 남편에게 재능을 주셔서 빈약한 재료로나마 건강식과 먹는 즐거움의 기적을 일으키게 하실지 누가 알겠는가? 소중히 여기려면 멸시에 맞서 싸워야 한다. 소중히 여기려면 배우자를, 즉 상대의 평판과 인격과 가치와 자존감을 보호해야 하기 때문이다.

멸시의 사이클

홀딱 반해 새로 사귀는 연인을 보라. 남자고 여자고 얼굴에 빛이 난다. 그런 사람들을 공항에서 늘 볼 수 있다. 둘 사이에 강렬한 눈빛이 오간다. 바짝 붙어 서서 서로 그윽이 바라본다. 눈을 깜박이기조차도 아까운 듯한 모습이다. 행여 45 cm 이상 서로 떨어지기라도 하면 30초내로 얼른 다시 손을 잡는다.

하지만 소중히 여김의 그 정점에서 대개 멸시의 서글픈 사이클이 시작된다. '친해지면 만만해진다'라는 말이 있지 않은가? 부부보다 친한 사이는 없다. 불완전한 사람과 결혼한 상태에서 은혜에 대한 이해와 소중히 여기려는 헌신마저 없으면, 결국 실망하기 쉽다. 실망은 좌절을, 좌절은 원망을, 원망은 멸시를 낳는다.

영적으로 그 작동 원리는 이렇다.

실망 → 좌절 → 원망 → 멸시.

이것은 결혼 여정이기 이전에 신앙 여정이며, 멸시는 '죽음의 악순환'을 부른다. 멸시는 스스로 배를 불릴수록 점점 더 허기져 간다. 멸시하는 부부는 공항의 커플처럼 서로 눈을 맞추는 게 아니라 배우자가 말하는 동안 비수처럼 바닥이나 옆쪽을 응시한다. 자기가 말로 역공을 펴부을 때 외에는 상대를 차마 보지 못한다. 그나마 그때 고정되는 시선도 사랑하고 이해하기 위해서가 아니라 잔뜩 쏘아붙이기 위해서다. 상대의 말이 잠시 끊기는 그 들숨의 순간만을 기다리는 배우자의 눈빛, 그보다 더 조급한 것은 세상에 없다. 그 순간 아내는 득달같이 끼어들어 남편의 최악의 잘못을 늘어놓으며 증거를 들이댄다.

때로는 망측한 행동도 서슴지 않는다. 한 아내는 내 사무실에서 홧김에 남편에게 정말 고함을 질렀다. "거봐, 당신은 내 말을 듣지 않잖아요. 내 질문에 대답조차 하지 않는다고요!" 사실은 그가 **침착하고 부드럽게 그녀의 질문에 대답한 직후**였다. 그녀의 멸시가 어찌나 심했던지 남편의 말소리조차 들리지 않았다. 그러면서 남편이 듣지 않는다고 남편을 비난했다. 적어도 그 순간 그녀는 멸시 때문에 눈과 귀가 닫혀 있었다.

존 고트먼 박사에 따르면 멸시는 '이혼의 가장 확실한 전조'다.[1] 그가 정의하는 멸시란 우월감의 자세로서, 욕설이나 직설적 모욕처럼 상대를 깎아내리는 말투로 나타난다. 물론 이는 앞서 우리가 정의한 소중히 여김과는 정반대다. 소중히 여기면 배우자의 장점이 눈에 들어온다. 그래서 소중히 여김은 멸시를 퇴치하는 최고의 해법이다.

역설적이게도 우월감의 자세와 상대를 깎아내리는 말투는 배우자를 '덜 성숙한' 신자로 여기는 자칭 성숙한 그리스도인들의 가장 흔한 결점 중 하나다. 그들은 자신을 주 안에서 '더 낫게' 여기다 보니—그 단어를 쓰지는 않겠지만 그 개념이 그들의 사고를 몰아간다—배우자를 상대의 죄와 결점으로 규정한다. 그게 눈덩이처럼 불어나 결국 우월감과 지나치게 부정적인 자세를 낳는다. 자기가 비난하는 배우자의 단점보다 본인의 그런 태도야말로 결혼생활에서 단연 최대의 해악임을 그들은 모른다. 자기가 성숙해서 단점도 볼 줄 안다고 생각하지만, 단점에 집착하는 자기 쪽이 더 유해한 존재임을 깨닫지 못한다.

서로 소중히 여기기로 헌신한 부부도 싸우긴 하지만, 결코 서로에 맞서 싸우지는 않는다. 그들은 멸시에 맞서 싸우며 늘 서로를 힘써 보

---

1 The Gottman Institute, "Research FAQs: What Are the Negative Behavior Patterns That Can Predict Divorce." www.gottman.com/about/research/faq (2016년 4월 11일 접속).

호한다. **배우자를 공격하기보다 보호하고 있다면** 당신은 배우자를 소중히 여기는 사람이다.

1981년의 어느 섬뜩한 날, 40대 미국 대통령 로널드 레이건(Ronald Reagan)이 워싱턴 힐튼 호텔을 나서는데 암살 기도자가 대통령의 왼쪽으로 (충격을 받으면 폭발하도록 고안된) 폭발성 총알을 날렸다.

암살 기도가 있었던 다음날 총상의 경중이 다 가려진 후 낸시 레이건(Nancy Reagan)은 돈 무모(Donn Moomaw) 목사에게 영적 위안을 구했다. 백악관의 한 회의실에 프랭크 시내트라(Frank Sinatra) 부부와 빌리 그레이엄(Billy Graham)도 동석했다. 낸시는 그 소수의 무리 앞에 이런 고백을 털어놓았다. "제가 책임을 다하지 못했다는 생각에 정말 괴로워요. 대개는 제가 로니의 왼쪽 옆에 서는데, 바로 그쪽 부위에 총알을 맞았거든요."[2]

낸시의 말은 이런 뜻이었다. '차라리 남편 대신 내가 총상을 입어야 했는데. 그때 내가 함께 있었더라면 지금 입원한 사람도 나일 텐데.'

남편을 소중히 여기는 아내는 남편을 보호하려 한다. 아내를 소중히 여기는 남편은 아내의 방패막이가 되려 한다. 이게 소중히 여김의 긍정적 측면이다. 그래서 부정적 측면인 **멸시**란 거의 상상조차 못할 일이다. 배우자를 소중히 여기면 우리 마음과 생각이 빚어져, 몸 안의

---

2 다음 기사에 인용되어 있다. Paul Kengor, "The Untold Story of How Nancy Reagan Would Have Taken a Bullet for Her Husband." www.foxnews.com/opinion/2016/03/07/untold-story-how-nancy-reagan-would-have-taken-bullet-for-her-husband.html (2016년 5월 31일 접속).

모든 세포가 배우자를 보호하고 존중하고 싶을 정도가 된다. 소중한 배우자에게 감사하여 어떤 희생도 감수하고 싶어진다.

그러나 배우자를 '보호하려고' 굳이 암살자의 공격을 기다릴 필요는 없다. 보호란 아주 평범한 행위가 될 수도 있다. 남들 앞에서 배우자의 난처한 상황을 면하게 해 주는 일도 그 한 예다.

총대를 메라

카를로스(Carlos)는 내 사무실에 들어서자마자 이 말부터 했다. "사실 저는 6분 일찍 도착했는데 로자(Rosa)가 늦은 겁니다. 죄송합니다."

그러자 로자가 남편을 보며 말했다. "잘도 팔아먹네요."

상담 횟수가 꽤 되었는지라 이 문제를 짚고 넘어가야겠다 싶어 내가 말했다. "카를로스, 앞으로 5년 후면 당신은 내 이름조차 기억나지 않을 겁니다. 오늘 밤 당신은 로자와 함께 집으로 가고, 나는 내 아내한테 귀가하면 우리가 서로를 생각할 일은 없겠지요. 당신이 아내를 희생양으로 삼은 이유는 나한테 비칠 자신의 이미지 때문입니다. 하지만 당신이 더 신경 써야 할 부분은 아내가 당신을 어떻게 생각하느냐입니다. 함께 사는 사람이니까요. 당신이 그냥 '늦어서 죄송합니다'라고만 말했다면 로자는 '와, 남편이 나를 보호해 주는구나'라고 생각했을 겁니다. 그러면 오늘 밤 당신이 집에서 겪을 일도 완전히 달라지겠지요. 당신의 임무는 아내를 존중하고 보호하는 거지 나한테 좋은 인상을 주는 게 아닙니다. 집에까지 함께 갈 사람은 아내니까요. 아내에게 초점을 맞추십시오."

카를로스는 로자를 위해 총대를 멜 기회가 있었다. 그가 그렇게 했더라면 아내는 보호받는 기분이 들었을 테고, 그런 보호를 통해 자신이 소중히 여김을 받는다고 느껴졌을 것이다.

돌아보면 그리 큰일도 아니었다. 나는 상담한 부부가 많아서 '카를로스'가 실제로 누구인지 떠올리기도 쉽지 않다(실명이 카를로스가 아니라는 것만 안다). 그러나 장담컨대 그의 아내는 그가 누구인지 안다. 나보다 그의 아내가 그를 어떻게 보느냐가 훨씬 더 중요하다.

하지만 나는 로자에게도 꼭 해야 할 말이 있었다. 그녀는 전에도 여러 번 지각한 적이 있었고, 그 문제로 정말 카를로스를 곤란하게 했다.

"로자, 남편이 당신의 잘못을 내세웠을 때 기분이 좋지 않았지요?"

"물론이죠!"

"당신 때문에 면담에 늦을 때마다 남편의 기분도 바로 그렇습니다. 남편으로서는 **그럴 수밖에** 없습니다. 시간을 지키는 일을 중시하고 지각을 아주 싫어하니까요. 그래서 당신 때문에 늦으면 기분이 나빠지는 겁니다. 물론 남편은 당신을 용서할 수 있고 희생양으로 삼지 않는 법도 배울 수 있지요. 하지만 지각에 대한 우려만은 떨칠 수 없습니다. 카를로스로서는 힘든 일입니다. 당신이 남편을 존중하고 보호하려면 시간을 지키도록 열심히 노력해야 합니다."

보다시피 방식만 달랐다뿐이지 로자도 카를로스를 보호하지 않았다. 시간을 지키려는 그의 마음을 배려하기보다 자신의 외모에 더 신경 썼고, 남편을 존중하기보다 막판의 일 처리에 더 매달렸다.

다행히도 소중히 여김의 소명은 능동적 결단이다. 우리는 수시로 이렇게 자문할 수 있다. "배우자를 보호하려면 내가 할 일은 무엇인가?" 이런 물음이 우리를 소중히 여기는 행동 쪽으로 떠밀어 준다. 카를로스와 로자에게 소중히 여김이란 서로의 평판을 보호한다는 뜻이지만, 적용 방식은 각자 완전히 달라야 한다. 그런데 그들은 어느 쪽도 상대를 소중히 여기지 않았다.

서둘러 덧붙일 경고가 있다. 배우자를 '보호함'이란 중독을 방조한다는 뜻이 아니다. 중독을 치료하지 않거나 상습적 학대를 덮어 주는 일은 배우자를 보호하는 게 아니라 오히려 계속 파멸의 길로 가도록 방조하는 행위다.

그 사람일랑 잊어버리라

때로 우리는 자신으로부터 보호받아야 한다. 최악의 적이 바로 자신일 수 있다.

1장에 소개했던 도니는 사람들의 기분을 좋게 해 주는 남부 소년으로 자랐고, 아내 재클린은 펜실베이니아에서 성장하며 '개인주의적 자세'가 몸에 뱄다. "나는 사람들의 비위를 맞추지 않는다. 펜실베이니아 사람들은 그런 데 신경 쓰지 않는다." 재클린의 말이다.

고객이 만족하지 못하면 도니는 큰 스트레스를 받는다. 부부가 함께 일하다 보니 재클린도 그 모습을 다 본다. 그는 마음이 무너져 내려, 자기 잘못이 아닐 때도 안달한다. 자신에 대한 좋지 않은 평가를 견딜 수 없기 때문이다. 하지만 사업 세계에서 이것은 위험한 기질일 수 있다.

일례로 한번은 직원 하나가 물건을 훔쳐 가는 장면이 현장 카메라에 녹화되었다. 처음에 도니는 사실상 자신을 탓했다. "우리는 직원들한테 잘해 주려고 굉장히 애쓰고 있다. 나는 세상 최고의 고용주가 되고 싶다. 그런데 그 직원은 왜 그랬을까?"

남편이 이렇게 자신 없어 할 때마다 재클린이 응수하는 말이 있다. "그 사람일랑 잊어버려요!"(그녀의 정확한 표현은 "잊어버려요"가 아니다. 욕설은 아니지만 그렇다고 썩 가족 친화적인 표현도 아니므로 여기서는 그냥 "잊어버려요"로 해 둔다.)

도니는 업무상의 또 다른 관계로 힘들어하다가 한계점에 이르렀다. 일부러 누군가의 기분에 맞추어 주었는데 상대는 도대체 만족할 줄을 몰랐다. 패배감에 사로잡힌 도니에게 재클린은 우려하는 아내의 모든 열정을 담아 "그 사람일랑 잊어버려요!"라고 외쳤다. "당신 잘못이 아니라 **그 사람**이 그런 위인인 거죠. 문제는 당신이 아니라 **그쪽**이라고요. 그러니 그 사람일랑 잊어버려요!"

이런 말로 재클린은 도니를 그 자신으로부터 구해 낸다. 바깥세상의 부당한 요구와 행동으로부터 남편을 보호한다. 지금까지 그녀의 도움으로 그는 사업에 진척을 이루었다. 도니는 자신에게 그런 환기 장치가 필요함을 안다. 그래서 그런 말을 해 주는 아내를 소중히 여긴다.

사도 바울은 골로새서에 "그리스도의 남은 고난을 그의 몸 된 교회를 위하여 내 육체에 채우노라"(골 1:24)라고 썼다. 그리스도의 고난만으로 부족하다는 말이 결코 아니다. 고린도 교회가 아직 어리고 약함을 바울이 알았다는 뜻이다. N. T. 라이트(N. T. Wright)는 이렇게 말했다. "바울은 그 지역의 교회 지도자로서 마치 적의 포화를 자신에게로 유도하는 듯하다. 어린 교회에 숨쉴 공간과 성장할 시간을 주기 위해서 말이다." 에베소의 감옥(골로새서를 쓴 장소)에 들어앉은 바울의 태도를 라이트는 이렇게 보았다. "적들이 내게 집중하고 있는 한 그리스도의 몸 된 교회는 성장하여 마침내 스스로 설 만큼 강해질 수 있다."[3]

어떤 의미에서 재클린은 도니를 향한 적의 포화를 자신이 받아낸다. 남들의 견해에 너무 신경 쓰지 않도록 남편을 끌어낸다. 사람들의 비위를 맞추는 그의 성향 때문에 남편을 덜 소중히 여기는 게 아니다. 분명히 그녀는 있는 그대로의 남편을 기뻐한다. 하지만 동시에 남들에게 끌려다니지 않도록 남편을 보호하려 한다. 이처럼 소중히 여기는 태도가 둘의 부부관계에 도움이 된다. 덕분에 도니는 더 강해져 남들의 견해에 조금 덜 의존하게 된다.

당신도 이렇게 자문해 보라.

"내 배우자가 약한 부분은 어디인가? 취약한 지점이 어디인가? 그런 상황에서 배우자가 더 강하고 성숙해질 때까지, 어떻게 하면 적의 포화를 나에게로 유도할 수 있을까?"

---

3 N. T. Wright, *Reflecting the Glory: Meditations for Living Christ's Life in the World* (Minneapolis: Augsburg, 1998), 64.

가장 위험한 요인

존 고트먼 박사와 그의 아내 줄리는 소중히 여기는 태도의 반대인 멸시가 자라나는 경위를 이렇게 설명한다.

다음은 고트먼이 어느 인터뷰에서 한 말이다. "승자들에게만 있는 사고의 습관은 이것이다. 관계의 환경을 살필 때 그들은 중시하고 감사할 만한 조건을 찾는다. 아주 의도적으로 존중과 감사의 문화를 가꾼다. 반면에 패자들은 관계의 환경을 살필 때 배우자의 잘못을 찾는다." 줄리 고트먼의 생각도 같다. "환경만 살피는 게 아니라 **배우자**도 살핀다. 다만 승자들은 배우자가 잘한 점을 살피지만, 패자들은 존중하고 감사를 표현하기보다 배우자가 못한 점을 살펴 비난한다."

고트먼 부부가 알아낸 바에 따르면 멸시는 부부를 갈라놓는 가장 큰 요인이다. 걸핏하면 배우자를 비난하는 사람은 상대가 긍정적인 일을 해도 그중 무려 50%를 놓칠뿐더러, 있지도 않은 부정적인 면만 본다. 배우자를 냉대하면 부부관계에 해롭다. 고의로 무시하거나 최소한의 반응만 보이면, 상대는 자신이 쓸모없는 투명인간처럼 느껴진다. 마치 존재하지 않거나 중요하지 않은 존재인 양 말이다. … 비열함은 관계의 죽음을 알리는 조종(弔鐘)이다.[4]

멸시에 찌든 부부와 대화하노라면 꼭 양극단의 상황을 오가는 기분

---

4 Smith, "Masters of Love."

이 든다. 어떤 아내는 내 앞에서 "남편은 아주 좋은 아빠입니다"라고 말했다가 5분만에 "남편은 아이들과 완전히 남남이에요"라고 말했다.

"남편은 좋은 사람입니다."라는 말이 금세 "더는 함께 못 살겠어요."라는 말로 바뀐다.

이런 아내들은 자기 남편에게 훌륭한 자질이 많이 있음을 자인한다. 그래놓고는 아직 부족한 부분들로 남편을 규정한다. 그게 충분한 평가나 정확한 평가가 아님을 알면서도 말이다. 홀딱 반한 커플을 두고 흔히 '장밋빛 색안경'을 끼었다고 말하는데, 부부는 '멸시의 색안경'을 끼고 있어 무엇이든 반대로 칙칙하게 볼 때가 너무 많다.

소중히 여기면 멸시를 퇴치할 수 **있다**. 소중히 여김의 가장 막강한 무기 중 하나는 바로 감사다.

감사하라

소중히 여김이란 다이아몬드를 그냥 보는 게 아니라 그 광채와 반사되는 빛에 감탄한다는 뜻이다. 당신도 상대를 그냥 보는 게 아니라 상대의 장점을 기뻐한다. 시간을 들여 상대의 자질과 뛰어난 점에 주목한다. 잠깐의 곁눈질은 소중히 여기는 게 아니다. 감탄사가 터져 나오지 않는다면 그냥 예의상 쳐다보는 것이다. 요컨대 소중히 여김이란 시간을 들여 상대의 장점을 주목하고, 혼자서든 남에게든 그것을 말로 표현하는 것이다.

그런 시간은 결혼생활과 배우자에게만 아니라 본인에게도 영적 양분이 된다. 〈오늘의 심리학〉지에 게재된 한 흥미로운 연구에 따르면, 소중히 여길 줄 알면 어떤 의미에서 실제로 자신도 더 행복해진다. 감사의 혜택을 가장 많이 누리는 사람 역시 감사를 표현하는 본인이다.

여러 연구에서 보듯이 누구나 의지적으로 감사를 가꾸어 자신의 복지와 행복을 높일 수 있다. 아울러 감사는 활력과 낙천성과 공감 등의 증대에도 영향을 미치며, 특히 감사를 남에게 표현하면 더하다.[5]

능동적으로 소중히 여기면—상대의 장점을 주목하고 그대로 표현하면—그런 태도가 몸에 배면서 친밀감과 행복감이 싹튼다. 성경에 명한대로 감사하면 이중의 복을 받는다. 배우자가 더 행복해져 결혼생활에 기쁨이 배가될 뿐 아니라 본인도 심리적으로 더 행복해진다. 배우자를 소중히 여기면 정말 기분이 더 좋아진다. 요컨대 소중히 여김이란 멸시에 맞서 싸우며 감사로 반격한다는 뜻이다.

배우자의 사기를 떨어뜨리려면

이 원리를 실제로 적용해 보자. 내 아내는 잘하는 일이 아주 많다. 그런데 지금보다 더 잘하고 싶은 일이 하나 있는데 나의 당분 섭취량

---

5 "Gratitude Basics: The Benefits of Gratitude," *Psychology Today*. www. psychologytoday.com/basics/gratitude (2016년 4월 11일 접속).

을 줄이는 것이다. 내 아내에게 남편의 어떤 점 하나가 달라졌으면 좋
겠냐고 묻는다면, 틀림없이 "당분을 덜 먹게 하고 싶다"라는 답이 나
올 것이다.

리자는 이 부분에서 기준이 높다. 소위 건강식 시리얼도 '위에 들어
가면 당분으로 변하기' 때문에 리자에게는 '당분'에 해당한다. 아내가
엄선한 '디저트'란 순도 85% 이상의 다크초콜릿이다. 내 지론으로 순
도 85%의 다크초콜릿은 디저트가 아니라 끼니로도 손색없는 건강식
이다. 샐러드만 곁들이면 그대로 주요리가 된다.

한번은 여행 중에 내가 아내에게 그날 하루가 어땠느냐고 물었다.
"아주 좋았어요. 오늘 케일을 못 먹었는데 그것만 빼고는 좋았어요."

케일을 먹었는지 아닌지로 하루를 평가하는 일이 내게는 전에도 없
었고 앞으로도 없을 것이다.

어느 해 사순절에 나는 정제당을 절제하기로 했다. 차에 설탕을 넣
지 않고, 탄산음료나 감차도 마시지 않고, 순전히 단맛에 먹는 디저
트─과자, 케이크, 초콜릿 바 등─도 먹지 않기로 했다. 다만 역사 속의 사
순절처럼 일요일만은 예외로 하기로 했다(일요일 같은 축일에 금식하는
일은 역사적으로 부적절하게 여겨졌다).

일요일에 내가 밀크초콜릿을 하나 집었더니 리자는 아내들의 숙달
된 기술인 실망의 탄식을 내뱉었다.

"오늘은 일요일이잖소!" 내가 물었다.

"당신이 이런 입맛 자체를 잃었으면 했거든요."

부활절 즈음까지 내가 작은 새로 변했으면 한다는 말과 같았다.

"게다가 당신은 당분을 끊었다면서 여전히 차이티를 마시고 있어요. 그 혼합물 속에도 당분이 들어 있거든요. 아침에 먹는 탄수화물도 위에 들어가면 당분으로 전환되고요."

그 말에 나는 현격히 사기가 떨어졌다. 남편을 너무 심하게 밀어붙이면 그런 위험이 따른다. 나도 어쩔 수 없는 죄인인지라 이런 생각이 들었다. '이레에 엿새 동안 정제당을 끊는 것만도 나로서는 대단한 일인데, 그런데도 아내의 양에는 절대 차지 않을 테니 계속 애써 봐야 어리석은 일인 것 같군.'

물론 사순절에 당분을 끊은 일이 아내를 기쁘게 하기 위해서는 아니었다. 아내의 말에도 일리가 있다. 즉 이는 나와 하나님 사이의 일이었고, 다른 무엇 못지않게 몸의 청지기 역할에 대한 문제이기도 했다 (내가 이 문제로 고전하는 죄인임을 솔직히 고백한다). 또 아내의 마음도 이해가 된다. 아내는 정말 이 문제를 중시한다. 사람들에게도 자기가 하나님과 교회를 섬기는 일의 일부는 (웃지 말라) 나를 오래 살도록 돕는 거라고 말하곤 한다. 내게 이 문제를 지적할 때마다 아내의 동기는 악의나 원망이나 이기심이 아니라 걱정하는 마음이다.

하지만 부부간에 서로 사기를 북돋운다는 관점에서 볼 때, 아내들에게 당부하고 싶다. 당신의 양에 차기가 남편으로서 불가능하게 느껴진다면, 당신은 자칫 남편의 사기를 **떨어뜨리기** 쉽다. 예컨대 남편이 드디어 교회에 나가기 시작했는데도 당신이 그가 예배에 열성이

6 다음 기사를 참조하라. Smith, "Masters of Love."

부족하다며 불평한다면 말이다. 이는 교회에 함께 가는 남편을 소중히 여기는 게 아니라 자세가 틀렸다고 비난하는 일이다. 두 걸음을 뗀 남편에게 감사하는 게 아니라 세 걸음이 아니라고 나무라는 처사다.

줄리 고트먼 박사가 지적했듯이, 우리는 배우자를 살필 때 칭찬할 일을 찾을지 흠잡을 일을 찾을지 날마다 선택의 갈림길에 선다.[6] 정말 **고쳐야** 할 결점일지라도, 잘못하면 남편이나 아내를 그 결점 속으로 더 떠밀 수 있다. 리자는 훌륭한 아내지만 이 경우만은 다르게 느껴졌다. 아내는 내가 힘써 당분을 훨씬 적게('숨은' 당분은 여전히 섭취되었으니까) 먹은 잘된 엿새는 완전히 축소한 채, 기준이 느슨한 하루에만 초점을 맞추었다. 엿새의 승리가 아니라 하루의 실패에 집중한 것이다(궁금할까 해서 하는 말이지만, 리자는 이 일화를 읽고 책에 넣도록 **동의했다**. 당분을 좋아하는 내 삶의 일면을 '고전하는 죄인'이라 표현했다는 사실을 특히 마음에 들어 했다).

어떤 아름다운 신부

'예쁜' 아내와 결혼해서 기쁘다고 초면이던 내게 열심히 말하던 40대의 한 남편을 잊지 못한다. 그의 말투로 보아 아내가 화가들이 모델로 탐낼 법한 여자이려니 싶었다(옆에 있던 그의 친한 친구들이 내게 그는 자기 아내에 대해 **항상** 그런 식으로 말한다고 했다).

그가 말하는 동안 친구들은 또 시작이라는 표정을 지었는데, 나로서는 영문을 모를 일이었다. 그들이 알고 있던 바를 나도 곧 확인하게 되었다.

몇 분 후 그의 '예쁜' 아내가 등장했다. 무례할 마음은 없으니 이렇게만 말하겠다. 그녀는 미녀의 사진 중 성형수술 '이전' 쪽에 가까워 보였다. 치아와 헤어스타일과 차림새와 비대칭 눈만 아니라면 미모였을 것이다.

하지만 남편에게는 가장 예쁜 아내였다.

다른 사람들이 어떻게 생각하든 서로를 소중히 여기는 부부는, 다른 사람은 못 느낄지 몰라도 당사자인 부부는 이로써 반드시 더 행복해진다. 남들이 어떻게 생각하든 우리는 배우자를 멸시하는 대신 '배우자'와 '배우자의 평판'을 보호할 수 있다.

소중히 여기기로 결단하라.

- 소중히 여김의 특징은 배우자의 가치와 자존감을 보호하는 데 있다. 또 배우자의 삶과 직업에서 의미를 발견한다.

- 소중히 여기려면 멸시에 맞서 싸워야 한다.

- 우리는 다 완전하지 못한 사람과 결혼하기 때문에 은혜를 적용하지 않으면 상대의 결점에 실망할 수 있다. 실망은 좌절을, 좌절은 원망을, 원망은 멸시를 낳는다. 이것이 소위 '멸시의 사이클'이다.

- 존 고트먼 박사에 따르면 멸시는 부부관계의 생존과 행복을 막는 단연 가장 위험한 요인이다.

- 다른 누구와의 관계보다 배우자와의 관계에 더 신경 써야 한다. 다른 관계를 보호하려고 배우자를 희생양으로 삼는 일은 절대 금물이다. 오히려 배우자의 충절과 감사를 얻고자 총대를 메야 한다.

- 소중히 여김의 가장 막강한 무기 중 하나는 감사다.

- 이미 진척된 부분을 보지 않고 아직 미흡한 부분만 보면, 배우자의 사기를 떨어뜨려 더 성장하지 못하게 막을 수 있다.

1 당신 부부의 경우든 다른 부부의 경우든, 멸시가 전면에 드러났던 상황에 대해 말해 보라. 무슨 일이 있었는가? 최종 결과는 어땠는가?

2 당신의 결혼생활에서 한쪽이 다른 쪽을 희생양으로 삼았던 순간에 대해 말해 보라. 이번에는 한쪽이 총대를 멨던 순간에 대해 말해 보라. 그 각각의 한순간이 부부관계의 발전에 어떤 영향을 미쳤는가?

3 카를로스와 로자의 일화에서 보듯이, 부부가 싸울 때는 양쪽 다 서로를 소중히 여기지 않고 보호하지 못할 때가 많다. 정당한 주장도 대개 양쪽 모두에게 있다. 주어진 순간 상대를 보호하지 못하고 있는 자신을 보아야 한다. 양쪽 모두 그렇게 한다면 부부간의 불화를 해결하는 데 어떻게 더 도움이 되겠는가? 꼭 한쪽만의 문제일 필요는 없다. 양쪽 다의 문제일 때가 많다.

4 당신이 자꾸만 배우자에게보다 더 인정받으려고 하는 대상이 있는가? 자녀인가? 부모인가? 친구인가? 당신에게 그런 유혹의 대상이 있는지 배우자에게 물어보라. 그리고 배우자의 의견을 겸손히 숙고하라.

5 배우자에게 감사하면 결혼생활이 더 행복해진다. 상대에게 실망감이 들려고 할 때 어떻게 이 사실을 상기할 수 있겠는가?

6 당신의 배우자가 더 성장해야 할 부분을 떠올려 보라. 어떻게 하면 아직 미흡한 부분에 집착하지 않고 이미 진척된 부분을 격려해 줄 수 있겠는가?

배우자를 아름답게
만드는 길

07

소중히 여김은
배우자를 충족시켜 주며
깊은 영적 상처를
치유한다

로라 케이즈(Laura Kates)는 아빠의 전형적인 귀염둥이 딸로 자랐다. 아빠라면 사족을 못 썼다. 50년 전에 남부에서 성장한 그녀는 늘 드레스 차림으로 아빠의 귀가를 기다렸다. 유치원에 다닐 때는 날마다 집에 와서 낮잠을 잔 뒤, 제일 좋은 옷을 입고 흰 구두에 깨끗한 끈을 묶고 길모퉁이까지 걸어 나갔다. 그러면 아빠는 집으로 오다가 한 블록 못미처에 멈추어 딸에게 뽀뽀한 후 차에 태우고 아파트 건물의 주차장으로 들어섰다.

그러던 어느 날 이 모든 것이 돌연 슬프게 끝나 버렸다. 어린 딸에게는 아무런 설명이나 예고도 없었다. 그날도 여느 때처럼 로라는 낮잠에서 일어나 드레스를 입고 작은 흰 구두를 신고 길가에서 기다렸다. 그러나 아빠는 끝내 오지 않았다.

엄마가 나와서 집에 들어가자고 말했지만, 로라는 꿈쩍도 하지 않았다. "아빠를 실망하게 하고 싶지 않았어요. 내가 기다리고 있지 않아 아빠가 그냥 지나칠까봐 싫었어요."라고 그녀는 회고했다.

결국 로라는 안으로 들어가야 했지만 멀리 가지는 않았다. 거실 창가에 붙어 앉아 주차장을 내다보았다. 늘 창가를 지키지는 않았어도 이런 기다림은 오랜 세월 계속되었다.

하지만 평생 로라는 아버지를 두 번밖에 더 보지 못했다. 그중 한 번은 그의 임종 일주일 전이었다(당시 로라는 열여섯 살이었다). 시원한 설명은 끝내 없었다. 애초에 설명이란 게 없었음을 성인이 되어서는 알았지만, 예쁜 드레스를 차려입은 어린아이에게는 그런 불확실한 상황이 잔인한 고문과도 같았다. 어릴 적 그녀는 저녁마다 아빠의 미소를 보는 재미로 살았었다.

남편 커트(Curt)와 결혼할 때 로라는 이렇게 말했다.

"당신이 돈을 얼마나 벌든, 우리가 어떤 집에 살든, 당신의 직종이 얼마나 중요하든, 그런 건 내게 상관없어요. 나는 그냥 소중히 여김을 받고 싶을 뿐이에요."

어쩌면 당연하게도 로라에게 소중히 여김이란 남편이 **집에 돌아오는** 일이었다. "날마다 내게 최고의 순간은 차고 문이 열리고 남편이 내게로 돌아오는 때였어요." 내게 그렇게 말하면서 로라는 결혼한 지 거의 40년이 다 되었는데도 눈가가 촉촉이 젖었다.

자기 부부의 젊은 시절에 대해 로라는 이렇게 말했다. "친구들은 대부분 승진하고 출세하려고 열심히 일했지만, 커트는 직장에서 최고가 되기보다 나나 가족들과 함께 시간을 보내는 쪽을 택했어요. 그건 내게 엄청난 의미가 있었어요. 남편은 가정을 중요하게 생각하여 야근하지 않고 퇴근 시간 후에는 가족들과 함께 시간을 보내고 싶다고 얘기했어요. 우리는 일부 친구들만큼 고소득에 연연하지 않았어요. 우리는 남들만큼 부자는 아니지만 그건 그리 중요하지 않았어요. 나는 저녁마다 차고 문 열리는 소리가 나면 심장이 두근거렸어요. 남편이 돌아왔기 때문에요."

부부간에 서로 소중히 여기면 결혼 전의 상처도 치유될 수 있다. 로라와 커트가 좋은 예다. 서로 소중히 여기는 결혼생활은 우리 영혼에 양분이 되므로, 애정이 결핍되었던 사람도 그 상처에서 벗어나 역동적인 영향력을 미칠 수 있다. 이번 장 뒷부분에서 로라의 이야기를 더 보면 알 수 있다.

가엾은 아기

에스겔 16장에는 하나님이 예루살렘을 향해 말씀하시는 심오한 이야기가 나온다. 처음에 예루살렘은 가련한 상태였으나 그분이 구원하고 양육하고 소중히 여기셔서 숨 가쁘도록 영광스럽게 만드셨다. 그 장에서 우리는 소중히 여기시는 하나님의 마음을 볼 수 있다. 자신의 신부 예루살렘을 향한 그분의 열정과 애정을 볼 수 있다. 그분은 남들에게 외면당한 사람을 참으로 소중히 여긴다는 의미가 무엇인지 보여 주신다.

예루살렘은 아무도 원하지 않아 버려진 갓난아기, "죽게 내버려둔"(겔 16:5 NLT) 핏덩이에 비유된다. 성경 전체를 통틀어 가장 생생한 그림 언어 중 하나다. 탯줄도 자르지 않은 상태였다(겔 16:4). "너를 물로 씻어 정결하게 하지 아니하였고 네게 소금을 뿌리지 아니하였고 너를 강보로 싸지도 아니하였나니 아무도 너를 돌보아 … 불쌍히 여긴 자가 없었으므로 네가 나던 날에 네 몸이 천하게 여겨져 네가 들에 버려졌느니라"(겔 16:4~5).

고대 근동에서는 아기를 물로 씻어 강보로 싸면 적출(嫡出)로 인정한다는 뜻이었다. 옛날 부모들은 아기를 원하지 않으면 유기할 수 있었다. 출생 직후 사생아로 여겨 돌보지 않으면 그만이었다. 부모조차 아기를 원하지 않다니 정말 가슴 아픈 광경이다. 아기는 완전히 혼자이며 유기된 불청객이다. **버림받은** 존재다.

할리우드의 로맨틱 코미디 영화들은 커플이 '멋지게 만나는' 방식을 새로 찾아내 돈을 번다. 둘은 가벼운 접촉 사고를 내거나, 이해관계가 상반되는 사업가이거나, 커피숍에서 한쪽이 상대에게 커피를 엎지르는 장면을 연출한다. 에스겔의 시나리오는 멋진 만남과는 정반대다. 흉할 대로 흉한 만남이다.

예루살렘은 무시당해 버려진 힘없고 볼품없는 핏덩이였다. 오늘의 예루살렘은 세상에서나 세계 역사상 가장 유명한 도시 중 하나이지만, 이는 순전히 하나님이 사랑으로 소중히 여겨 그렇게 만드셨기 때문이다. 본래 그곳은 무명이자 혼자였고 사랑받지 못한 채 죽게 버려진 상태였다. 그런데 하나님이 등장하셨다. "내가 네 곁으로 지나갈 때에 네가 피투성이가 되어 발짓하는 것을 보고 네게 이르기를 너는 피투성이라도 살아 있으라 … 하고 내가 너를 들의 풀 같이 많게 하였더니"(겔 16:6~7).

좋은 부부는 배우자에게 **"살아 있으라"**고 선포한다. 하나님이 예루살렘을 소중히 여기셨듯이 그렇게 서로 소중히 여긴다. 우리는 배우자의 약점과 때로 흉한 모습을 보고 그 속에 생명을 불어넣어 서로를 살려낸다. 우리의 지원과 격려를 통해 배우자의 잠재된 성품과 재능이 살아날 수 있다.

반대로 죽음을 불어넣는 부부가 너무 많다. 그들은 상대의 자존감과 평안과 기쁨을 죽인다. 실망감을 담아 서로 공격할 때, 본래 상대에게 없는 부분을 문제 삼는다. 그러나 소중히 여기면 재능 중에서도 최고 강점이 자라서 한껏 아름답게 피어나 위력을 발한다. 소중히 여기는 좋은 부부는 서로에게 "살아 있으라! 살아나라! 하나님이 지으신 본연의 모습이 되라!"고 말해 준다.

하나님께 소중히 여김을 받은 예루살렘도 그렇게 되었다. 그분은 아예 청혼까지 하신다(겔 16:7~8). 당시 결혼은 당연히 중매가 대부분이었다. 그러나 이 결혼은 다르다. 하나님이 친히 청하시는 '연애' 결혼이다. 아무도 하나님께 예루살렘과 결혼하라고 시키지 않았다. 그분이 선택하셨다.

이제 에스겔은 하나님이 새 신부를 정확히 어떻게 소중히 여기시는지 기술한다. 그분은 상대를 **실컷 충족시켜** 주신다.

> 내가 … 네게 기름을 바르고 수놓은 옷을 입히고 물돼지 가죽신을 신기고 가는베로 두르고 모시로 덧입히고 패물을 채우고 팔고리를 손목에 끼우고 목걸이를 목에 걸고 코고리를 코에 달고 귀고리를 귀에 달고 화려한 왕관을 머리에 씌웠나니 이와 같이 네가 금, 은으로 장식하고 가는베와 모시와 수놓은 것을 입으며 또 고운 밀가루와 꿀과 기름을 먹음으로(겔 16:9~13).

이쯤 되면, 그야말로 없는 게 없는 아내다! 이 신부는 월마트에서 쇼핑하지 않는다. 구찌를 메고 아르마니를 입고 지미추 구두를 신는다. 예전에 막내딸과 함께 휴스턴을 여행할 때 그곳의 어느 유명한 고급 백화점에 가 본 적이 있다. 지미추 매장이 있는 곳이다. 워싱턴주 북부 출신의 어린 켈시는 전혀 다른 백화점에만 익숙해져 있던 터라 이렇게 말했다. "우와, 지미추 구두가 진짜로 있었네요? 난 이야기 속에만 있는 줄 알았어요."

물론 정말 존재한다. 우리 가족이야 그런 신발을 구입할 일이 없겠지만 하나님의 신부인 예루살렘은 단연코 그에 상응하는 가죽신을 신었다.

하나님께 소중히 여김을 받은 예루살렘은 옷맵시만 화려한 게 아니라 식생활도 풍족했다. 이 신부는 모든 제품의 값이 두 배로 비싼 유기농 식품점에서 장을 본다. 음식마다 영양도 풍부하고 맛도 좋다.

요컨대 하나님은 예루살렘의 필요를 채워 주신 정도가 아니었다. 소중히 여기고, 아름답게 꾸며 주고, 양분을 공급하고, 실컷 충족시켜 주신다. 여기서 살아 있으라는 말씀은 **풍성한** 삶을 누리라는 의미를 내포했다(요 10:10).

이렇게 소중히 여김과 관심과 돌봄을 받은 이스라엘이 어떻게 변했는지 잘 보라. 이들은 한때 방치되고 외면당해 죽게 버려진 의존적인 아기였으나, 이제 절세 미모와 권력은 물론 왕족의 지위까지 받아 만인의 부러움을 사는 여자가 되었다. "네가 … 극히 곱고 형통하여 왕후의 지위에 올랐느니라. 네 화려함으로 말미암아 네 명성이 이방인 중에 퍼졌음은 내가 네게 입힌 영화로 네 화려함이 온전함이라. 나 주여호와의 말이니라"(겔 16:13~14).

세월이 더 흘러 예레미야애가 2장 15절에는 예루살렘이 "온전한 영광이라, 모든 세상 사람들의 기쁨이라"고 칭해지기도 했다.

이스라엘이 사랑스러워서 하나님이 소중히 여기신 게 아니라 하나님이 소중히 여기셔서 이스라엘이 사랑스러워졌다. 예루살렘의 됨됨이를 근본적으로 변화시키시고자 하나님은 소중히 여김이라는 전략을 쓰셨다.

하나님이 예루살렘에 하셨듯이 우리도 부부간에 서로 소중히 여겨야 한다. 결혼생활은 하나님의 성품을 예시하는 일인 만큼, 배우자를 향한 우리의 사랑과 지원도 그만큼 간절하고 열렬해야 한다. 그래야 비슷한 변화가 일어날 수 있다. 당신도 이런 비전을 품으면 어떨까? 당신의 수용과 헌신과 사랑 덕분에 배우자가 부진한 삶에서 헤어나 명예로운 이름을 떨치는 삶으로 도약할 수 있다.

정말 가능한 일이다. 하나님은 자신의 자녀를 높여 주기 원하시며, 성령으로 말미암아 능히 당신의 배우자를 높여 주실 수 있다. 당신이 배우자와 함께 협력하면 된다.

어안이 벙벙한 주변 친구들의 대화를 들어 보면, 성경에 나타난 하나님의 사랑을 어쩌면 가장 잘 알 수 있다. "그 여자의 어디가 좋아서 이러는 거지?" "도대체 그 남자의 무엇을 보고 저러는 걸까?"

배우자를 향한 당신의 헌신을 보다가 그 사랑의 대상을 보면, 그들은 도무지 이해가 안 간다. 소중히 여김을 받는 대상이 그들로서는 그 정도의 사랑과 헌신을 받기에 합당해 보이지 않는다. 하지만 우리는 하나님을 본받는 사람들이므로 우리의 결혼에 그런 사랑과 헌신이 나타나야 한다.

하나님이 소중히 여기시듯 우리도 소중히 여기려면 남들에게 거부당한 사람을 수용하여 그 속에 생명을 불어넣어 주고, 양분을 공급하고, 응석도 받아 주고, 실컷 충족시켜 주어야 한다. 상대의 아름다움이 만인의 눈앞에 드러날 때까지 말이다.

시즌 입장권

아빠가 길가에 홀로 세워 두고 떠나 버렸던 어린 소녀 로라를 기억하는가?

현재 그녀는 텍사스주 휴스턴 제이침례교회에서 사랑받는 교인이다. 흡인력 있는 성경공부 교사이며 열정적인 친구다. 로라의 성격이 강해진 데는 아빠를 잃고 아주 어려서부터 간혹 어른 역할을 해야 했던 영향도 있다. 게다가 타고난 성격도 외향적이다. 천성과 성장 과정이 어우러져 결국 그녀는 루이지애나 기질이 섞인 '통 크고 책임감 강한' 텍사스 여자가 되었다. 작은 체구 속에 대범한 성격을 가진 '활기가 넘치는' 사람이다.

하나님 아버지께서 예루살렘을 소중히 여기셨듯이 로라의 남편 커트도 아내를 힘써 소중히 여겼다. 퇴근만 제시간에 한 게 아니라 여러 방법을 찾아 그녀를 한껏 충족시켜 주었다. 아이들이 어리던 어느 해 커트는 아주 완벽히 기발한 생각이 떠올랐다.

아버지에게 버림받은 탓에 로라는 영혼을 풍요롭게 해 주는 아름다운 것들을 평생 갈망하면서도 대부분 박탈당한 채 살았다. 당시 이들 부부는 어린 자녀가 셋이라 외출을 자주 할 수 없었다. 그런데도 커트는 무리해서 큰돈을 들여 휴스턴 발레단의 시즌 입장권 두 장을 샀다.

그전에도 둘은 두어 번 발레 공연에 간 적이 있었다. 남편 회사를 통해 총연습 공연의 5달러짜리 싸구려 입장권을 구했었다. 그때 아주 좋아하던 로라를 보고, 커트가 이번에 2인용 패키지로 시즌 입장권을 산 것이다.

"좌석도 좋은 자리였어요. 게다가 군말 없이 남편도 **함께** 갔어요." 로라는 신이 나서 말했다.

커트가 주말을 자신의 취향대로 보낸다면 백 년이 가도 발레 공연장에 발을 들여놓을 일은 없다. 단 한 번도 없을 것이다. 그런 그가 아내에게 입장권을 선물하고 동행까지 했으니 로라에게는 특별한 의미가 있었다. 소중히 여김을 받는 느낌이었다.

"오늘의 주인공이 나라는 말과 같았어요. 남편은 내게 입장권만 준 게 아니라 자신을 내준 거예요."

로라에게 입장권을 건네면서 커트는 '드디어 아내에게 발레를 보여주는구나'라고만 생각했다.

그러나 입장권을 받은 로라는 생각이 달랐다. '남편은 지금 내가 정말 좋아하는 일, 내 영혼에 양분이 되는 일로 나와 함께 데이트를 하기로 헌신하는 거야.'

커트는 아내를 소중히 여기되 때때로 선물만 주는 게 아니라 있는 그대로의 아내를 특별한 존재로 대한다. 로라는 그 점을 특히 고마워한다(선물 주는 일은 대개 잘 못한다고 커트도 인정한다). 누구라도 아버지가 길가에 세워 두고 떠났다면 거기서부터 치유가 시작되어야 한다.

"내가 강한 사람이긴 하지만, 커트가 내게 나다워질 자유를 주기 때문에 특히 소중히 여김을 받는다고 느껴졌어요." 로라의 설명이다.

"나는 앞에 나서는 유형의 외향적인 사람이에요. 어떤 남자들은 왜 저 집은 항상 아내가 가장 중요하냐고 말할지 모르지만, 커트는 나를 있는 그대로 소중히 여겨줬어요. 어떤 상황에서도 나와 경쟁하기보다 내가 비상하도록 도와주었어요. 남자가 자기 아내를 돋보이게 해 준다는 건 특별한 일이에요. 덕분에 나는 최고의 나 자신이 될 수 있었어요."

예루살렘처럼 로라도 한때 아버지에게 버림받았다. 그러나 예루살렘처럼 그녀도 선택받고 소중히 여김을 받아 실컷 충족되었다. 그리하여 이제 최고의 자신이 되었다. 자신의 반경에서 왕후가 되어 남에게 축복받고 남을 축복하고 있다.

커트가 배워 왔듯이, 로라를 소중히 여기려면 하나님이 쓰시는 그녀를 공적으로 중앙 무대에 내보내 자주 주목받게 해야 한다(그녀는 발레리나이고 그는 어둠 속으로 물러서는 상대역이다). 공과를 준비하느라 공부하는 시간이나 사람들을 초대해 저녁을 대접하는 시간을 아내에게 아낌없이 허락해야 한다. 기쁨과 활기로 마음이 여유로워지도록 종종 아내의 영혼을 실컷 충족시켜 주어야 한다. 외부 강연이나 선교 여행으로 아내가 부재할 때 기꺼이 커트 혼자 집에 있어야 한다. 일정한 시간에 충실히 퇴근해야 한다.

그동안 커트는 소중히 여기는 행동으로 아내에게 늘 이렇게 말했다. "살아 있어 당신다워져요. 당신의 숨겨진 재능이 내게는 보여요. 가서 그 모습이 되어요."

이런 모든 행동을 통해 커트는 예쁜 드레스와 뻣뻣한 흰 구두 차림으로 길가에 서서 마음에 상처를 입었던 한때의 어린 소녀를 소중히 여기는 법을 배웠다. 덕분에 그녀는 생명을 살리고 성경을 가르치는 영향력 있는 사람이 되었다. 아름다운 숙녀가 그를 통해 더 아름다운 신부로 변해 어언 40주년 결혼기념일을 바라보고 있다.

배우자를 실컷 충족시켜 주라

예루살렘을 소중히 여겨 성장(盛裝)시켜 주시는 하나님을 보며 갖는 확신이 있다. 배우자를 참으로 소중히 여긴다면 상대를 실컷 충족시켜 주기 위해 애쓰게 된다. 나는 번영신학(강한 믿음으로 제대로 주장하기만 한다면 하나님을 믿어 부와 건강과 행복이 보장된다는 생각)이라면 냄새조차 싫은 사람이다. 반감이 강하다. 그런데 진리는 오류를 반박하는 데 있지 않고 성경에 바로 반응하는 데 있다. 물론 우리는 가난한 이들에게 희생적으로 베풀도록 부름을 받았다. 그래도 여기 사랑에 떠밀려 아내를 실컷 충족시켜 준 한 남편의 사례가 있다.

거의 15년 전 주께서 타드(Todd)에게 더 의지적으로 아내 리자(Lisa)를 소중히 여기라는 감화를 주셨다. 중형 교회의 목사인 그가 빠듯한 예산으로 어린 자녀들을 기르던 시절이었다. 문제는 타드의 계획에 돈이 든다는 점이었다. 둘 중 더 검소한 쪽인 아내에게 걸림돌이 될 게 뻔했다.

하지만 위험 부담을 잘 알고 아내의 반대를 예상하면서도, 그는 하나님의 인도하심이 느껴져 1년 내내 금요일마다 리자에게 꽃을 사 주기로 했다.

불과 몇 주 만에 리자는 사태를 주시하며 타드에게(주로 비용 때문에) "계속 이럴 필요는 없어요"라고 말했다.

타드의 반응은 이랬다.

"미안하지만 이 일만은 나한테 맡겨요. 주께서 당신에게 해 주라고 명하신 일이니 당신은 그분한테서 받으면 돼요."

타드에 의하면, 그 해는 결혼생활에서 '아주 멋진' 한 해였다. 그의 마음의 방향이 제대로 잡혔을 뿐 아니라 아들들에게도 참 좋은 모범이 되었다. 밋밋했을 한 해가 덕분에 돋보이는 결혼생활로 바뀌었다.

"상상력과 창의력을 발휘해야 할 때가 여러 번 있었다. 한번은 아내가 친구들과 함께 바닷가에 갔을 때였다. 그 친구들 중 한 명의 도움으로 일행의 식사 시간과 장소를 알아내 미리 국화꽃 한 다발을 식탁 위에 배달해 두었다. 또 한번은 금요일인 줄 깜빡 잊고 있다가 늦은 밤이 되었다. 24시간 영업하는 슈퍼마켓에 밤 11시에 겨우 나가 꽃을 사 왔다. 언젠가 가족 휴가 때는 금요일에 해변에 도착했다. 최적의 환경이었다. 일단 자리를 잡은 뒤 아들들을 데리고 꽃가게에 나가 아내가 일주일 내내 즐거워할 만한 싱싱한 꽃을 구했다. 아이들을 데려간 김에 내가 그런 일을 하는 이유도 말해 주었다."

빠듯한 예산에도 매주 리자를 실컷 충족시켜 주는 행위를 통해 타드는 아내를 소중히 여기는 헌신을 아들들에게 대물림할 수 있었다. "자라면서 나는 아버지가 어머니를 소중히 여기는 모습을 수없이 보았다. 내 아들들에게도 똑같이 아내를 특별히 대하는 모습을 보여주고 싶었다. 소중히 여기는 부부의 훌륭한 모범을 보며 자랐는데도, 어느새 나는 결혼생활에서 이를 당연시하고 있었다. 하나님이 그런 나를 깨우신 것 같다. 다행히 내게는 좋은 본보기가 있었고, 아내도 재정 적자를 염려하지 않고 예산을 요긴하게 조정해 내 소중히 여김을 받아 주었다."

몇 가지 지표

완벽에 가까운 사람과 결혼한 사람도 있다. 다른 장에 그런 부부의 사연을 소개할 것이다. 하지만 어떤 배우자는 정서적으로나 심하면 신체적으로도 평생 지칠 대로 지친 심정이다. 혹시 상대가 늘 그러거나 더 심해진 데는 내가 상대를 소중히 여기지 못한 탓도 있지 않을까? 배우자의 성격적 약점에 대해 이런 자세를 취한다면, 우리의 결혼생활이 어떻게 달라질까? 왜 그 모습이냐고 속상해하기보다 상대의 고질적 약점을 내 소중히 여김이 부족했다는 증거로 가정해 보자. 하나님은 예루살렘을 소중히 여겨 본래의 버림받은 자리에서 온 세상이 칭송하는 왕후의 자리로 옮기셨는데, 우리는 그러지 못했으니 말이다.

데니스와 바버라 레이니는 소중히 여김을 받지 못하는 배우자의 특성을 유익한 목록으로 제시했다('낮은 자존감'이란 표현을 썼지만 비슷한 개념이다). 배우자에게서 그중 몇 가지가 보인다면 당신에게 소중히 여김 받지 못한다는 징후일 수 있다.

- 배우자가 쉽게 낙심한다.
- 배우자가 자신감이 없다. 특히 결정을 내려야 할 때 그렇다.
- 배우자가 자신의 잘못을 인정할 줄 모르고 늘 본인이 옳다고 우긴다.
- 배우자가 강박적인 사람이다.
- 배우자가 사람들에 대해 비판적이다.
- 배우자가 완벽주의자다.
- 배우자가 자책이 심하다.
- 배우자가 현실 도피를 일삼는다.[1]

물론 일반 원칙이니만큼 한계가 있다. 배우자의 죄까지 내 탓으로 돌리면 위험해질 수 있다. 하지만 배우자의 거슬리는 행동에 대해 이렇게 자문해 보라. "내가 남편을 지금보다 더 소중히 여긴다면 이런 행동이 이렇게까지 거슬릴까?" 다시 말해서 '왜 내가 이걸 참아야 하

---

1 Rainey, *The New Building Your Mate's Self-Esteem*, 29~37. 내가 목록을 약간 다듬었다.

지?'라고 생각하기보다, 상대를 소중히 여겨 그 부분이 떨어져 나가게 하라.

소중히 여기면 치유된다

요컨대 소중히 여기면 치유가 가능해진다. 배우자를 비웃거나 냉담하게 대하면 상처가 심해진다. 멸시는 배우자의 이전 삶에서 비롯된 부정적 측면을 더 굳혀 줄 뿐이다. 이는 배우자를 자꾸 밑으로 끌어내리는 일이다. 소중히 여기면 배우자를 자꾸 위로 들어 올린다. 소중히 여기지 않으면 그러잖아도 최악의 상태가 더 심해진다. 소중히 여기면 잠자던 아름다움이 불려 나와 더 아름다워진다.

실제적으로 말해서 나는 아내가 소중히 여겨 주면 그만큼 더 소중한 사람이 되고 싶어진다. 하나님의 부르심과 수용을 제외하고는, 아내가 내 행동을 소중히 여겨 줄 때 가장 의욕이 솟구친다.

나만 그런 게 아니다. 어떤 아내는 한 해 동안 일기를 써서 남편에게 주었다. 1년 내내 남편을 주목하면서 그와 결혼하기를 잘했다 싶은 점을 특정한 날의 특정한 행동까지 모두 적어 놓았다(이 이야기를 내게 들려준 데이브와 앤 윌슨 부부에게 감사한다. 데이브는 미시간주 트로이의 켄싱턴교회 목사다. 부부가 함께 전국을 순회하며 결혼에 대해 강연하고 있다. daveandannwilson.com).

◆ 혹한의 날씨에도 바깥에 크리스마스 전등을 달아 주어 고마워

요. 몹시 추워서 힘들었을 텐데, 가족에게 기쁨을 선사하고 싶었던 거죠? 나라면 하기 싫었을 텐데 당신은 해 주었어요.

◆ 멀리 강연을 다니는 당신, 고마워요. 힘든 줄 알아요. 2월 6일 집을 나서던 당신이 얼마나 피곤해 보였는지 몰라요. 우리 가족을 부양하느라 정말 수고가 많아요.

◆ 9월에 외부 강연에서 돌아와 아주 피곤한데도 아이들과 함께 있어 주려고 의욕이 넘치던 당신이 고마워요. 당신은 아주 좋은 아빠랍니다.

일기장을 건네받은 남편은 당장 자리에 앉아 처음부터 끝까지 단숨에 읽었다. 나중에 그는 이 선물에 대해 친구에게 이렇게 말했다.

"그 일기장을 읽으면서 정말 아내가 생각하는 그런 사람이 되고 싶어지더라구."

놀랍게도 이제 그는 그런 일기장을 **해마다** 받고 있다.

흔히 아내들은 남편이 마음을 열지 않고, 자신의 약한 모습을 보이지 않고, 정서적으로 자신을 내주지 않는다고 불평한다. 사실은 자신의 실상이 알려지는 게 너무 두려운 남자가 많다. 우리 중 더러는 형이나 누나만큼 똑똑하지 못하다느니, 6학년 때부터 면도를 시작한 풋볼 스타만큼 운동 실력이 없다느니, 누나 방에 붙어 있던 포스터 속의 남성 밴드 멤버만큼 멋이 없다느니 하는 이유로 평생 놀림을 받았다. 때로 자신이 가족들에게 그냥 창피한 존재라는 사실도 용케 파악했다. 그런데 어쩌다 기적처럼 자신을 선택해 준 여자를 만났다. 그러니 그녀마저 잃을 위험을 무릅쓰기가 싫은 것이다. 자칫하면 이번에도 거부당할 테니 말이다. 이전에 스포츠팀에서 탈락했거나, 직장에서 해고당했거나, 진학하려던 대학이나 대학원에서 줄줄이 퇴짜를 맞았을 때처럼 말이다.

성공한 듯 보이는 남자들도 패배감을 느끼는 경우가 많다. 그런 사람들과 대화를 하곤 하는데, 자신이 너무 높이 승진했다고 걱정하는 사람도 많았다. 순전히 자신의 실력이 결국 다 들통 나서 모두가 알게 될까 봐 걱정하기도 한다. 스스로 보기에 그들은 한심하기 짝이 없는 패배자에 불과하다. 자신도 늘 그렇게 느껴 왔고 남들한테도 그런 말을 자주 들었다.

당신의 배우자도 아마 충분히 인정받지 못하며 자랐을지 모른다. 어린아이들은 서로 친절하지 않다. 반대로 서로를 파멸시킬 수 있다. 대부분 여자는 바비 인형처럼 생기지 않았고, 대부분 남자는 헤라클레스처럼 생기지 않았다.

성장기에 키가 작았던 소년이 있다고 하자(하나님이 그렇게 지으셨다). 둔한 아빠나 엄마가 그를 비하했고 아이들이 그를 놀렸다. 장성한 그는 더는 단신이 아니지만, 그 조롱과 정서 불안의 세월 동안에 깊이 배어든 내면의 대화와 약간 예민한 자아가 아직 남아 있다. 하나님은 이 상처 입은 영혼을 보신다. 그런 취급을 받는 딱한 소년을 보며 늘 탄식하셨다. 그런데 이제 한 여자가 시간을 들여 그를 이해하거나 공감해 보려 하지도 않고서 한순간 홧김에 이렇게 날카롭게 내뱉는다. "제발 **어른답게 철 좀 드시지.**" 하나님이 **싫어하시는** 일이다.

그냥 가볍게 한 말이다. 그렇게까지 상처를 입힐 의도도 없었을 것이다. 하지만 이 남자는 과거의 경험 때문에 그 말이 존재의 심연에 비수처럼 꽂힌다. 얼마나 상처가 되었는지 아내에게 평생 말하지 않을 수도 있다. 하지만 단언컨대 영적으로나 정서적으로 그의 속에는 피가 흐를지도 모른다.

절대로 잊지 말라. 당신의 배우자는 타고난 약점도 있고 상처를 입은 이력도 있다. 부부관계에서 우리는 치유와 구속(救贖)과 수용의 통로가 될 수도 있고, 혹 본의 아니게 상처를 더 악화시킬 수도 있다. "어른답게 철 좀 드시지"라고 말한 아내도 그 말이 상대에게 얼마나 모질게 느껴질지 알았다면 분명히 기겁할 것이다. 남편에게는 그 말이 이렇게 들렸을 것이다. "당신은 아직 상처를 **덜** 받았어요. 어렸을 때 사람들이 놀리던가요? 그 사람들 말이 **옳았군요! 한심한** 사람 같으니라고. 당신은 쓴맛을 **더** 봐야 해요. 그 역할을 내가 하는 것뿐이라고요."

그녀가 남편에게 그런 표현을 쓰지는 않겠지만, 그의 과거 때문에 그에게는 그렇게 들린다. 무심코 던진 소중히 여기지 않는 말에 약간의 멸시가 섞여, 유년기의 낡은 각본을 도로 들추어낸다. 지금도 그 각본에서 똑같이 파괴적인 낙담의 메시지가 재생된다. **"너는 중요한 존재가 아니다."**

본의 아니게 그런 메시지를 내보낼 때 당신은 하나님의 종이 아니라 사탄의 도구가 된다.

당신의 아내는 남들의 견해에 왜 이렇게 민감할까? 당신의 남편은 결정을 내리기를 왜 이렇게 힘들어할까? 메스꺼운 음식인 줄 알면서도 혼자서 그거라도 먹는 게 왜 아내에게 위안이 될까? 화면을 보며 공상에 빠지는 게 왜 남편에게 위안이 될까?

배우자의 행동만 말할 게 아니라 그 이유도 생각해 보라. 그러면 함께 사랑과 치유의 길을 논의할 수 있다. 이유를 모른다면 당신은 사랑을 모른 채 형벌만 알고 비난하는 판사일 뿐이다.

죄나 혐오스러운 행위를 두둔하려는 게 아니다. 다만 우리가 살아가는 세상이 배우자를 매정하게 대하는 잔인한 곳이라는 사실에 당신도 공감하기를 바랄 뿐이다. 아울러 부부가 서로 소중히 여기면 과거의 상처가 깊이 치유될 수 있다는 긍정적 비전도 필요하다. 물론 학대받은 남자라 해서 나중에 모두 아내를 학대하는 것도 아니고, 조롱당한 여자라 해서 모두 거기에 굴하지도 않는다. 어떤 사람들은 놀랍도록 강인하고 용감하게 과거를 딛고 일어선다.

그러나 요지는 이것이다. 배우자를 멸시하여 약점을 더 굳히고 키우기보다는 배우자를 소중히 여겨 더 강해지도록 도우면 어떨까? 당신의 배우자가 퇴보하기보다 더 발전하면 좋지 않겠는가? 멸시가 '약'이 되어, 세상을 삐딱한 눈으로 보는 비뚤어진 심리를 고쳐 줄 것 같은가? 이렇게 장기적인 관점에서 보면 어떨까?

"내게 주어진 20~50년 동안 남편을(또는 아내를) 점차 소중히 여겨 과거의 상처와 약점에서 벗어나게 해 주자."

멸시해서 치유될 게 무엇인가? 그 누가 멸시받아 더 좋은 사람이 되겠는가? 멸시가 은혜와 무슨 관계인가? 관계가 있기나 한가?

당신은 지금 당장 회개하고 배우자의 용서를 구해야 할지도 모른다. 그동안 당신은 배우자의 한계를 비웃어 상처를 무겁게 했다(솔직히 지능, 체형, 성격 등 어떤 한계는 하나님이 주셨다). 배우자를 세워 주기보다 깎아내렸다. 무릎 꿇고 상대를 도와 하나님이 원하시는 모습으로 자라 가게 하기는커녕, 당신 마음에 안 든다는 이유로 상대를 원망했다.

이제 거기서 멈추라.

소중히 여김의 성경적 방식은 근본적으로 세상의 방식과 반대임을 명심하라. 세상에서는 부부간의 소중히 여김이 배우자의 장점에서 비롯된다. "당신이 워낙 훌륭하니까 내가 당신을 소중히 여긴다." 그러나 성경의 방식은 "내가 당신을 소중히 여겨 주면 거기서 당신의 장점이 흘러나온다"이다.

소중히 여김을 명령 못지않게 전략이라 부르는 이유가 거기에 있다. 소중히 여길수록 앞으로 소중히 여길 게 더 많아진다. 그러나 배우자를 멸시하면 소중히 여길 부분이 그만큼 더 줄어든다.

자신을 위하고 또 배우자를 위하는 마음으로, 지금부터 24시간 안에 시간을 내서 하나님께 이렇게 기도하면 어떨까? 당신과의 관계에 들어설 때 배우자가 얼마나 공허하고 피곤하고 지쳐 있었을지 알게 해 달라고 기도하라. 당신의 품에 안기기 전 수십 년 동안 사람들에게 이리저리 치이느라고 말이다.

탈진 상태

마라톤 결승선은 참 흉한 자리가 될 수 있다. 결승선에 들어설 때마다 내가 바라는 건 두 가지다. 마실 물과 앉거나 드러누울 자리다. 리자가 나를 쉴 만한 자리로 인도하고 음료수도 가져다주면 나는 서서히 새 사람으로 변한다.

소중히 여김을 이보다 더 잘 보여주는 예화는 없다. 나는 탈진하여 한계에 도달한 상태다. 그때 아내가 사랑으로 돌보며 수분과 단백질과 쉼을 얻게 해 주면 나는 다시 소생하는 기분이다.

결혼생활을 마라톤의 골인 지점으로 생각해 보라. 그러면 결혼할 당시에 당신의 남편이나 아내가 혹 정서적으로 얼마나 고갈되어 있었을지 조금이나마 알 수 있다. 배우자는 그만큼 당신의 애정에 목말라 있었다. 그만큼 당신에게 받아들여져 드러눕기를 원했다.

주목과 애정과 수용으로 남편에게 이렇게 말해 세상 최고의 아내가 돼라. "당신은 결승선을 넘어 내 품 안으로 들어왔어요. 나는 당신의 것이고 당신은 나의 것입니다. 우리는 하나예요. 당신과 함께여서 정말 좋아요. 당신을 사랑해요. 내게 받아들여졌으니 당신은 쉬면 돼요. 나의 애정으로 재충전해 줄게요. 당신을 더 알게 돼도 뒤로 물러나지 않고 더 다가갈게요. 당신의 어두운 면이 보여도 무시하지 않을게요. 하나님의 빛으로 가득 채워 달라고 기도할게요. 당신을 어떤 남자와도 비교하지 않겠습니다. 내가 사랑하는 남자는 당신뿐이니까요. 당신이 기준이고 모든 남자 중에 유일한 내 남자예요. 다른 남자를 쳐다보거나 당신과 비교하지도 않겠습니다. 당신을 향한 사랑만으로 내 눈과 마음을 가득 채울 겁니다."

남자들이여, 아내의 삶에 큰 시련이 닥칠 때야말로 소중히 여김에 더욱 박차를 가해야 할 순간이다. 아내는 중병에 걸리거나, 임신할 수 없음을 알게 되거나, 돌연 체중이 불어 고민하거나, 난생처음 우울증과 싸우거나, 직장생활과 자녀 양육의 균형이 도무지 불가능하게 느껴질 수 있다. 그럴 때 당신은 이렇게 다짐해야 한다. "지금이야말로 아내에게 소중히 여김이라는 약이 꼭 필요한 때다." 지겹다며 뒤로 물러날 게 아니라—"나는 부실한 아내가 아니라 건강하고 행복한 아내를 원한다"—앞으로 나서서 소중히 여겨야 한다. 역경의 때에 아내를 소중히 여기지 않으면, 그 역경으로 인한 피해는 갑절로 심해지고 치유에 걸리는 시간도 세 배로 길어진다.

하나님 아버지께서 예루살렘을 소중히 여기셨듯이 우리도 그렇게 서로 소중히 여겨야 한다. 그러려면 서로 양분을 공급하고, 생명을 불어넣고, 실컷 충족시켜 주어야 한다. 계속 서로를 선택해야 한다.

- 하나님 아버지께서 예루살렘을 소중히 여기셨듯이 우리도 그렇게 배우자를 소중히 여겨야 한다.
- 경건한 부부는 서로에게 생명을 불어넣어 준다.
- 배우자를 소중히 여기면 상대가 유년기의 아픔과 상처에서 벗어나 하나님이 지으신 본연의 아름다운 모습을 온전히 회복할 수 있다.
- 소중히 여김은 전략이다. 이스라엘이 사랑스러워서 하나님이 소중히 여기신 게 아니라 하나님이 소중히 여기셔서 이스라엘이 사랑스러워졌다. 엄청난 변화를 일으키시고자 하나님은 소중히 여김이라는 전략을 쓰셨다.
- 상대가 늘 약하거나 더 심해진 게 내가 상대를 소중히 여기지 못해서는 아닐까? 배우자의 성격적 약점에 대해 이런 자세를 취한다면, 우리의 결혼생활이 어떻게 달라질까? 왜 그 모습이냐고 속상해 하기보다 상대의 고질적 약점을 내 소중히 여김이 부족했다는 증거로 가정한다면 말이다.
- 결혼할 시점에 정서적으로 지칠 대로 지친 심정인 사람이 많다. 소중히 여기면 치유할 수 있지만, 멸시하면 어린 시절의 상처가 더 악화될 뿐이다.

1 예루살렘을 향한 하나님의 사랑을 생각하면 배우자를 더 소중히 여기는 데 어떤 도전이 되는가?

2 소중히 여기는 부부는 어떻게 서로에게 생명을 불어넣어 줄 수 있는가?

3 로라는 날마다 차고 문이 열리고 커트가 집에 들어올 때 가장 소중히 여김을 받는다고 느낀다. 작은 일에 충실함도 배우자를 소중히 여기는 한 방식인데, 당신이 그런 식으로 살살 '몰아낼' 수 있는 배우자의 과거의 상처는 무엇인가?

4 배우자의 성격적 약점 중에 당신이 더 열성을 더해 상대를 소중히 여겨 주면 최소한 경감이라도 될 만한 약점이 있는가? 어떻게 경감되겠는지 말해 보라.

5 당신을 만나던 즈음에 배우자가 얼마나 지치고 탈진한 상태였겠는지 간단히 글로 열거해 보라. 배우자에게 묻지 말고 써야 한다. 목록을 배우자에게 보여 주고 당신이 맞게 썼는지 물어보라. 더 덧붙이게 하라. 이를 안 상태에서 이제부터 배우자를 어떻게 대하고 싶은가?

포기할 뻔했던 나

08

소중히 여길 줄 알면
오래된 관계도 상쾌한 바람,
새로운 희망, 더 나은 나날을 향해
나아갈 수 있다

이미 진도를 많이 나갔으니 여기서 잠시 쉬면서 한 가지만 묵상해 보자. 혹시 지금까지 말한 내용으로 보아 당신의 결혼생활이 구제 불능이라 생각되는가? 멸시에서 소중히 여김으로 옮겨가기가 아예 불가능해 보이는가? 나의 경험을 통해 한번 생각해 보길 바란다.

최근에 나의 장모님은 잊은 지 오래인 어떤 대화를 상기시켜 나를 깜짝 놀라게 했다. 리자와 결혼한 지 6년만에 나는 장인, 장모님께 이렇게 말했었다.

"그냥 포기해야 할 때가 된 것 같습니다."

우리 부부관계에 대한 말이 아니라 작가가 되려던 내 꿈에 대한 말이었다.

나의 설명은 이랬다. "돈도 없는데 그 일로 돈만 들뿐더러, 이제 아이들이 태어난 마당에 시간까지 빼앗깁니다. 열심히 해 보았지만, 이 길은 아닌가 봅니다."

그로부터 세월이 20년도 더 흘렀다. 이번에 장모님을 만난 지 일주일도 못 되어 나는 평생 최대 규모의 출판 계약에 서명했다. 이미 출간한 책만도 열여덟 권인데 네 권을 더 펴내기로 한 것이다.

20년 전에 내가 포기할 뻔했었다고 회고하는 장모님의 말에 정신이 번쩍 들었다. 집필로 살아온 삶 외에 다른 삶을 나는 상상할 수 없다. 그런데 생각보다 힘들고 오래 걸린다는 이유만으로 한때 진지하게 그 길을 포기하려 했었다니, 생각만 해도 등골이 오싹했다.

어떤 여자분이 내게 결혼생활을 포기한 친정어머니의 가슴 아픈 사연을 들려주었다. 이 어머니는 전남편과 이혼하고 다른 남자와 결혼했는데, 그 뒤로 전남편이 주님을 제대로 만났다. 이 딸은 이렇게 말했다. "이제 아빠는 더없이 좋은 사람이 되었고 재정적으로도 안정되어 있어요. 반면에 엄마의 현재 남편은 신앙이 없는데다 경제 능력도 없어요. 그래서 엄마는 60대의 나이에도 허드렛일로 돈을 벌어야만 해요. 가장 슬픈 사실은 엄마가 아빠의 **최악의** 시절에만 함께 살다 포기하는 바람에 아빠의 **최고의** 시절을 놓쳤다는 거예요."

그런 부부가 얼마나 많은가? 최악의 시절 내내 고생하고도 그 뒤로 좌절하고 포기하는 바람에, 어쩌면 최고의 시절이 될 미래를 놓치는 부부가 얼마나 많은가?

정말 힘들 때면, 완전히 손을 놓고 "할 만큼 했으니 그만두자"라고 말하기 쉽다. 꿈이 터무니없이 지체되어 믿음을 고수하는 일 자체가 미련하게 느껴진다. 현재가 너무 괴롭고 실망스러워 미래는 눈에 들어오지 않는다. 엄청나게 발전된 미래는 고사하고 조금만 더 나은 미래조차도 말이다.

물론 끝까지 견딘다 해서 자신이 바라는 바를 꼭 얻으리라는 보장은 없다. 하지만 이것만은 확실하다. 포기하면 **절대로** 얻지 못한다. 당신의 꿈이 평생의 사랑이요 백년해로인데 중간에 끝내 버린다면, 딱 한 사람과만 평생을 함께할 일은 물 건너간다. 물론 삶은 현실이다. 그 현실 생활의 과정이 때로 너무 괴롭거나 실망스럽거나 시시해서 도무지 변화의 가망이 보이지 않을 수 있다.

하지만 변화는 가능하며 실제로 자주 일어난다.

영화 "록키"(Rocky) 시리즈가 대성공을 거둔 원인을 생각해 본 적이 있는가? 싸우는 장면 때문은 아니다. 그거라면 희극에 가까운 통속극이다. 그런 결투에 수반되는 구타를 당해 낼 사람은 아무도 없다. "록키"가 웬만한 영화보다 한 수 위인 이유는 록키 발보아 역을 맡은 실베스터 스탤론(Sylvester Stallone)이 **매일의 훈련**을 실감나게 체화했기 때문이다. 빌 콘티(Bill Conti)의 웅장한 주제가 "이제 날아오르리"가 배경에 흐르는 가운데 말이다.

남모르게 한결같이 분투하는 그 일상 현실이 관객들의 공감과 감동을 자아냈다. 그래서 그들도 열망이 솟구쳤다. "록키" 시리즈의 재미는 최종 결과가 아니라(첫 시합은 록키의 패배로 끝났다) 과정에 있다.

결혼생활도 마찬가지다. 분투가 없다면 결혼생활은 통속극과 같다. 하나님이 만일 홀딱 반한 상태를 지속되게 하신다면, 진정한 친밀함을 이루고자 날마다 노력할 사람이 몇이나 되겠는가?

이제 나는 홀딱 반한 커플을 보면 통속극이 보인다. 그들이 부럽지도 않다. 콩깍지가 벗어져 눈이 제대로 뜨일 순간이 그들에게도 반드시 닥쳐온다. 그때 그들은 실망에 맞서 싸워야 한다. 멸시를 물리쳐야 할 수도 있다. 지금은 웃으며 서로 입 맞추지만, 가까운 미래에 그들은 할 일이 많다. 솔직히 나는 이쪽 반대편에 있어서 다행이다.

영화에 절대 나오지 않기에(영화는 홀딱 반한 통속극에만 집중한다) 수많은 커플이 모르는 사실이 있다. 홀딱 반한 상태보다 더 좋은 게 있다. 바로 상대를 참으로 알고 소중히 여기는 일이다.

나는 홀딱 반해 본 적도 있고, 소중히 여기는 삶도 경험했다.

후자가 더 낫다.

소중히 여기는 부부가 되려면 노력이 필요하다. 군중 앞에 통속극처럼 펼쳐지는 결투 장면을 꿈꿀 게 아니라 매일의 훈련을 받아들여야 한다. 결국 영화를 이어가는 요소는 소중히 여김이다.

실망스러운 관계를 포기하기 전에 알아야 할 게 있다. 홀딱 반한 상태가 끝나야만 비로소 진정한 친밀함이 시작될 수 있다. 상대를 참으로 알고 수용할 수 있다. 소중히 여길 줄 알면 오래된 관계도 상쾌한 바람, 새로운 희망, 더 나은 나날을 향해 나아갈 수 있다.

믿음을 고수하는 일을 미련하게 여기지 말라. 자신을 필라델피아 출신의 무명 권투선수인 록키라고 생각하라. 뜻밖에 유명해질 기회가 주어지자 그는 아침 일찍 일어나 날계란을 먹고 닭을 쫓아다닌다. 꿈을 이루기 위해 자신이 해야 할 일라면 무엇이든 한다.

캘리포니아의 장모님을 방문하던 그날 아침, 나는 리자와 함께여서 기뻤다. 아내를 소중히 여겼고 아내의 어깨에 팔을 둘렀다. 일하러 호텔로 돌아가기 전에 아내의 손을 잡고 작별의 입맞춤도 했다. 그때부터 아내는 모녀간의 하루를 보냈다. 30년 후의 부부관계가 이렇게 될 거라고 누가 내 결혼식 날 말했다면 나는 "와, 멋있다!"라고 말했을 것이다. 그러나 결혼생활이 힘들 때 그런 말을 들었다면 믿지 않았을지도 모른다. 절망의 순간에는 먼 앞날의 희망이 잘 보이지 않는 법이다.

그때로 되돌아가 28세의 내게 말할 수 있다면 이런 말을 해 주겠다. "끝까지 버텨라, 게리. 아직 더 남았다. 작가의 길이 열리려면 4년은 더 있어야 한다. 하지만 막상 길이 열리면 그때의 기쁨이 지금의 고통보다 열 배는 더 클 것이다."

당신의 결혼생활도 그와 같을 수 있다.

부디 포기하지 말라.

소중히
여기는 표현

09

소중히 여기면
귀와 말로 신중히
애정을 잘 표현할 수 있다

✉   리자는 기내 옆자리에 앉은 남자가 거의 완벽한 줄로 알았다. 그의 입에서 지저분한 말이 나오기 전까지는 그랬다. 보고 있는 컴퓨터 화면과 작성 중인 문서로 보아 그는 의사 같았다. 그러나 리자를 정말 감격하게 한 것은 그가 비행기에 가지고 탄 음식이었다. "최고의 건강식이었어요. 녹즙과 탄산수를 마셨고 명아주와 검은콩을 섞은 샐러드에 당근 한 봉지를 먹더군요. 디저트는 체다치즈 한 덩이였고요." 아내가 열심히 말했다.

먹거리를 중시하는 내 아내에게는 그런 점이야말로 최고의 매력이다. '내가 먹는 게 곧 나'일진대 리자는 건강식을 먹는 사람을 아주 좋아한다.

같은 기내에서(표를 늦게 사는 바람에 둘이 나란히 앉는 좌석이 없었다) 리자의 남편인 나는 요구르트 파르페(리자는 "그런 종류의 요구르트에 당분이 얼마나 많이 들어 있는지 알아요?"라고 흔히 묻는다), 견과류 한 봉지, 다크초콜릿을 입힌 건포도(리자에게 중요한 '다크' 부분이 우리 부부의 타협점이다)를 먹었다.

어떻게 내가 그 남자와 경쟁해 점수를 더 딸 수 있겠는가? 그는 자기 아내가 곁에 없는데도 녹즙을 선택하고, 명아주와 검은콩 샐러드를 실제로 구입하고, 체다치즈 덩이를 '디저트'로 생각하는 사람이다.

착륙 후 그 의사에게 전화가 걸려왔다. 곁에서 들려오는 말소리에 리자는 그에 대한 견해가 완전히 바뀌었다. 툭툭 끊기는 말투로 그는 자기 아내를 매정하리만치 쌀쌀맞게 대했다. 그 흔한 인사말도 없었고 다정하게 "여보"라고 부르지도 않았다. 지독히도 사무적이었을 뿐이다. "어. 알았어. 아직 비행기 안이라니까 … 그러든지." 그렇게 몇 마디 하더니 갑자기 목소리가 싹 변했다. "안녕—, 우리 알렉스. 잘 있었어—?"

그러다 아내가 받자, 다시 아까보다 더 나쁘게 변했다.

"알았어. 괜찮다니까."

"집에 도착하자마자 가면 된다고 **했잖아.**"

"됐어."

"끊어."

아내의 목소리를 들어 좋다든지 사랑한다는 말도 없었고, 아이에게 보인 그런 열의도 없었다. 찬바람이 쌩쌩 도는 통화였다. 그는 아이에게는 소중히 여기는 마음이 목소리에 가득했지만, 아내에게는 그러지 않았다.

의학을 공부한 현직 의사이니 그는 인체에 대해서라면 내가 감히 배울 수도 없을 만큼 훤히 꿰고 있을 것이다. 질병 치료에 그 실력을 충분히 발휘할 것이다. 하지만 이 간단한 통화가 자신의 부부관계에 끼칠 피해를 그는 알까? 곧 있을 부부간의 재회에 자신이 어떤 분위기를 조성해 놓았는지 알까?

"내가 한 말이 어디가 어때서?" 그는 그렇게 반문할 수도 있다.

그러나 상대를 소중히 여기려는 사람이라면 질문 자체가 잘못되었다. 소중히 여김은 부정적인 요소의 부재가 아니라 긍정적인 일이다.

소중히 여기려면 이렇게 물어야 한다. "그 대화에서 **잘된** 부분, 상대를 **사랑하고 인정해** 준 부분은 무엇인가?"

매번의 대화를 통해 당신은 소중히 여기는 결혼생활에 더 가까워질 수도 있고 오히려 더 멀어질 수도 있다. 어떤 대화도 예외가 아니다! 성경에도 이 진리가 선포되어 있다. "죽고 사는 것이 혀의 힘에 달렸나니"(잠 18:21). 바버라와 데니스 레이니가 이것을 아주 잘 표현했다. "우리는 긍정적인 말로 배우자를 살릴 수도 있고, 부정적이고 부주의한 말로 파멸을 부를 수도 있다."[1]

앞서 말했던 도니는 본인도 솔직히 인정하듯이 '인정하는 말에 죽고 사는' 사람이다. 문제는 그런 그가 재클린과 사랑에 빠졌다는 점이다. 재클린이 자란 가정에는 사랑한다는 말이 아예 없다시피 했다.

《5가지 사랑의 언어》(생명의말씀사)를 함께 읽은 재클린은 도니의 가장 강한 사랑의 언어가 단연 인정하는 말임을 알고는 약간 걱정되었다. "정말 내가 못하는 일이에요." 그녀가 남편에게 한 말이다.

그러나 재클린은 도니를 소중히 여기고 싶었기에 남편을 칭찬할 만한 부분과 자기 마음에 드는 부분을 쭉 적어 보았다. 거의 다섯 페이지에 달하는 첫 목록이 나왔다.

일단 시작한 재클린은 멈추지 않았다. 결혼 10년차가 넘은 지금, 도니는 자신이 깊이 소중히 여김을 받는다고 느낀다. "아내가 내게 큰 격려가 됩니다."라고 그는 말한다.

---

1 Rainey, *The New Building Your Mate's Self-Esteem*, 110.

아내에게 직접 듣는 말 못지않게 도니를 감동하게 하는 게 또 있었다. 도니의 훌륭한 행동을 금방 다른 가족들—예컨대 재클린의 할머니—에게 자랑하는 아내의 말을 들을 때다.

여기 중요한 교훈이 있다. 배우자를 소중히 여기려면 천성적으로 자신이 잘하지 못하는 일이라도 몇 가지쯤은 개발해야 한다. 말은 워낙 강력한 도구라서 소중히 여기는 결혼생활을 원할진대 말을 활용하지 않을 수 없다.

결혼 초 재클린은 "절대로 남편에 대해 나쁜 말을 하지 말라"는 조언을 들었다. 재클린은 이렇게 말한다. "내게 꼭 필요한 말이었다. 내가 자라던 때는 남자들이 얼간이라서 여자들이 바지를 입어야 했다. 내가 알던 모든 아내는 자기 남편에 대해 나쁘게 말했다. 부부간에 그럴 필요가 없다고 내게 말해 준 사람이 있어 참 다행이다. 부부가 서로에 대해 그런 식으로 말할 필요는 없다. 내가 만일 어렸을 때 보았던 아내들처럼 행동하기로 마음먹었다면, 그런 부정적인 말이 도니에게 깊은 상처를 주었을 것이다."

재클린과 도니가 말을 활용해 소중히 여기는 방법이 또 있다. 서로를 향한 성욕을 높은 수준으로 유지하는 일이다. "우리 둘만 아는 우스갯소리가 얼마나 많은지 모른다. 우리는 **무엇이든** 성적인 의미로 전환할 수 있다. 물론 남들 앞에서는 하지 않지만, 우리끼리는 늘 그러면서 웃는다." 그녀의 말이다.

도니와 재클린은 그동안 학습한 덕분에 말을 서로 소중히 여기는 도구로 아주 잘 활용하고 있다.

호기심이 살려낸 부부관계

팸 파렐(Pam Farrel)이 여러 책에 썼듯이 대개 아내는 남편이 단순히 자기에게 더 **호기심**을 보일 때 가장 사랑받는다고 느낀다.[2] 더 알고 싶다는 남편의 말이 어떤 여자들에게는 말로 하는 노골적인 전희(前戱)다. 정말 그들을 정서적으로 흥분시킨다.

"남편은 내게 관심이 있다. 더 들으려 한다. 내 말을 싫증 내지 않는 정도가 아니라 늘 더 듣기 원한다."

가정이나 일터에서 별로 존중받지 못해 기운이 쭉 빠진 남편들도 분명히 똑같을 것이다.

하지만 잘 보면 여기서 관건은 주도권이다. 그냥 듣는 것만으로는 부족하다. 한 걸음 더 나아가 상대를 끌어들여야 한다. "더 듣고 싶으니 더 말해 달라"고까지 말해야 한다. **호기심을 잃지 말아야 한다.**

연애가 그토록 짜릿했던 데는 그런 이유도 있지 않은가? 이렇게 말해 준 사람이 있었으니 말이다. "당신의 전부를 말해 주세요. 당신은 어떤 생각을 하나요? 무슨 일을 하나요? 어떤 삶을 거쳐 왔나요? 더 듣고 싶어요." 우리는 더는 투명인간이 아니었다. 한 여자나 남자가 우리의 과거에 심취했고 현재를 더 알고자 했다. 우리 중 다수가 그런 대화를 통해 다시 살아났다. 그때까지는 부모형제와 수많은 또래 집단

---

2 예컨대 다음 책을 참조하라. Bill & Pam Farrel, *The Secret Language of Successful Couples: The Keys for Unlocking Love* (Eugene, OR: Harvest House, 2009), 25, 120~121, 130.

에 무시당했고, 세상도 자기중심적이라 대체로 우리에게 무관심했다. 그런데 이 사람은 나를 중요하게 대하며 내 말을 가치 있거나 적어도 흥미롭게 여겨 주었다(많은 외도의 사연도 그렇게 시작된다. 배우자에게 무시 당하는데 다른 사람이 호기심을 보여 주면, 그게 우리의 마비된 영혼에 마약처럼 스며들 수 있다).

재클린이 말로 도니를 인정하는 법을 배우는 동안, 도니는 귀와 눈으로 호기심을 표현하는 법을 배워야 했다. "경청이란 귀로만 아니라 눈으로도 하는 거라고 어느 스승이 내게 일러 주었다. 내 관심을 상대에게 전달되게 하려면 상대를 바라보아야 한다."

도니는 그대로 적용해 재클린을 대했다. "아내가 입을 떼면 나는 그 즉시로 꼭 아내를 바라본다. 그러면 집중이 더 잘 된다. 말하는 내용에는 딱히 관심이 없을지라도, 말하는 사람이 여전히 내 관심 대상이다. 그래서 아내를 바라본다."

한번은 도니가 이튿날 아침이 마감 시한인 2십만 달러 규모의 프로젝트를 마무리하고 있는데, 재클린이 페이스북에서 읽은 옛 친구의 소식을 무심코 말하기 시작했다. 사실 **그 순간** 도니는 그 친구에게 전혀 관심이 없었다. 한시가 시급한 업무 처리에 완전히 몰두해 있었다.

하지만 도니는 재클린을 소중히 여기기에 아내를 올려다보며 경청했다. "내 관심은 그 친구보다 2십만 달러 프로젝트에 가 있었지만, 재클린은 내게 2십만 달러 프로젝트보다 **더** 중요하다. 그래서 하던 일을 멈추고 들었다."

남편들이여, 소중히 여김의 관건은 대개 아내가 말하는 내용이 아

니라 그 말을 하는 사람이다. 도니의 태도가 우리 모두에게 교훈이 될
수 있다.

`

주도권을 보이라

소중히 여기는 결혼생활을 호기심이 어떻게 창출하고 유지해 주는
지 좀 더 살펴보자. 언젠가 나는 아내와 함께 어느 여성 독서 그룹에
간 적이 있다. 그들은《부부학교》(CUP)를 이제 막 읽은 상태에서 우리
부부와 함께 토의하기를 원했다. 한 여성이 아주 정당한 질문을 던졌
다. "우리 아내들이 결혼 서적을 대여섯 권씩 읽는 동안 왜 남편들은
한 권밖에 안 읽는 거죠?"

남자들이여, 호기심을 통해 소중히 여기려면 적어도 가끔은 당신
쪽에서 주도권을 보여야 한다. 그리스도께서 교회를 소중히 여기시듯
이 당신도 아내를 소중히 여기고 싶다면 말이다. 우리가 하나님과 멀
어져 있을 때 예수는 우리를 찾으러 오셨다. 그분은 교회가 먼저 다가
오기를 기다리신 게 아니다. 그분은 신부인 교회 쪽에서 관계에 더 투
자해 그분께 와 달라고 애원하기를 바라지 않으셨다.

호기심을 통해 아내를 소중히 여긴다면, "우리 대화 좀 해요"라는
유명한 말을 **당신** 쪽에서 할 때도 있다. 최고의 결혼 상담자가 필요하
다면 그런 상담자를 알아보는 일도 **당신이** 한다. 아내의 권유를 기다
리기보다 당신이 아내에게 부부 수련회에 가자고 할 수도 있다. 아내
가 느끼기에 결혼생활을 향상하려고 애쓰는 사람이 자기 혼자인 것만

같다면, 당신은 호기심도 없고 아내를 소중히 여기지 않는 것이다.

여자들에게도 잠깐 할 말이 있다. 당신이 적절한 방식과 어조로 남편에게 호기심을 보일 때 남편이 소중히 여김을 받는다고 느끼는가? 그렇다면 당신도 때로 대화를 주도해야 한다. 어떤 여자들은 남편의 생각을 묻는 것을 주저한다. 이미 다 안다고 생각하거나 남편이 반대할 것 같아서 말이다. 어쩌면 그들은 남편의 의견을 구하는 게 남편의 허락을 받는 일과 같다고 생각할지 모른다. 복종은 그 낌새만으로도 야만적 과거의 부조리한 유물로 비쳐 비웃음을 산다. 그러나 아내들이 명심할 게 있다. 당신이 생전 남편의 의견을 구하지 않는다면, 남편은 자신의 의견이 당신에게 중요하지 않다는 결론을 떨치기 힘들다. 그런 분위기 속에서 남편이 당신에게 소중히 여김을 받는다고 느낄 리 만무하다.

이제 남자와 여자 모두에게 말한다. 당신에게 업무상 중요한 고객이 있다면, 당신은 상대가 하는 일이 무엇이며 그와 사귀려는 사람이 누구인지 어떻게든 알아낼 것이다. 어떤 의미에서 결혼생활도 그와 비슷하다. 무관심은 부부가 서로에게 입힐 수 있는 최악의 상처 중 하나다.

디트리히 본회퍼(Dietrich Bonhoeffer)는 경청을 우리가 서로에게 베풀 수 있는 최고의 섬김 중 하나로 보았다.

공동체 내에서 마땅히 타인을 섬겨야 할 부분은 첫째로 경청이다. 하나님을 향한 사랑이 그분의 말씀을 듣는 데서 시작되듯이 형제 사랑

도 경청을 배우는 데서 시작된다. … 경청을 배울 때 우리는 형제를
위해 바로 그분의 일을 하는 것이다. … 듣기가 말하기보다 더 유익
할 수 있다.[3]

다시 말해서 배우자를 소중히 여기려면 야고보서 1장 19절을 실천
해 "듣기는 속히 하고 말하기는 더디" 해야 한다. 소중히 여기려면 의
욕적인 귀와 전략적인 혀가 필요하다. 호기심을 잃지 말아야 한다는
뜻이다.

"여보, 이쪽이에요"

아이들이 다 커서 집을 떠난 요즘은 아내가 내 출장길에 거의 매번
동행한다. 나는 여행 중에 말로 리자를 소중히 여기는 법을 다시 배워
야 했다. 결혼생활이란 그런 것이다. 삶의 변화에 따라 부부관계도 계
속 진화한다. 그렇지 않으면 하나가 되지 못하고 서로 멀어진다.

동반 여행의 새로운 시절에 접어든 리자는 승강기에서 내려 왼쪽으
로 가야 할 때마다 오른쪽으로 가는 신묘한 재주를 보였다. 주차장에
들어서면 차가 남쪽에 있는데도 아내는 꼭 북쪽으로 향했다. 리자는
시간관념이 희박해—시계와 서로 의견이 달라서—대개 우리는 떠날 때 약

---

3 Dietrich Bonhoeffer, *Life Together* (New York: Harper & Row, 1954), 97 (《성도의
공동생활》 복있는사람).

간 서둘러야 했다. 그럴 때 아내는 다소 산만해졌다. 게다가 어디선가 돌아오는 길일 때면 리자는 내게 말하거나 무슨 대화를 전하느라 정신이 팔려 우리 방이나 차가 어디 있는지 떠올릴 생각조차 없었다. 남편이 어련히 길을 알겠지 생각하고 계속 말하느라 여념이 없었다.

아내가 길을 잘못 들었을 때 처음 두어 번은 나도 단순한 실수려니 했다. 하지만 (연일 한 곳에 묵는데도) 몇 번 그러고 나서는 결국 내 입에서 이런 말이 나왔다. "또 잊었다니, 정말이에요?"

(당신의 짐작대로) 그래도 별 효과가 없었다. 그래서 다음번에는 그냥 내가 방향을 잡은 다음 아내를 기다렸다.

그 또한 별 효과가 없었다.

아내에게 물었다. "내가 어떻게 하면 좋을까요? 아무 말도 안 하면 당신이 속상해하고, 길을 잘못 들었다고 말해 주면 당신이 바보가 되는 기분이라니, 어떡해야 할지 모르겠군."

"아주 쉬워요." 리자가 말했다. "그냥 '여보, 이쪽이에요'라고, **정확히 그 어조로** 말하면 돼요."

그래서 다음번에는 그대로 했다.

"여보, 이쪽이에요."

리자는 그쪽으로 돌면서 환한 미소를 머금고 말했다. "아주 완벽히 잘했어요."

이제 우리는 그런 상황이 벌어질 때마다 웃는다. 덕분에 점차 거리감이 생기기는커녕 오히려 더 가까워진다. 그런 일 자체가 우리 부부의 이야기의 일부가 되었다.

대부분의 배우자에게 말은 정말 중요하며 어조도 큰 몫을 차지한다. 당신이 말투를 조절할 줄 모르면 배우자는 소중히 여김을 받는다고 느끼지 못한다.

배우자가 소중히 여김을 받는다고 느끼지 못할 때는 보다시피 당신 쪽에서 때로 그 방법을 물어야 한다. 나는 결혼한 지 30년이나 되었는데도 리자에게 물어야 했다.

"좋아요, 당신이 알려 줘요. 어떻게 하면 당신에게 상처를 주지 않으면서 길을 가르쳐 줄 수 있을까?" 아내들도 남편에게 이렇게 물어야 할 수 있다.

"어떻게 하면 당신을 존중하면서도 당신의 말에 동의하지 않거나 반대 의견을 제시할 수 있을까요?"

흔히 별 뜻 없이 깎아내리는 말이 부부관계의 생기를 앗아갈 수 있다. 당신의 관계에도 혹시 "여보, 이쪽이에요"라고 말하는 법을 배워야 할 비슷한 상황이 있는지 배우자에게 물어볼 수 있다. 지금 부부가 이 책을 함께 읽고 있다면 특히 더하다.

일례로 나는 아내를 깨우는 법을 배우는 데 20년이 걸렸다. 처음에는 남편으로서 혼란스러웠다. 정해진 시간에 깨워 주면 아내는 잠을 방해한다며 화내는 것 같았고, 그냥 자게 두면 깨우지 않았다고 화를 냈다. 방도가 없어 보였다.

하지만 천천히 살살 깨우는 법을 배운 뒤로는 모든 게 달라졌다. '소중히 여겨서' 깨우는 셈이다. 그전에는 **아내를** 문제로 보았다. 깨워도 내 잘못이요 그냥 자게 두어도 내 잘못이었으니 말이다. 그러나 진짜 문제는 아내를 깨우는 내 **방식**에 있었다. 이제 아침에 내가 집에 있을 때면 리자는 시계를 맞추어 놓을 마음이 없다. 아내의 말로 "자명종보다 당신이 훨씬 마음에 들기" 때문이다.

구체적이고 의지적이어야 한다

배우자를 평생 소중히 여기려면 반드시 의지적으로 말투를 가려야 한다. 초대 교회의 교부 요한 크리소스톰(John Chrysostom)은 남편들에게 이렇게 당부했다. "아내를 이름으로만 부르지 말고 애정 어린 호칭도 곁들이라. 존중과 사랑을 듬뿍 담아라. 당신이 아내를 존중하면 아내는 다른 사람들의 존중이 필요 없다. 당신의 칭찬을 받아 누리면 다른 사람들의 칭찬을 바라지 않는다. 아내의 아름다움과 민감함 모두를 생각해 매사에 누구보다도 아내를 중시하고 칭찬하라."[4]

소중히 여기려면 구체적으로 표현해야 한다. 결혼 초에는 잘 몰랐지만, 리자에게 감탄하는 내 마음이 아내에게 전달되지 않고 오히려 내가 실망한 듯 비칠 때가 많았다. 나는 속으로 '와, 아내가 아주 예뻐 보이는데!'라고 생각하곤 했지만, 그 말을 입 밖에 내지 않으면 아내는 이런 생각이 들었다. '남편이 아무 말도 없는 거로 보아 오늘 내 헤어

---

4 John Chrysostom, "Homily XX on Ephesians." 다음 책에 인용되어 있다. John Meyendorff, *Marriage: An Orthodox Perspective*, 개정3판 (Crestwood, NY: St. Vladimir's Seminary Press, 1984), 89~90.

스타일이 영 아닌가 보네.'

침묵은 본의 아니게 해악을 끼친다. 그러므로 긍정적인 내용은 생각나는 대로 다 말로 표현하라. 그러려면 구체적이어야 한다. "당신 멋진데"라는 두루뭉술한 말보다는 "오늘 밤 당신 눈빛이 밝고 아름다운데"라는 말이 리자에게 훨씬 의미가 크다("당신 멋진데"라는 말도 싫었던 적은 없겠지만 말이다).

당신은 왜 배우자에게 매료되었는가? 배우자의 어떤 점이 감탄스러운가? 배우자를 생각하면 미소가 절로 나는 부분은 무엇인가?

그렇다고 아내에게 **말해** 주라. 또 남편에게 **말해** 주라.

우리는 서로 비난할 때는 아주 구체적으로 하는 편이다. "당신이 손가락 관절을 꺾어 딱 소리를 내면 나는 미칠 것 같다." "당신은 지저분하다. 이 어질러 놓은 꼴 좀 보라." "당신은 게을러서 소파에 파묻혀 산다." 진심을 담은 구체적인 칭찬의 말로 이를 상쇄할 수 있다. 바버라와 데니스 레이니는 "거짓말이 아닌 이상 칭찬이 과도할 일은 없다. 마음에서 우러나온 진정한 칭찬은 아무리 해도 지나치지 않다"라고 말했다.[5]

당신이 배우자에게 격려의 말을 해 주지 않는다면 누가 하겠는가? 레이니 부부가 잘 말했듯이 그 일은 모든 배우자의 의무다. "배우자 안에 신뢰와 감탄의 말을 심어 줄 주된 책임은 당신에게 있다."[6] 농부치고

---

5 Rainey, *The New Building Your Mate's Self-Esteem*, 116.
6 같은 책, 117.

자기 밭에 파종하는 일을 이웃이나 먼 친척이나 교회 교인이 해 주기를 바라는 사람은 없다. 자기 밭이니 당연히 자기 책임이다. 결혼하는 그 순간부터 배우자를 격려해 주는 역할은 주로 부모의 일이 아니다 (만일 그렇다면 뭔가 잘못된 것이다). 그것은 자녀의 일도 아니고, 교회 모임의 일도 아니고, 배우자의 고용주의 일도 아니다. 가장 친한 친구의 일도 아니다. 배우자를 옹호하고 격려하고 소중히 여기는 일은 주로 **당신의** 일이다. 당신은 그 일을 하고 있는가?

결혼 30년 차의 어느 주말, 나는 출장 중 난감한 상황에 부딪쳤다. 토요일 아침에 웨스턴 신학대학원 새크라멘토 분교의 졸업식에서 말씀을 전한 나는 곧바로 비행기 편으로 휴스턴으로 돌아갈 예정이었다. 제이침례교회에서 일요일 아침 11시 예배에 설교하기로 되어 있었다. 약 5천 명 교인과의 약속이었다.

졸업식이 끝나자마자 항공사에서 문자를 보내왔다. 내가 탈 첫 비행기가 연착한다는 것이었다. 그러면 갈아탈 휴스턴행 비행기를 놓칠 수밖에 없었다. 다급하게 항공사로 전화를 걸었다. "내일 아침 전까지 휴스턴에 돌아가 있게 해 주셔야 합니다."

고객 서비스 직원이 말했다. "샌프란시스코를 경유해 가시도록 노선을 조정해 드릴 수 있습니다. 밤 11시 15분에 출발해 휴스턴에 아침 5시 15분에 도착합니다."

"그걸로 하겠습니다."

두 공항에서 도합 거의 9시간을 보낸 뒤 드디어 그 밤비행기를 탔고 잠깐 눈을 붙이려 애썼다. 착륙해서 짐을 찾아 집에 도착하니 예배

시간 4시간 전이었다. 두어 시간 잠을 자는 둥 마는 둥 하고는 샤워하고 면도한 뒤 교회에 정시에 도착했다.

10시간 전 한밤중에 샌프란시스코 공항에 앉아 있었는데 어느새 휴스턴에서 5천 명 교인 앞의 강단에 서 있다니 현실이 아닌 것만 같았다. 그날 오후에 아내가 페이스북에 이런 글을 올렸다.

> 오늘 남편에게 감탄했다. … 비행기가 9시간이나 연착해서 집에 아침 7시에 도착했는데도 9시에 **즐겁게** 일어나(2시간이라도 자서 다행) 11시에 설교를 아주 잘했다! 화장도 하지 않고 커피도 마시지 않았는데 얼굴까지 좋아 보였다.

솔직히 아내야말로 나를 감탄시켰다. 아내가 공적으로 그런 말을 해 주면 그 뒤는 더 들을 필요도 없다. 나는 소중히 여김을 받는다는 느낌이 들었고 득의양양해졌다. 거울을 보면 머리칼마저 다시 수북해져 있을 것만 같았다.

인정하는 말에는 그런 위력이 있다.

인정받는 자질이나 성품은 대개 더 강화된다는 사실을 잊지 말라. "당신의 진실성이 고마워요. 당신의 기쁨이 참 좋아요. 당신의 친절은 정말 놀라워요." 그러면 장점이 더 배가된다. 스스로 '내가 친절한가 보다'라고 생각하는 배우자는 계속 친절하게 행동하고 싶어지는 법이다. 자신을 그렇게 보기 때문이다. 그게 그의 정체성의 일부가 된다. 배우자의 변화를 보고 싶거든 장점을 한 톨이라도 찾아내 구체적인 말로 강화해 주라. 앞서 소개했듯이 어떤 아내는 1년 내내 남편의 아주 뛰어난 행동을 다 일기장에 적어 남편에게 주었다. 그때 남편이 어떻게 반응했는지 기억하는가? "그 일기장을 읽으면 정말 아내가 생각하는 그런 사람이 되고 싶어진다."

어떤 의미에서 배우자를 인정해 주는 일은 부부의 의무 못지않게 영적 의무이기도 하다. 작가 샘 크랩트리(Sam Crabtree)의 책《인정 연습》은 이런 강경한 말로 시작된다. "하나님이 주권자이시고 온갖 좋은 선물이 위로부터 올진대, 남의 좋은 점을 칭찬하지 않음은 일종의 신성모독이요 영혼의 병이다."[7] 느긋하게 멈추어 하나님의 작품을 감상하는 일도 그분을 예배하는 한 방식이다. 꼭 노을을 화폭에 담는 일만 그런 게 아니라, 한때 분노에 차 있던 남자의 작은 인내와 친절을 알아주는 일도 그렇고, 한때 성질이 급했으나 지금은 욥의 인내를 보여 주는 여자를 인정해 주는 일도 그렇다.

상대의 성장을 인정해 주라. 그렇게 선포하고 칭찬해 주라.

부드러워야 한다

여기서 알아 두어야 할 게 있다. 언어폭력은 서로 소중히 여기는 결혼생활에 들어설 자리가 없다. **전혀** 없다. 배우자에게 말로 폭발하거

---

7 Sam Crabtree, *Practicing Affirmation: God-Centered Praise of Those Who Are Not God* (Wheaton, IL: Crossway, 2011), 7.

나 비하하거나 조롱하거나 상처를 주는 일은 모두 본연의 결혼에 어긋난다. 골로새서 3장 19절에 소중히 여김의 의미가 더 보충되어 있다. 바울은 남편들에게 "아내를 사랑하며 괴롭게 하지 말라"고 명했다.

성경 전체에 이보다 더 명확한 명령이 있을까?

의지적으로 늘 사랑하라. 아내를 괴롭게 하지 말라.

괴롭게 한다는 말은 아내의 삶을 쓰라리게 만들 행위를 한다는 뜻이다. 괴롭게 함은 소중히 여김의 정반대다. 이 본문이 남자들에게 하는 말은 이런 것과 같다. "아내를 소중히 여기도록 부름을 받은 너희가 오히려 그 반대로 아내를 괴롭게 해서는 절대로 안 된다."

신체적으로는 물론이고 말로나 정서적으로나 심지어 지적으로(아내를 생각하는 방식으로) 아내를 괴롭게 한다면, 당신은 소중히 여김이라는 신성한 길에 아직 발조차 들여놓지 않은 것이다. 진정한 애국자라면 차라리 먼저 죽는 한이 있어도 결코 조국을 향해 총부리를 겨누지 않듯이, 당신도 그 어떤 식으로도 배우자를 공격하지 않기로 결단해야 한다. 부부간의 공격이란 상상할 수조차 없는 불가능한 일이 되어야 한다.

아내를 보호하려고 주먹을 쥘지언정 결코 그 주먹으로 아내를 쳐서는 안 된다. 당신의 혀로 냉엄한 진실을 말해야 할 때도 있겠으나 오직 치유하고 격려하고 빛을 비추기 위해서라야 한다. 비하하거나 조롱하거나 해를 끼치기 위해서는 안 된다. 당신의 품속과 애정이야말로 이 땅에 한 인간으로 실존하는 아내에게 가장 든든하고 따뜻하고 편안한 자리가 되어야 한다. 당신이 아내를 에워싸 외부의 공격을 대신 받아

낼 것을 아내가 알고 안심할 수 있어야 한다.

남자들이여, 결혼생활이 아내에게 쓰라리게 느껴진다면 정말 나쁜 징후다. 뭔가 대단히 잘못되었다는 신호다. 그거야말로 소중히 여김의 반대다.

물론 여자들도 언어폭력을 행사할 수 있다. 이제 우리 연배도 자녀를 결혼시키는 나이이다 보니 결혼을 보는 각도도 달라진다. 자녀가 배우자에게 어떤 대우를 받는지를 보게 된다. 아들을 여럿 둔 한 친구는 며느리가 아들에게 말을 심하게 할 때마다 어머니로서 가슴이 아프다.

"사실 며느리가 치우라는 쓰레기가 아들에게는 잘 안 보일 뿐이에요. 일부러 어지르는 게 아니라 눈에 띄지 않는 거죠. 그런데 아들이 깜빡 잊고 쓰레기를 줍지 않거나 밤새 차고 문이라도 열어 두면 며느리는 이렇게 말하거든요. '어째 제대로 하는 게 하나도 없어? 아무 일도 맡길 수가 없다니까.' 그런 말투는 아들을 죽일 뿐이에요. 이러다 아들이 포기할까 봐 정말 두려워요."

나는 그 친구에게 물었다 "며느리의 행동이 어떻게 달라져야 할까요? 어떻게 하면 말투가 더 부드러워질 수 있겠습니까?"

"**자기**라는 호칭에 엄청난 힘이 있어요. 이후의 말까지 다 부드러워지거든요. '자기야, 차고 문을 또 열어 놓았네? 조금만 더 조심해 주세요.' 그 한 단어 때문에 어조가 완전히 달라져요. '당신은 내 적이 아니라 여전히 내 자기다'라고 말이죠. 물론 부정적인 일을 긍정적인 방식으로 지적하는 게 다는 아닙니다. 남편을 살리는 말, 격려의 말을 해야

지요. 말로 남편을 존중하고, 작은 일에 주목하여 감사를 표하고요."

그녀의 남편도 대화에 가담했다.

"무슨 **대단한** 일이 아닙니다."

그러자 그녀가 미소를 지으며 덧붙였다. "20대, 30대, 40대 남편의 마음속에도 아직 어린아이가 있다는 사실을 잊어서는 안 돼요. 그 아이는 엄마에게 자기 좀 봐 달라고 말하는 데 익숙해져 있어서, 결코 거기서 완전히 벗어나지는 못해요."

부드럽게 말하려면 배우자의 삶을 쓰라리게 만들 만한 말을 일절 삼가야 한다. "자기야" 같은 애정 어린 호칭으로 냉엄한 진실을 완충해야 한다. 평소에 긍정적인 말로 기초를 다져 놓아, 간혹 잘못을 바로잡아 주어야 할 경우를 떠받쳐야 한다.

매정한 말과 언어폭력으로 친밀한 결혼생활을 가꿀 수는 없다. 그것은 콘크리트 바닥에 씨앗을 심으려는 일과 같다. 소중히 여김을 생각할 때는 "부드러움"을 떠올리라. "어떻게 하면 내가 배우자의 삶에 치유의 통로가 될 수 있을까?"를 생각하라.

복음을 확인해 주라

배우자를 말로 소중히 여기는 최고의 방법 중 하나는 기독교의 본질적 메시지인 복음을 확인해 주어, 사랑하는 상대의 마음과 생각 속에 꾸준히 그 진리를 심는 일이다. 복음이란 예수 그리스도께서 십자가에서 다 이루신 일 덕분에 하나님이 우리의 전부를 완전히 받아 주신다는 메시지다. 이 복음을 배우자에게 상기시켜 주어야 할 때가 있다. 어떤 배우자들은 날마다 자신의 최악의 적으로 행세하기 때문이다. 그들은 자신에게 어찌나 가혹한지 사실상 자신의 행복을 막는 적이 되어 버렸다. 진지한 마음으로 자신에게 과도한 기준을 적용하고 은혜를 잘 받아들이지 않는다. 그래서 다른 누구의 비난보다도 본인이 자신을 가장 심하게 비난한다.

죄책감에 찌든 이 모든 부정적 요소를 상쇄하려면 우리가 꾸준하고 일관된 반대의 목소리가 되어야 한다. 하나님의 용서, 사면, 인정, 수용, 넘치도록 과분한 사랑을 말해 주어야 한다.

당신은 하나님을 가혹한 상전으로 생각하며 자랐는가? 배우자에게 "복음을 말해 준다"라는 의미가 아직 익숙하지 않은가? 그렇다면 성경에 나오는 다음 예들을 생각해 보라.

예컨대 하나님이 라합을 어떻게 보셨는지 생각해 보라. 그녀는 창녀인 데다 거짓말까지 했고 동족들이 보기에는 배신자였다. 이스라엘의 두 정탐꾼을 그녀가 동족에게 그토록 신속히 숨길 수 있었던 이유가 무엇일까? 당시 창녀는 부인이나 남자 친척이 남자들을 찾으러 올 때를 대비해 사람을 숨기는 데 아주 능해야 했다. 그녀가 두 사람을 신속 정확하게 숨겨 줄 장소를 즉각 알았던 것은 우연이 아니다. 이미 최악의 방식으로 그런 일을 해 본 경험이 있었다. 그런데도 하나님은 그 경험을 최선의 방식으로 쓰셔서 이스라엘 백성을 향한 계획을 이루셨다. 결국 라합은 그분께 이스라엘 정탐꾼들을 평안히 영접한 "믿음의 여인"이라는 칭찬을 받는다(히 11:31). **하나님은 수많은 남자와 동침한**

그녀를 정죄하신 게 아니라 두 사람을 숨겨 준 그녀를 칭찬하신다.

노아도 생각해 보라. 언젠가 술을 과음해 의식을 잃은 그는 수치심에 못 이겨 자기 아들을 저주했다. 그런데도 하나님은 그를 가리켜 "믿음을 따르는 의의 상속자"라 선언하셨다(히 11:7).

또 사라는 어떤가? 노년의 사라는 하나님의 천사에게서 자신이 임신할 거라는 말을 듣고 웃었다. 정말 **웃었다.** 그래서 하나님은 그 웃음을 마음에 담아 두셨던가? 오히려 반대다. "믿음으로 사라 자신도 나이가 많아 단산하였으나 잉태할 수 있는 힘을 얻었으니 이는 약속하신 이를 미쁘신 줄 알았음이라"(히 11:11). 사라가 그분을 신실하신 줄 알았다니 재미있다. **나는** 구약에서 그런 내용을 읽은 기억이 없으니 말이다.

하지만 하나님은 그렇게 기억하신다.

욥도 떠올릴 수 있다. 솔직히 욥 자신의 말을 읽어 보면 그는 하나님께 투덜거렸고, 자기가 태어난 날을 저주했고, 분명히 불평했고, 고난 속에서 마냥 조급해 보였다. 그런데 하나님의 말씀에 그가 어떻게 기술되어 있는가? "너희가 욥의 인내를 들었고"(약 5:11).

욥의 인내다. 하나님은 그를 그렇게 기억하신다.

당신이 그리스도 안에 있다면 하나님은 당신의 최악의 죄는 물론 가장 작은 죄도 보지 않으신다. 당신의 배우자에 대해서도 마찬가지다. 그분은 당신 안에 계신 그리스도를 보신다. 따라서 그분은 당신이 구사한 믿음을 보시고, 여태 당신이 행한 선한 일을 보시며, 친히 성령으로 말미암아 당신 안에 두신 영광을 보신다.

당신 부부가 용서와 은혜를 기뻐하며 살았으면 좋겠다. 그리스도의 용서와 성령의 능력을 받은 하나님의 자녀로서, 다음 사실에 마땅히 감격했으면 좋겠다. 즉 당신이 행한 악한 일은 다 망각되고—이미 사라졌다!—선한 일만 다 기억되어 경축된다는 사실이다.

사탄은 당신의 배우자를 **유혹하는** 정도가 아니라 **낙심시키려** 한다. 날마다 죄와 싸우는 배우자를 강건하게 해 줄 최선의 방책은 곧 복음이다. 하나님이 받아 주시고 인정해 주셨음을 서로 말해 주라. 데이트하는 밤에 로마서 3장 21~26절을 함께 읽어라. 이 진리가 당신의 결혼생활과 자녀양육에 어떤 영향을 미치는지에 대해 대화하라.

> 이제는 율법 외에 하나님의 한 의가 나타났으니 율법과 선지자들에게 증거를 받은 것이라. 곧 예수 그리스도를 믿음으로 말미암아 모든 믿는 자에게 미치는 하나님의 의니 차별이 없느니라. 모든 사람이 죄를 범하였으매 하나님의 영광에 이르지 못하더니 그리스도 예수 안에 있는 속량으로 말미암아 하나님의 은혜로 값없이 의롭다 하심을 얻은 자 되었느니라. 이 예수를 하나님이 그의 피로써 믿음으로 말미암는 화목제물로 세우셨으니 이는 하나님께서 길이 참으시는 중에 전에 지은 죄를 간과하심으로 자기의 의로우심을 나타내려 하심이니 곧 이때에 자기의 의로우심을 나타내사 자기도 의로우시며 또한 예수 믿는 자를 의롭다 하려 하심이라.

다른 날 밤에는 로마서 5장 전체를 읽어라. 너무 길어 여기 인용할 수는 없지만 데이트할 때 읽으면 정말 좋다. 또한, 배우자의 입에서 자학의 말이 나올 때마다 늘 준비하고 있다가 로마서 8장 1~4절을 말해 주라.

> 그러므로 이제 그리스도 예수 안에 있는 자에게는 결코 정죄함이 없나니 이는 그리스도 예수 안에 있는 생명의 성령의 법이 죄와 사망의 법에서 너를 해방하였음이라. 율법이 육신으로 말미암아 연약하여 할 수 없는 그것을 하나님은 하시나니 곧 죄로 말미암아 자기 아들을 죄 있는 육신의 모양으로 보내어 육신에 죄를 정하사 육신을 따르지 않고 그 영을 따라 행하는 우리에게 율법의 요구가 이루어지게 하려 하심이니라.

휴가 중에도 성경책을 꺼내서 에베소서 1장 3~8절, 13~14절에 대해 토의하라.

> 찬송하리로다, 하나님 곧 우리 주 예수 그리스도의 아버지께서 그리스도 안에서 하늘에 속한 모든 신령한 복을 우리에게 주시되 곧 창세 전에 그리스도 안에서 우리를 택하사 우리로 사랑 안에서 그 앞에 거룩하고 흠이 없게 하시려고 그 기쁘신 뜻대로 우리를 예정하사 예수 그리스도로 말미암아 자기의 아들들이 되게 하셨으니 이는 그가 사랑하시는 자 안에서 우리에게 거저 주시는 바 그의 은혜의 영광을 찬송하게 하려는 것이라. 우리는 그리스도 안에서 그의 은혜의 풍성함을

따라 그의 피로 말미암아 속량 곧 죄 사함을 받았느니라 …

그 안에서 너희도 진리의 말씀 곧 너희의 구원의 복음을 듣고 그 안에서 또한 믿어 약속의 성령으로 인 치심을 받았으니 이는 우리 기업의 보증이 되사 그 얻으신 것을 속량하시고 그의 영광을 찬송하게 하려 하심이라.

이런 진리는 절대 낡아지지 않는다. 날마다 그 내용을 상기해야 한다. 배우자와 자녀에게 줄 수 있는 최고의 선물은 확실한 복음이다.

그 마지막 문장을 부디 놓치지 말라. 하나님의 복음 메시지에 담긴 진리와 영광과 용서를 배우자에게 선포해 주는 일이야말로 순금 목걸이보다 귀하고, 다이아몬드 귀걸이보다 멋지고, 장미 꽃다발보다 아름다우며, 남자의 경우 무더운 여름날 (취향에 따라) 냉차나 맥주보다 시원하다.

덤으로 따라오는 혜택도 있다. 은혜와 소망을 기뻐하며 살아가는 사람일수록 죄책감에 찌들어 있는 사람보다 소중히 여기는 일을 훨씬 더 잘할 수 있다. 그리스도는 죄책을 없애 주시려고 죽으셨다. 죄책감은 누구에게도 도움이 안 된다. 그리스도 안에 있는 우리가 자신을 정죄한다면 이는 하나님을 욕되게 하는 일이다. 그분께 기쁨이 되지 않는다. 그런 정죄의 삶은 하나님을 거짓말쟁이로 만들고 그리스도께서 다 이루신 일을 미완으로 만든다. 그리스도인이 범할 수 있는 최악의 죄 중 하나는 자신을 자신의 죄로 규정하는 일이다. 마찬가지로 배우자에게 범할 수 있는 최악의 죄 중 하나도 상대를 늘 상대의 죄로 규정하는 일이다. 성경적인 부부는 그리스도께서 우리를 규정하시듯 서로를 하나님의 아들딸로 규정한다. 우리는 그분의 자녀로서 날마다 더 자라가는 중이며, 마침내 종말에는 그리스도께서 친히 우리를 완전하게 해 주실 것이다.

우리의 죄책은 정당하고 확고부동하게 처리되었고, 우리보다 훨씬 권위 있으신 하나님이 우리를 받아 주신다고 선포하셨다. 그래서 마침내 우리는 "당신은 특별한 존재다"라는 말보다 훨씬 차원 높은 말도 능히 받아들일 수 있다. "당신은 용서받고 입양되어 안전하다. 만왕의 왕이요 만주의 주이신 우주의 하나님께서 당신을 **소중히** 여기신다"라는 말까지 받아들일 수 있다.

이 소중한 진리를 배우자에게 상기시켜 주라. 어두운 날이나 추운 밤이 와도, 지금 누리고 있는 영적 풍요를 결코 잊지 못하게 하라. 이거야말로 당신의 입에서 나올 수 있는 가장 소중한 말이다.

◆ 소중히 여기는 부부가 되려면 서로 말하는 방식에 신중해야 한다. 내용만 아니라 어조에까지 말이다.

◆ 배우자를 말로 소중히 여기려면 호기심을 잃지 말아야 한다. 더 말해 달라고 하는 것이 좋으며, 상대의 말을 무시하거나 중간에 끊어서는 안 된다.

◆ 배우자의 잘못을 바로잡아 줄 때도 여전히 상대를 소중히 여길 방도를 찾아야 한다. 최고의 방법을 상대에게 물어봐야 할 수도 있다.

◆ 소중히 여기는 말은 구체적이고 의지적이며 부드럽다.

◆ 배우자를 말로 소중히 여기는 최고의 방법 중 하나는 복음을 말해 주어 하나님의 수용과 인정을 수시로 상기시키는 일이다.

1 부부간에 나누었던 지난 대여섯 번의 대화를 떠올려 보라. 얼굴을 보며 나눈 대화도 좋고 전화 통화도 좋다. 당신의 어조는 배우자를 소중히 여기는 말투였는가, 아니면 소외감이 들게 하는 말투였는가? 생각한 후에 배우자의 기억을 물어보라.

2 배우자가 자신에게 중요한 내용을 말하기 시작했을 때 당신이 더 말해 달라고 한 게 마지막으로 언제인가?

3 결혼생활에서 당신이 "여보, 이쪽이에요"라고 말하는 법을 배워야 할 부분이 있는가? 평소 당신 부부의 대화가 혹 둘 사이를 멀어지게 하고 있지는 않은지 배우자의 생각을 물어보라. 서로 소중히 여기는 소통 방식을 어떻게 배울 수 있을지 토의해 보라.

4 당신이 배우자의 어떤 점을 소중히 여기는지 구체적으로 세 가지만 떠올려 보라. 그 내용을 배우자에게 말해 주라!

5 "여보, 하나님은 당신이 정말 좋으시대요. 하늘 아버지께서 당신을 기뻐하심을 당신도 알잖아요." 배우자에게 이 사실을 상기시켜 줄 창의적인 방법을 몇 가지 찾아보라.

6 데이트의 밤이나 아침 시간을 함께 보낼 때 로마서 3장 21~26절을 함께 읽어 보라. 또 다른 밤에는 로마서 5장 전체를 읽으라(로마서 8장 1~4절과 에베소서 1장 3~14절도 좋다). 의지적으로 성경을 부부 대화의 동력으로 삼아 보라.

나만의
톡톡한 배우자

10

소중히 여김이란
배우자를 독특한 개인으로
대한다는 뜻이다

♡　　텍사스 특유의 폭풍우가 한바탕 지나간 후 우리 부부는 어느 요양원의 주차장에 들어섰다. 각자 차를 따로 운전하고 있었다. 98세의 친구를 심방하고 나서 서로 다른 곳에 가야 했다.

주차장의 가장자리 쪽에 물이 차 있었지만 다른 데는 빈자리가 없어 리자도 그쪽에 주차했다. 우리가 심방을 마치고 나오니 한 직원이 어느 노인의 휠체어를 밀고 인도에 나와 있었다. 아내의 차 근처 주변이 온통 물이었다. 나는 리자의 열쇠를 받아들고 차에 올라타 천천히 후진해서 차를 뺐다. 리자가 물웅덩이를 걸어 다른 차들이며 휠체어며 산소 거치대 등으로 길이 막힌 비좁은 공간을 지나갈 일이 없도록 해야겠다는 생각이었다.

우리 부부 사이에는 당연한 일이었다. 손을 내미는 내게 아내는 무슨 일이냐고 묻지 않고 반사적으로 열쇠를 내주었다. 둘 다 아무 말도 없었다. 평소에도 늘 있는 일이다. 그런 상황에서는 으레 내가 차를 뺀다. 그게 리자에게 관심과 사랑으로 느껴지기 때문이다. 그러나 다른 부부들의 경우는 그런 행동을 상대가 못마땅해 할 수도 있다. 나스카(미국 개조 자동차 경주대회) 경주자인 대니카 패트릭(Danica Patrick)의 장래 남편이 그녀에게 비좁은 공간에서 차를 빼 주겠다고 제의하는 장면을 상상해 본다. 대니카는 기분이 상해 "어림도 없어요. 차라리 집에까지 나랑 경주나 해요!"라고 말할지도 모른다.

내가 만나 본 적은 없지만, 분명히 당신의 배우자는 나의 배우자와 아주 다르다. 어느 배우자나 그렇다.

내가 어느 훌륭한 결혼 서적을 읽다가 만난 조언은 참 좋은 내용이지만, 나와 상담했던 어느 한 부부에게는 해로울 것이다. 작가는 이런 식으로 말했다. "알고 보니 내가 크리스티(Christi)에게 보여 줄 수 있는 가장 로맨틱한 행동은 그냥 기분과 마음과 생각이 어떠냐고 아내의 하루에 대해 물어 보는 일이다."

내가 보기에 절대다수의 부부에게 정말 맞는 말이다. 하지만 사역으로 몹시 분주한 어느 부부가 내게 상담을 청한 적이 있는데, 그들은 남편과 아내의 전형에 들어맞지 않았다. 남편은 깊은 관계를 간절히 원하지만, 그게 강점으로 작용하기보다 오히려 부부관계를 어렵게 만들었다.

대개는 아내 쪽에서 남편에게 관계에 더 '개입해' 주기를 바란다. 그게 전형이다. 그런데 이 남자는 이미 그런 사람이었다. 더 친밀한 관계와 더 깊은 대화를 위해 즐거이 노력하는 남편이었다. 하지만 여러 가지 이유로 아내는 '관계에 대한 대화'가 불편하게 느껴졌다. 자신의 감정을 잘 모르기도 했고 탐색하기도 싫었다. 그래서 남편이 그런 대화를 시도하면 그녀는 불안해졌다. 친정 식구들은 그런 식으로 말한 적이 없었다. 아내로서 이런 일을 남편보다 '잘해야' 함을 알았기에, 그녀는 수치심이 들었다. 요컨대 위의 작가의 말은 절대다수의 남편에게는 유익하지만, 이 아내의 부부관계에는 사랑의 행위가 아니라 위협으로 비칠 것이다.

정말이다.

이 남편이 아내에게 기분과 마음과 생각이 어떠냐고 묻는다면, 그녀의 얼굴에 어떤 표정이 떠오를지는 뻔하다. 그녀는 숨고 싶은데 그래서는 안 됨을 안다. 그래서 수치심이 들 것이고, 잘 알 만한 남편이 자신을 이런 상황으로 떠미는 데 대해(어쩌면 정당하게) 약간 화도 날 것이다. 그래서 아내가 방어적 태도를 보이다 보면 결국 **어느 쪽에도** '로맨틱해' 보이지 않는 당연한 결과만 되풀이될 것이다.

그래도 참 좋은 조언이긴 하다. **웬만한** 부부에게는 그럴 텐데 이 부부에게만은 그렇지 못할 뿐이다.

서로 소중히 여기려면 눈앞에 있는 바로 이 배우자를 상대해야 한다. 배우자의 독특성이 동력이다. 2캐럿의 다이아몬드가 바닷가의 모래알처럼 흔하다면 하나도 소중할 게 없다. 다르기에 귀한 존재이며, 하나뿐이기에 소중히 여기는 것이다. 당신의 배우자는 독특하고 특별하다. 소중히 여김을 받는 게 상대에게 느껴지려면 당신이 상대를 **그렇게 대해야** 한다.

결혼 서적이나 블로그를 읽을 때 잊지 말아야 할 게 있다. 가장 중요한 핵심은 **당신의** 결혼생활과 **당신의** 배우자다. 성생활, 대화, 역할 분담, 취미 활동 등 친밀한 부부관계의 여러 이슈는 워낙 개인적인 사안인 데다, 두 사람이 부부로 만나기 전부터 각자의 영혼 깊이 각인된 경우가 많다. 그래서 결혼생활을 '백지상태'에서 새로 시작해야 한다.

아내의 실제 모습이 아니라 당신이 생각하는 **당위**만 소중히 여긴다면, 오히려 관계에 해롭다. '전형적' 남편의 모습이 아닌데도 당신의 남편을 대다수 남편이 원하는 방식대로 소중히 여긴다면, 벽에 부딪칠 것이다.

당신의 남편이나 아내는 있는 그대로의 고유한 존재다. 상대가 어떤 사람인지 알아내 '바로 그 사람'을 소중히 여기라. 상대가 원하는 방식대로 소중히 여기라.

성생활도 부부마다 독특하다

어떤 남자는 결혼할 때 혼전 성 경험이 많았으나 자기 아내하고만은 없었다. 예수를 만난 뒤로 그는 장래의 아내와의 관계 방식을 달리하기로 결단했다. 그래서 둘은 결혼식 날까지 성관계를 미루었다. 그런데 이후 몇 년은 좌절의 연속이었다. 침실에서 벌어지는 일을 아내가 전혀 즐거워하지 않았기 때문이다. 남편은 다 아내의 잘못이라 여겼다. 결혼 전에 자기가 '많은 여자'를 즐겁게 해 주었기 때문이다. 상황이 아주 악화되어 그들은 결국 상담자를 찾아갔다. 남편은 아내에게 뭔가 '문제'가 있다고 생각했다. 그녀가 그의 행동이 자신에게는 즐겁지 않다고 이의를 제기하자, 남편은 불쑥 이렇게 내뱉었다. "하지만 여자들은 그걸 **좋아한다고!**"

상담자는 지혜롭게 대응했다. "당신에게 중요한 여자는 아내뿐인데, **아내분**은 그게 좋지 않답니다."

이 남편은 이전의 성 경험 때문에 오히려 한 여자를 소중히 여기기가 더 힘들어졌다. 여자 전반에 대해 단정 짓는 바람에 자기 아내의 특수한 실상을 보지 못했다. **소중히 여김은 그 자체가 특수한 일이다.**

저마다의 배우자를 소중히 여길 줄 알아야 한다. 그러려면 상대를 연구하고 경청해야 한다. 상대가 어떤 사람이고, 무엇에서 의욕을 얻고, 무엇을 기뻐하고, 무엇에 상처받고, 무엇을 두려워하고, 무엇에 만족하고, 무엇에 웃는지 알아내야 한다.

소중히 여기는 결혼생활의 기초는 틀에 박힌 단정이 아니라 속속들이 아는 이해다. 90%의 부부에게 맞는 참 좋은 조언이라도 당신 부부에게 맞지 않거든 적용하지 말라. 당신 부부에게 맞지 않는다면 참 **나쁜** 조언이기 때문이다.

야유하는 소리

앤 윌슨(Ann Wilson)은 유명한 남자와 결혼했다. 남편 데이브(Dave)는 대학풋볼 명예의 전당에 오른 쿼터백이었고, 1981년 미국풋볼리그의 보충 드래프트에서 1순위 지명으로 뉴올리언스 세인츠팀에 뽑혔다.

앞서 말했듯이 결혼할 시점에 낙심하고 지칠 대로 지친 사람이 참 많다. 그들은 제대로 기준에 부합한다고 느낀 적이 없는 우리 수많은 사람을 대변한다.

그런데 데이브는 그렇지 않았다. 그는 눈에 넣어도 아프지 않을 만큼 엄마의 주목을 한 몸에 받으며 자랐고, 고등학교에서도 다방면으로 뛰어났다. 풋볼 쿼터백만이 아니라 농구 포인트 가드이자 야구 유격수이기도 했는데, 전부 선망의 대상인 포지션이다. 또 그는 록 밴드의 리드싱어 겸 기타 주자였다. 교내에서 축제 왕으로 뽑힌 데다 가장 인기 있는 데이트 상대였음은 말할 것도 없다.

현재 그는 켄싱턴 커뮤니티교회 담임 목사다. 전국에 많은 캠퍼스를 둔 이 교회는 주말마다 참석자가 1만4천 명에 달한다. 게다가 그는 여태 내가 만나 본 최고의 호감형 남자 중 하나다. 이 정도의 팔방미인을 보면 괜히 살짝 얄미워지는 게 우리네 인간의 어두운 일면이다. 그런데 그는 워낙 사람의 마음을 끄는 데다 전염성까지 있어, 지독히 자아에 함몰되고 정서가 불안한 영혼이 아니고는 그의 곁에 있는 게 즐거울 수밖에 없다. 누군가 이렇게까지 성공할 거라면 데이브야말로 최고의 적임자다.

결혼할 때 데이브는 엄마, 코치와 팀 선수들, 응원단, 교인들에게 환호를 받는 데 익숙해져 있었다. 스포츠와 음악과 심지어 예배에서까지 그는 '중심인물'이었다. 앤의 결혼 승낙도 그에게는 또 하나의 '성취'였다. 아름답고 쾌활하고 영적으로 살아 있는 여인이 그와 평생을 함께 보내기로 한 것이다. 데이브는 그게 최고의 '승리'일 수도 있겠다고 느껴졌다(물론 그의 시각이 그렇게 천박하지는 않았다).

그런데 이토록 완벽에 가까운 남자와 결혼한 게 앤에게는 오히려 문제가 되었다. 완벽에 가까운 사람도 시간이 지나면 '평범해' 보이는 법이다. 앤은 남편 데이브에게 갖추어진 모든 요소를 보며 '남자들의 됨됨이와 행실은 원래 다 이런가 보다'라고 생각했다. 하지만 그렇게 업적과 자신감과 성공과 유복한 재정 상태를 두루 갖춘 남자는 거의 없다.

부부가 함께 강사로 활동하던 어떤 행사에서, 비로소 앤은 남편에게 오랫동안 상처가 되어 온 문제를 깨달았다. 그녀가 그에게 아내들을 상대로 뭔가를 설명해 달라고 부탁했을 때였다. 데이브는 머릿속에 자연스럽게 떠오르는 장면이 있어 이렇게 말했다.

"때로 제가 평생 환호를 받았다는 기분이 듭니다. 엄마, 코치들, 동료 학생들, 응원단, 교회에 나오는 분들, 제 음악을 듣던 사람들에게 말이지요. 그런데 집에 가면 이런 야유하는 소리가 들리곤 합니다(그는 여기서 말을 끊고 풋볼 시합의 무질서한 팬들처럼 두 손을 오므려 입가에 대고 외쳤다). '우우, 우우, 우우!'"

데이브는 수많은 사람을 기쁘게 하는 자신이 어떻게 아내 하나를 그토록 깊이 실망하게 할 수 있는지 이해가 되지 않았다. 이 예화를 들은 앤은 충격을 받고 비참해졌다. 알고 보니 그녀는 남편이 워낙 출중하니까 늘 그러려니 해, 그가 정말 특별하다는 사실을 충분히 인식하지 못하고 있었다. 데이브를 소중히 여기려면 크게 성공한 남자를 인정하는 법부터 알아야 했다.

데이브의 말마따나 그 순간 이후로 그들의 결혼생활은 송두리째 달라졌다. 앤이 그에게 말하는 방식, 고르는 어휘, 주목하여 지적해 주는 내용이 다 바뀌었다. 어떤 여자들은 기가 죽어 있는 남편을 세워 주어야 하지만, 어떤 의미에서 앤은 이미 남편을 인정하고 세워 준 주변 세상과 경쟁해야 했다.

데이브는 그날 이후로 앤이 공들여 감사를 표한다고 내게 말했다. "한 주도 거르지 않고 아내는 내게 가족을 잘 부양한다고 말해 주기도

하고, 가족을 영적으로 이끌고 예수와의 관계를 최우선으로 여기는 걸 고마워하기도 합니다."

앤은 이렇게 덧붙였다. "그전에 내가 그러지 못했던 이유는 남자란 **본래** 이런가 보다고 생각했기 때문이에요. 그러니 굳이 감사하거나 칭찬해 줄 필요가 없잖아요. 그런데 알고 보니 남자라고 다 그렇지는 않더군요. 남편은 정말 특별합니다."

결혼한 아들을 여럿 둔 앤은 '남편들에게 발휘되는 여자의 위력이 얼마나 묘한지' 직접 목격하고 있다.

남편이나 아내가 아무리 성공했어도 당신에게서 "우우" 하는 야유 소리를 듣는다면 아직 그 영혼에 아픔이 있다.

당신 배우자의 독특한 과거는 무엇인가? 당신은 상대의 성공과 경쟁하고 있는가? 과거의 실패에서 벗어나도록 상대를 격려하고 있는가? 성취에 이르도록 상대의 성장을 돕고 있는가? 상대의 가치가 행위와 무관함을 확신시키려 애쓰고 있는가? 부부에 따라 이 중 무엇이든 목표가 될 수 있다. 당신의 배우자에게는 독특한 이력이 있다. 배우자를 소중히 여기되 상대의 실상에 맞게 대하라. **배우자는 여태 누구도 살아 본 적이 없는 인생을 살고 있다.** 상대의 성품도 이전에는 존재한 적이 없다. 강점과 약점, 유혹과 재능, 세상에 하나뿐인 소명 등이 이 한 사람에게만 독특하게 혼합되어 있다.

배우자만의 유일한 이야기를 완성해 나가도록 돕는 게 당신의 역할이다.

배우자를 소중히 여기는 법을 모른다고 인정하라

모든 배우자는 특별한 존재인 만큼, 상대를 소중히 여기는 새로운 태도는 겸손한 학습과 감정이입의 공부에서 비롯되어야 한다. '어림 짐작으로 점수를 따려' 해서는 안 된다. 시간을 내서 배우자에게 이렇게 물어보라. "당신은 어떤 때 소중히 여김을 받는다고 느껴지나요? 나에게 가장 소중히 여김을 받는다고 느껴졌던 경우 세 가지를 말해주세요. 당신이 보기에 내가 당신을 소중히 여기려는 과정에서 뭔가를 잘못 단정했던 때가 혹 있었나요?"

결혼 초에 리자는 "게리"라는 제목의 일기를 쓰기 시작했다. 내가 좋아하는 것, 짜증 내는 일, 내 소소한 말 등 내게서 관찰되는 바를 기록했다. 대학 강의를 필기할 때와 비슷하게 나를 공부하려 한 것이다. 얼마나 썼으며 그 일기장이 지금도 유효한지는 나도 모른다. 그러나 나를 공부할 필요를 느꼈을 만큼 아내의 소중히 여기는 마음이 깊었다는 것만은 알 수 있다.

누구나 이 부분에서 겸손해야 한다. 관계에 대한 당신의 감성지수가 아무리 높아도 배우자의 도움 없이는 상대를 소중히 여기는 법을 알 수 없다. 모든 영혼은 하나의 독특한 나라이기 때문이다. 안타깝게도 그 나라는 아무도 방문하지 않은 나라로 남겨져 있을 때가 많다. 상대를 잘 알지도 못한 상태에서 이혼하는 남편과 아내가 많다. 본인은 안다고 생각하지만, 사실 그들은 배우자를 소중히 여기는 법을 모른다고 따로 인정한 적이 없다. 그래서 자기 기준대로 소중히 여기려다가 비참하게 실패하고는, 오히려 상대가 소중히 여김을 받을 줄을 모른다며 상대를 탓한다. "내가 하는 일은 다 남편(아내)의 양에 차지 않는 것 같아요."

배우자를 소중히 여기는 법을 모른다는 전제에서 출발하면, 훨씬 진전이 커서 결국 상대를 소중히 여기는 일에 더 탁월해진다. 아울러 배우자에게 이런 식으로 접근하면 결혼생활에 흥미가 더해진다. 권태가 밀려난다.

나는 결혼한 지 31년이 됐는데도 리자에 대해 알아낼 게 많이 있다. 왜 그럴까? 이제 아내는 시어머니가 되었다. 그게 여자를 변화시킨다. 이제 자녀들이 다 커서 집을 떠났다. 이 또한 여자를 변화시킨다. 삶의 변화에 따라 내 아내도 변한다. 그래서 늘 새로 알아 가야 할 면모가 있고, 그 부분을 소중히 여기는 법도 새로 배워야 한다.

사진을 붙여 두라

독특한 아내를 더 소중히 여기기 위한 단순하고 실제적인 방법으로, 나는 내 붙박이 옷장 안에 좋아하는 아내 사진을 붙여 둔다. 아침에 옷을 입을 때마다 그 사진을 보면 왠지 즐거워진다. 아내의 밝고 아름다운 모습과 성격이 사진 속에 포착되어 있어 아내를 어떻게 소중히 여겨야 하는지를 내게 일깨워 준다.

그래서 나는 하루를 시작할 때마다 그 사진을 보고 싶다.

좋아하는 배우자 사진은 모든 기혼자에게 도움이 된다. 당신의 마음을 녹이는 그런 사진 말이다. 20년 된 사진이라도 관계없다. 배우자를 소중히 여기는 감정이 사진을 통해 되살아나는 게 중요하다.

포르노의 생리와 동력은 항상 **새로운** 무엇을 보아야 한다는 데 있다. 신경학적으로 포르노는 강박증을 유발해서 여태 보지 못한 무엇을 더 요구하게 만든다. 새로운 무엇이 사람을 흥분시키고 흥미를 자극한다. 논리적으로 결코 만족다운 만족이 있을 수 없다는 뜻이다.

그것은 소중히 여김의 반대다. 포르노는 개성을 외면하고 물량을 소비한다. 친숙함보다 생경함을 쫓아다닌다. 독특한 배우자의 사진 한 장을 소중히 여길 줄 알면, 우리 마음과 생각이 빚어져 그 특정한 한 개인을 무엇보다도 소중히 여기게 된다. 신기하게도 내가 좋아하는 아내 사진은 생전 물리거나 싫증 나지도 않고, 다음 장면을 보려고 클릭하고 싶은 마음도 전혀 들지 않는다. 실제의 사람과 실제의 관계에 이어져 있기 때문일 것이다. 신경과학자나 심리학자도 아닌 내가 무엇을 알겠는가? 다만 약간 장난기 어린 내 아내의 사진이 누군지도 모르는 사람의 훨씬 노골적인 온갖 것보다도 내게 무한히 더 만족스럽고 오래도록 남는 것이다.

옛날 사진을 몇 장 찾아보든지 컴퓨터나 전화기 화면에 하나 깔아 두라. 배우자의 사진이 없다면 다음번 결혼기념일이나 밸런타인데이 선물로 한 장 찍으라.

묵은 오해를 풀기

당신의 부부관계에서 여태 질질 끌며 오랜 좌절을 남긴 이슈를 떠올려 보라. 당신 쪽에서 세간의 틀에 맞추어, 배우자가 **당연히** 이렇게 느끼고 행동하고 역할을 다해야 한다고 단정한 부분은 없는가? 배우자를 소중히 여기려면 우선 상대를 독특한 개인으로 대해야 한다.

일부 독자의 경우(거듭 말하지만, 전부는 아니다!) 당신이 할 수 있는 최고의 일은 당신의 남편이나 아내가 대부분의 남자와 여자와 같지 않다는 전제에서부터 새로 시작하는 일이다. 상대를 처음부터 다시 알아 가라. 상대를 정말 인정해 주거나 두렵게 하거나 좌절에 빠뜨리는 게 무엇인지 경청하라. 이제부터 당신과 결혼한 바로 그 사람을 상대하라. 결국 중요한 건 그 사람뿐이다. 내 아내처럼 배우자에 대한 일기를 쓰기 시작할 수도 있다. 기록을 통해 상대를 파악해 나가는 것이다.

내 친구 메건 콕스(Megan Cox)는 결혼 초 남편 데이브(Dave)에게서 이런 말을 듣고 마음이 녹아내렸다.

"메건, 다른 여자들이 무엇을 좋아하든 상관없어요. 내게는 **당신이** 무엇을 좋아하는가만 중요하니까요." 메건은 이렇게 말했다.

"남편이 나를 얼마나 아끼고 잘 사랑하는지 그때 처음 알았다. 그가 **나를** 품어 주었기에 난생처음 깊이 소중히 여김을 받는다는 느낌이 들었다."

남자들이여, 쉽게 알 수 있듯이 그럴 때 아내는 소중히 여김을 받는다고 느낀다. 첫째, 이를 통해 아내는 당신에게 중요한 여자가 자기뿐임을 알게 된다. 자신이 하와이며 세상에 하나뿐인 여자임을 말이다.

그래서 솔로몬은 "내 비둘기, 내 완전한 자는 하나뿐이로구나"(아 6:9)
라고 했다.

둘째, 아내를 그렇게 대하면 아내는 당신이 자신의 개성을 사랑함
을 안다. 당신은 아내만의 다르고 독특한 점을 사랑한다, 아내의 **자기
다움**을 사랑한다. 아내는 수영복 모델처럼 보일 필요가 없다. 대통령
후보의 능력이나 오프라(Oprah)의 사업 수완이나 대학 교수의 지성을
갖출 필요도 없다.

그냥 자기다워지면 된다.

◆ 당신의 배우자는 독특한 개인이다. 상대를 정해진 틀에 맞추어 대하지 말라.

◆ 다른 부부들에게 좋은 조언도 당신에게는 나쁜 조언일 수 있다.

◆ 배우자의 관계 방식과 또 상대가 감정과 두려움과 꿈을 처리하는 방식을 비판할 게 아니라 그냥 이해해야 한다. 건강한 관계 방식과 건강하지 못한 관계 방식이 없다는 말이 아니다. 다만 배우자를 소중히 여기는 법을 배우려면 먼저 상대가 실제로 어떤 사람인지를 이해하고 공감해야 한다.

◆ 결혼생활의 어느 부분에서든 당신이 배우자를 정해진 틀에 맞추어 대하거나 이전의 남자친구나 여자친구에게 통하던 방식대로 대하는데 그게 통하지 않는다면, 이는 배우자에게 뭔가 문제가 있다는 뜻이 아니다. 오히려 당신 쪽에서 이 특정한 아내나 남편을 대하는 방식을 다시 배워야 한다는 뜻이다.

◆ 모든 사람은 결혼할 때 자기만의 독특한 이야기가 있다. 배우자를 소중히 여기려면 상대의 이야기를 배우고 이해해야 한다.

◆ 배우자를 참으로 소중히 여기려면 당신이 상대를 소중히 여기는 법을 아직 다 알지 못함을 겸손히 인정해야 한다.

◆ 좋아하는 배우자 사진은 우리의 애정을 지속시켜 줄 수 있고, 독특하고 특별한 배우자에게 늘 집중하도록 우리 마음을 단련시켜 줄 수 있다.

1 당신이 남자라면 대부분 남자와 어떻게 다른가? 당신이 여자라면 대부분 여자와 어떻게 다른가? 배우자도 이런 점을 알고 있는가?

2 당신의 배우자는 동성의 '보통' 사람들과 어떻게 다른가? 당신이 그 부분을 이해하는 데 얼마나 오래 걸렸는가?

3 정서적으로 지칠 대로 지친 상태에서 결혼하는 사람도 있지만, 이번 장에는 아주 유명하고 자신감 넘치는 사람이 소개되었다. 그 밖에 배우자를 형성할 만한 배경과 이력으로 또 무엇이 있겠는가?

4 배우자를 비판할 때와 비교해 배우자의 독특성을 이해하면, 상대를 더 소중히 여기는 데 어떻게 도움이 되겠는가?

5 마땅히 배우자를 특별히 대하고 인정하고 소중히 여길 부분인데 당신이 아직 모르고 있는 게 있는가? 상대에게 한 가지를 말해 달라고 하라. 평소 배우자에게 당신이 상대를 별로 특별히 대하거나 인정하거나 소중히 여기지 않는다고 느껴졌다면, 당신의 어떤 행동 때문에 그런지 물어보라.

6 좋아하는 배우자 사진을 골라 눈에 잘 띄는 곳에 붙여 두라.

7 여태까지 알고 배운 바를 종합해, 당신만의 특수한 배우자를 가장 잘 소중히 여길 수 있는 처방전을 작성해 보라.

실수가
많은 사람

11

소중히 여김이란
배우자의 잘못을
참아준다는 뜻이다

대부분 스마트폰을 애용하지만 1년 뒤에는 배터리가 점점 약해지는 문제가 있다. 처음 6개월은 환상적이다. 밤에 전화기를 충전해 두면 다음 날 저녁까지 전력 레벨을 생각할 일조차 없다. 그러나 아홉 달쯤 지나면 오후 중반부터 불안해진다. 남은 하루를 버티려면 반드시 다시 충전해야 한다.

1년이 지나면 전화기를 점심시간에 충전하고 퇴근 1시간 전에 또 충전한다. 배터리가 계속 더 약해지기 때문이다. 종내에는 기회 있을 때마다 아예 콘센트에 그냥 꽂아 둔다. 안타깝게도 이 과정이 역으로 뒤집히는 일은 없다. 한 번 닳기 시작한 배터리는 계속 점점 더 빠른 속도로 닳는다. 결국 2년 약정 기간이 끝나면 전화기를 새로 갈아 치워야 한다.

같은 원리가 많은 부부관계에도 적용된다. 관계가 새로울 때는 열정이 아주 뜨거워 서로 떨어져 있어도 저절로 충전되는 것만 같다. 특별 관리도 필요 없고 콘센트에 꽂을 필요도 없다. 열정이 자체 공급되는 것 같고, '감정의 영구 첨단기기'처럼 소중히 여김도 자체 생성되는 것 같다. 그러나 조만간 열정이 차츰 식는다. 그렇게 시작된 하향 곡선은 안타깝게도 때로 끝내 역으로 뒤집히지 않아, 결국 부부는 포기하고 서로를 갈아 치운다. 소중히 여길 상대를 새로 얻는다.

우리의 관계가 자꾸 고갈되는 이유는 영적으로 말해서 타락한 본성 때문이다. 작은 불친절, 타고난 이기심, 급한 성질, 크고 작은 중독 등

소위 죄 때문이다. 이런 매일의 작은 영적인 공격 때문에, 배우자를 소중히 여기는 부드러운 마음이 서서히 완고해진다. 당신이 성경을 믿는다면, 사람은 누구나 여러 상황에서 여러 방식으로 실패한다. 그래서 배우자를 소중히 여기려는 사람은 누구나 다음과 같은 중대한 영적 진리에 직면해야 한다. "우리가 다 실수가 많으니"(약 3:2).

배우자의 실수 때문에 상대를 소중히 여기는 마음이 깎여 나간다면, 아무도 소중히 여기는 태도를 유지할 수 없다.

소중히 여기기 아주 쉬운 배우자를 둔 사람도 그런 우를 범할 수 있다. 언제가 리자의 단골 문제가 또 튀어나왔을 때, 나는 어리석게도 한순간 자기연민에 빠져 있었다. 다행히 하나님이 이런 말씀으로 내 생각을 막아 주셨다. 바로 앞에서 호루라기를 부는 경기 심판의 위력이었다.

"너의 배우자는 이렇게 실수한다."

리자는 평균 배우자보다 실수가 훨씬 적고—그것만은 확실하다—또 나도 야고보서 3장 2절("우리가 다 실수가 많으니")에 대해 가르치고 글을 쓴 게 수천 번은 된다. 그런데 결혼 사역 20년차에 결혼생활 30년차인 나도 아내가 100% 완벽하지 않다는 사실에 순간적으로 분개할 때가 있다. 아내가 나보다 훌륭한데도 말이다.

어떤 사람들은 이런 똑같은 말을 하고 또 해서 친구들을 지치게 만들고 하나님의 인내심마저 시험하려 든다. "왜 내 배우자는 이렇게 실수하는가?" 이럴 때 친구들이 지혜롭게 해 줄 말이 있다. "이렇게 실수하지 않는 배우자는 **저렇게** 실수할 것이다." 당신이 귀담아듣기만 한다면, 아마 하나님도 똑같이 말씀하실 것이다.

늘 서로 소중히 여기는 부부관계를 가꾸려면, 완벽한 배우자를 바라는 걸림돌을 치워야 한다. 물론 완벽한 배우자를 바란다고 의식적으로 말할 사람은 없다. 누구나 말로는 "당연히 내 배우자도 실수한다"고 말할 것이다. 하지만 속으로는 우리도 배우자가 실수하는 **특정한** 방식에 분개할 때가 많지 않은가? 이렇게라도 혼잣말을 하지 않는가? "다른 쪽으로 실수하면 차라리 한결 나으련만."

당신도 이런 생각을 하지 않는가? '배우자가 이렇게 또는 저렇게만 하지 않는다면 나도 배우자를 소중히 여길 수 있겠는데!'

서로를 늘 소중히 여기려면 용서를 잘해야 한다. 하나님이 우리에게 늘 자비를 베푸시듯이 우리도 기꺼이 자비를 베풀어야 한다. 소중히 여기는 결혼생활의 목표는 서로의 성격적 치부와 취약점을 아주 훤히 알면서도 여전히 서로 아껴 주고 존중하고 연모하고 다가가는 데 있다.

다음번에 배우자에 대해 불평하는 마음이 들거든 이 한마디—"나의 배우자는 이렇게 실수한다"—만 기억하고 그냥 **넘어가라**(물론 학대나 노골적인 유해 행위에 대해 그러라는 말은 아니다). 결혼생활이란 배우자의 실수 방식을 배우고 그 속에서도 상대를 소중히 여기는 기술이다. 물론 사랑하기에 상대를 도와 문제를 처리하거나 완전히 극복하게 할 수도 있다. 그러나 배우자의 실수가 다시는 없기를 바라서는 결코 안 된다. 그렇지 않으면 상대를 소중히 여기는 게 아니라 원망이 싹튼다.

거룩함의 다른 면

실수하는 배우자를 소중히 여기는 능력이야말로 당신의 영적 성숙도를 가감 없이 보여 주는 지표다. 성경의 가르침을 보면 거룩함의 절반은 타인의 죄를 참아 주는 데 있다. 자신의 죄를 버리거나 예방하는 일 못지않게 그렇다.

우리를 거룩함으로 부르는 이런 말씀을 천천히 읽으며, 새로운 시각에 마음을 열어 보라.

- ◆ "너희가 부르심을 받은 일에 합당하게 행하여 모든 겸손과 온유로 하고 오래 참음으로 사랑 가운데서 서로 용납하고 평안의 매는 줄로 성령이 하나 되게 하신 것을 힘써 지키라"(엡 4:1~3).
- ◆ "모든 사람에게 오래 참으라"(살전 5:14).
- ◆ "그러므로 너희는 하나님이 택하사 거룩하고 사랑받는 자처럼 긍휼과 자비와 겸손과 온유와 오래 참음을 옷 입고 누가 누구에게 불만이 있거든 서로 용납하여 피차 용서하되"(골 3:12~13).

이런 본문은 거룩함을, 사고를 치거나 어려움에 부닥친 타인을 대하는 방식과 거의 전적으로 연결한다. 우리는 긍휼과 자비와 겸손(자기가 더 낫다고 생각하지 않음)과 온유와 오래 참음으로 반응한다. 서로 용납하여(즉 참아 주어!) 피차 용서한다. 거룩한 사람인지 알려면 상대가 무엇을 보거나 보지 않는지, 소수의 금기어를 삼가는지, 종교 모임에 자주 참석하는지 따위를 보아서는 안 된다. 동료 죄인들을 어떻게 대하는지를 보면 된다. **우리의 체험적 거룩함은 덜 거룩한 사람을 너그러이 참아 주는 능력으로 규정된다.**

영적으로 연약한 사람들 사이에서 기쁘고 너그럽게 살아갈 수 있다면 당신은 영적으로 강건한 사람이다.

기독교 공동체든 그리스도인 부부든 각자 완벽에 가까워야 성공한다는 식의 말은 성경 어디에도 없다. 오히려 관계란 서로의 부족한 모습에 은혜를 베풀 때만 성공한다. 에베소서 4장 1~3절의 진리를 삶으로 실천하면 얼마나 좋을지 생각해 보라. 거기 서로 소중히 여김의 성경적 기초가 제시되어 있다.

- ◆ **겸손**. 결코, 자신을 배우자보다 낮게 여기지 않는다. 배우자를 깔보지 않는다.
- ◆ **온유**. 배우자의 죄에 가혹하게 반응하지 않는다. 자신의 말투와 태도와 손길을 조심한다. 배우자를 쉽게 상처받을 수 있는 사람으로 대한다. 따라서 상대의 부족한 모습을 온유하고 사려 깊게 대한다.
- ◆ **오래 참음**. 완벽한 배우자를 바라지 않는다. 기회만 엿보고 있다가 배우자가 사고를 치면 그때 덮치지 않는다. 미리 잔소리를 준비해 두었다가 배우자가 불가피한 실수를 범하면 그때 늘어놓지 않는다. 오히려 심호흡하고, 이해하는 어조로 말하고, 자신도 실수가 많음을 기억하고, 배우자의 성장을 기다려 준다.
- ◆ **용납**. 까다로운 사람을 화내지 않고 상대할 줄 안다. 배우자의

성격에서 최악인 부분을 최선의 방식으로 다루는 기술을 숙달한다. 상대의 죄 때문에 자신의 최악의 모습을 내보이지 않는 법, 오히려 내주하시는 성령을 의지하여 최선의 방식으로 반응하는 법을 배운다. 변화에 시간 제한을 두지 않는다. 배우자의 과거의 실패를 절대 끄집어내지 않는다. 원망과 좌절을 버린다.

이렇게 볼 수도 있다. 당신의 죄를 향한 하나님의 태도가 배우자의 죄를 향한 당신의 태도와 똑같다면, 당신은 그분 앞에서 어떻게 되겠는가?

당신이 배우자보다 더 강건하고 성숙한 그리스도인이라고 생각한다면 이것만은 확실하다. 당신은 자신을 그리스도와 비교하지 않고 배우자와 비교하고 있다. 자신을 배우자와 비교하라는 권고는 성경 어디에도 없다.

당신의 영적 성숙도를 더는 배우자와 비교하지 말고, 이제부터 에베소서 4장 1~3절과 비교하라. 그러면 결혼생활의 분위기가 달라진다. 배우자가 실수할 때마다 당신은 온유와 인내와 자비와 겸손과 오래 참는 용서로 반응하게 된다. 이런 반응 덕분에 당신은 실수가 많은 배우자를 계속 소중히 여길 수 있다.

재발도 회복 과정의 일부다

40대의 한 아내가 내게 말했다. "남편이 포르노를 보는 건 잘못된 일 맞지요? 얼마 동안 끊었든, 다시 시작했다면 정말 문제지요?"

말투의 강세를 보아 무슨 일인지 알만했다. 그녀의 남편에게는 '과거'가 있었다. 오랜 회복기 후에 그게 재발했다. 그래서 둘 사이에 아마 이런 대화가 오갔을 것이다.

"어떻게 또 그럴 수가 있어요? 당신 정말 나약하군요."

"여보, 정말 열심히 노력했어요. 이미 3개월째—"

"다 소용없어요. 얼마나 오랫동안 포르노를 끊었든, 잘못은 잘못이에요."

그 말 자체는 옳다. 잘못된 일이라면 석 달마다 하든 3주마다 하든 관계없이 여전히 잘못이다.

중독을 연구한 친구들과 대화하다가 내가 배운 놀라운 사실이 있다. 일단 중독이 틀로 굳어지면 신경계에 거의 영구적인 성향이 생겨난다. 그래서 알코올 중독자는 늘 조심해야 한다. 방심하다가 이전과 똑같은 자극이 발생하면, 준비되지 않은 뇌는 쉽게 무너진다. 이미 굳어진 성향 때문이다. 10년 동안 해방을 누린 사람도 신경계에 중독 성향이 없는 사람보다는 여전히 더 취약하다.

전문가들에 따르면 회복에는 대개 재발이 수반된다. 특정 유형의 중독을 다룬 대표적인 책에는 회복을 **5년 과정**으로 보았다. 이 점을 이해하지 못하는 아내는 남편의 90일간의 해방을 가볍고 시시하게 여기고 만다. 거의 매일 넘어지던 문제에서 그만큼이라도 승리한 남편을 축하해 주기는커녕 오히려 한 번의 실패를 빌미로 남편을 공격한다. 물론 남편의 실족까지 '축하할' 수는 없고 그래서도 안 된다. 하지만 다음 두 반응 중 어느 쪽이 더 회복과 변화로 이어지겠는가?

- ◆ "여보, 아쉽네요. 그동안 당신, 정말 잘해 왔어요. 그렇게 열심히 노력하고 오랫동안 성공한 당신이 자랑스러워요. 이번에 어떻게 된 일인지 우리 함께 얘기해 봐요."
- ◆ "또 그랬어요? 그러지 않겠다고 나한테 약속해 놓고서? 믿을 수 없는 위인인 줄 내 진작 알아봤다니까!"

실수하는 사람을 소중히 여기기란 쉽지 않지만, 소중히 여김은 상대를 도와 실수를 **덜 하게** 하는 가장 효과적인 길 중 하나다. 그래서 도전이다. 문제를 부정하는 중독자—회복 중도 아니고 노력도 하지 않는 중독자—에까지 소중히 여김이 적합하다는 말은 아니다. 그러나 도움을 받아 가며 분투하고 있고 은혜와 회개 가운데 행하는 사람은, 소중히 여김을 받으면 더 강건해지고 승리의 기간이 연장되어 결국 더 해방될 가망성이 높아진다.

그래도 완전한 해방은 아니다. 어쩌면 **평생** 아닐지도 모른다.

순서가 뒤바뀐 것 같겠지만, 점진적 성화(聖化)의 길을 걷고 있는 부족한 배우자를 소중히 여길수록 상대는 그만큼 덜 부족한 사람이 된다. 부족한 배우자를 덜 소중히 여길수록 상대의 궁극적 변화에 미치는 우리의 영향력은 줄어든다. 변화를 향한 여정에서 어떤 배우자도 자기 혼자라고 느껴져서는 안 된다('점진적 성화'란 신학 용어로 우리의 거룩함이 날마다 자라 간다는 뜻이다. 체험적 거룩함은 단번의 기도로 이루어지는 게 아니라 시간을 두고 계발된다. 반면에 신분적 거룩함은 한순간에 이루어져 변하지 않는다. 우리를 대신하신 그리스도의 희생에 근거하여 하나님이 우리를 그렇게 보신다).

현실 속의 배우자는 병도 나고, 짜증도 부리고, 일진이 나쁠 때도 있다. 그 때문에 상대를 소중히 여기고 중시하는 정도가 달라진다면, 우리는 상대를 향한 마음을 잃고 만다. 당신은 초자연적 능력으로 인간의 한계를 뛰어넘는 여신과 결혼한 게 아니다. 솔로몬의 지혜와 헤라클레스의 힘과 그리스도의 자비를 완비한 남자와 결혼한 게 아니다. 당신이 결혼한 남자나 여자는 몸이 축나고, 스트레스에 영향을 받고, 상처받으면 울고, 병들 때 대개 불평하는 사람이다. 한마디로 실수가 많은 사람이다.

상대의 인간적 한계를 받아들이라. 이렇게 자신을 일깨우라. "나의 배우자는 이렇게 실수한다."

여기 즐거운 역설이 있다. 더 나은 배우자를 참으로 원한다면 이미 있는 부족한 배우자를 소중히 여기라. 그러면 상대가 더 나은 배우자가 될 것이다.

열쇠를 잃어버린 사건

결과가 잘 풀렸던 상황 하나를 예로 들까 한다. 그때 나는 좌절의 순간에도 아내를 소중히 여기는 태도를 고수하는 법을 배웠다.

그날 아침 나는 5시가 되어서야 깼다. 평소에 없던 일이었다. 이로써 나는 엄청난 교통체증을 감수해야 할 위험에 처했다. 당시에 우리는 휴스턴 교외에 살고 있었는데 거기서 시내로 들어가려면 차가 아주 많이 밀렸다.

서둘러 샤워와 면도를 마쳤으나 차 열쇠가 보이지 않았다. 있을 만한 곳은 다 두세 번씩 확인했다. 집에서 1분은 도로에서 2~3분이니 한시가 급했다. 10번 고속도로에서 제자리걸음 하는 차량 행렬이 눈에 **선했다.**

휴대전화로 불빛을 비추며 안방을 세 번째로 뒤지고 나니 리자가 뒤척이며 물었다.

"무슨 일이에요?"

"차 열쇠가 없어요."

"어, 정말 미안해요! 내 핸드백 속에 있어요. 어젯밤 당신 차를 쓸 일이 있었거든요."(전날 밤 아내는 자기 차의 열쇠를 찾을 수 없어 내 차를 타고 나갔다고 했다.)

아내도 일어나 둘이 함께 핸드백을 찾기 시작했다. 아내는 전날 밤 집에 늦게 들어와 피곤했고, 뇌가 깨어나는 데 한참 걸렸다. 그래서 **핸드백**을 찾는 데도 시간이 꽤 걸렸다!

결국 핸드백을 찾았고 그 속에서 열쇠도 나왔다.

"정말 미안해요." 리자는 몇 번이고 말했다. 아내도 교통 상황을 알았고, 일찍 출발하지 못하는 게 내게 얼마나 속상한 일인지도 알았다.

나는 아내에게 살짝 입을 맞춘 뒤 부드러운 목소리로 말했다.

"걱정하지 말아요, 여보."

리자가 내 삶을 어렵게 만들려고 했을 리 만무하다. 그 상황에서 아내에게 소리를 지르거나 역정을 부려 봐야 무익한 일이다. 아내도 내 상한 마음을 알았고, 이 일 때문에 벌어질 결과도 알았다. 무엇 하나 아내의 고의가 아니었다. 내가 보기에 이 정도는 결혼생활에서 그냥 넘어가야 하는 일에 속한다. 길게 말하거나 화내거나 소리 지르거나 분통을 터뜨린들 무슨 득이 되겠는가?

집을 나설 때는 6시가 한참 지나 있었다. 1시간의 출근길을 앞두고 스타벅스에 들러 차를 한 잔 샀다. 그리고 편하게 앉아서 미리 다운로드해 둔 팟캐스트를 듣겠다고 혼잣말했다. 안달하지 않기로 했다. 머릿속에서 리자와 갈등 해결의 대화를 나누지 않기로 했다. 느긋하게 하루를 준비하기로 했다.

리자에게 소리 지르며 문을 쾅 닫고 나왔다면 다음 몇 시간 동안 기분이 우울했을 것이다. 마음이 느긋해지지도 차 한 잔을 즐기지도 일에 집중할 수도 없었을 것이다. 바른말과 태도를 골라 아내를 소중히 여긴 결과로, 더 큰 복을 누린 사람은 나였다.

삶의 이런 평범한 사건이 모든 부부관계의 분위기를 일신한다. 배우자가 실수하는 사람임을 당신의 심중에 안다면, 실수의 대가를 치르게 해서 득이 될 게 무엇인가? 그렇다고 상대가 실수를 덜 하는가? 당신이 더 행복해지는가? 이미 벌어진 일의 결과가 하나라도 없어지는가? 아니면 당신의 좌절과 상심만 더해질 뿐인가?

리자는 몇 시간 후 전화해 사과했다. 당시 우리는 둘 다 바빴다. 아내도 온종일 지치도록 돌아다녀야 했다. 깜빡 잊고 열쇠를 평소에 두던 곳에 두지 않은 일쯤 충분히 이해한다고 나는 말했다. 얼마든지 있을 수 있는 일이다.

살다가 그런 속상한 일이 생길 때면 잊지 말라. 배우자를 소중히 여기려면 "나의 배우자는 이렇게 실수한다"라는 사실을 상기하되, 원망하는 마음이 아니라 영적인 이해심으로 해야 한다. 일찍이 솔로몬은 이렇게 말했다.

"노하기를 더디 하는 것이 사람의 슬기요 허물을 용서하는 것이 자기의 영광이니라"(잠 19:11).

문제 이면의 사람을 보라

나는 라디오의 두 가지 토크 프로그램을 내려받아 꾸준히 듣는다. 내가 샤워하거나 운전 중일 때 리자도 옆에서 듣게 되는데, 가끔은 분명히 지루할 것이다(특히 스포츠 프로그램을 들을 때). 그래서 어느 날 아침에 물어보았다. "이래도 괜찮아요? 당신에게 거슬리는 일을 너무 자주 하고 싶지는 않거든."

리자의 말은 이랬다. "괜찮고말고요. 이 소리가 들린다는 건 당신이 집에 있다는 뜻이잖아요."

리자 스스로 골라서 들을 프로그램은 아니다. 하지만 그 소리가 나면 남편이 곁에 있다는 의미임을 알기에 아내는 그 또한 반가워한다.

남자들이여, 아내 때문에 혹 출발이 늦어질지는 몰라도 이는 아내가 살아 있고 당신과 함께 있다는 뜻이다. 여자들이여, 남편이 변기 뚜

껑을 올려 둘지는 몰라도 이는 남편이 당신과 한집에서 자고 일어난 다는 뜻이다.

상대를 참으로 소중히 여기는 사람은 **문제** 이면의 **사람**을 본다. 어 떤 배우자든 실수가 많음을 당신이 받아들였다면, 상대의 긍정적 측 면만 가려서 누리는 게 불가능함도 안다. 그에 상응하는 좌절이나 실 망도 수반될 수밖에 없다. 그래서 당신은 좌절을 오히려 복의 이면으 로 본다. 당신이 소중히 여기는 배우자는 간혹 이렇게 실수한다. 소중 한 배우자가 당신에게 즐거움을 주니, 간헐적인 문제쯤은 상대와 함 께 사는 대가로 기꺼이 치를 수 있다.

배우자 쪽에 유리하게 해석하라

브라이언(Brian)과 다이애나(Dyanna)는 결혼을 일찍 했다. 피임이 성 경적인지에 대해 진지하게 기도해 보라던 주일학교 교사의 말도 일부 작용해, 다이애나는 스물한 살에 임신했다.

젊은 신부인 그녀는 배가 점점 불러왔다. 어느 날 부부는 백화점 안 을 거닐며 절약형 데이트를 즐기고 있었다. 임신 8개월이 지났을 무렵 이었다. 마침 유연한 몸매에 건강미 넘치는 젊은 금발 미녀가 지나가 자 브라이언이 말했다. "이런, 임신하지 않았을 때의 당신이 얼마나 예 쁜지 잊고 있었네."

"그는 정말 그렇게 말했어요. 그것도 진심으로!" 다이애나의 회고 다. 그녀는 주체할 수 없이 흐느끼기 시작했으나 남편은 무슨 영문인지 몰랐다.

여기 다이애나의 너그러운 성품이 있다. 이 부부가 25년 동안 행복하게 살아온 데는 그 덕분도 있다. "브라이언의 마음에 악의는 없었어요. 오히려 나를 칭찬하려고 한 말이었어요. 내가 주체할 수 없이 흐느끼기 시작했을 때 사실 남편은 완전히 당황했어요. 무슨 문제인지 전혀 몰랐지요.

나는 남편의 성품을 앎으로써 그를 소중히 여긴답니다. 덕분에 그때도 얼른 추슬렀고, 그 뒤로도 두고두고 웃을 수 있었어요. 남편 딴에는 나를 예쁜 여자와 비교함으로써 나를 소중히 여겼던 거였어요. 그 여자를 보니 8개월 전의 내가 생각났던 것이었죠. 말이 뒤엉켜 잘못 나왔을 뿐!

젊은 남편의 생각을 이해한다는 게 젊은 신부로서는 무리일 수 있어요. 모든 게 새로우니 말이에요. 그러나 남편 쪽에 유리하게 해석함으로써 남편을 소중히 여길 수는 있지요. 브라이언이 고의로 그런 매정하고 해로운 말을 할 사람일까? 천만의 말이지요. 남편은 나를 칭찬하려던 거였고, 내가 그걸 깨닫는 데 몇 분 걸렸지만, 지금은 쓰라린 기억이 아니라 재미있는 추억으로 남아 있답니다."

당신의 배우자가 되기로 서약한 사람이니, 상대는 그 헌신만으로도 자기 쪽에 유리한 해석을 누릴 권한이 있다. 별로 좋은 상황이 아닐지라도 비난할 생각부터 하기 전에 먼저 이해하려 애쓰라. 배우자를 소중히 여긴다 해서 공상의 나라에 살아야 하는 건 아니지만, 무턱대고 비난부터 하기 전에 일단 배우자 쪽에 유리하게 해석해야 함은 맞다.

사건의 실상이 밝혀질 때까지 우선 지지를 표하는 게 배우자를 존중하고 소중히 여기는 길이다.

배우자의 잘못을 지적해야 하면 개방형 질문으로 시작하라. 연설을 준비하지 말라. "어떻게 된 일인지 당신의 관점에서 말해 주세요"가 "당신이 어떻게 그럴 수가 있어요?" 보다 훨씬 나은 첫마디다. '질문 우선'의 접근을 취하면 싸움이 나기보다 회복의 대화로 갈 가능성이 크다.

배우자와 말하기 전에 미리 대화를 공상하는 일도 도움이 안 된다. 당신 쪽에서는 배우자의 생각을 들을 필요가 없이, 배우자 쪽에서만 당신의 생각을 들으면 된다고 전제하기 때문이다.

아무리 강조해도 지나치지 않거니와 **이런 대화를 나눌 때는 굴복시키려는 비난으로 시작하지 말고 이해하려는 질문으로 시작하라.** 전자는 정서적인 거리감을 낳지만, 후자는 소중히 여김을 낳는다.

중독에서 회복 중인 배우자를 대할 때도 마찬가지다. 무슨 일이라도 생기면 대번 비난의 화살이 중독자에게로 향할 수 있다. 그게 당연해 보일 수도 있다. 겉보기에는 이전의 습관이 도진 듯하니 말이다. 이럴 때는 억지로라도 한참 동안 멈추어 속으로 기도하라. 배우자가 회개하고 있는데도 무고히 주변의 비난을 듣는 경우, 당신만이라도 배우자를 믿어 주면 큰 치유가 된다. **인생을 결정짓는 순간**이 될 수도 있다. 모두 자신을 의심하는데 배우자만은 버팀목이 되어 준다면 그 의미는 엄청나다. 물론 문제를 부정하는 배우자를 방조하는 건 잘못되고 무익한 일이다. 하지만 우선 지지를 표하는 일은 부정이나 방조가 아니다. 섣부른 결론으로 비약하기 전에 배우자 쪽의 말을 들어 보려는 것뿐이다. 모든 배우자는 그런 대우를 받을 자격이 있다.

요약하면 이렇다. 배우가 실수할 때는 "나의 배우자는 이렇게 실수한다"라는 생각만 해도 도움이 되고 감정이 가라앉는다. 그리스도 안에서 우리의 성숙을 가늠하는 척도는 배우자의 실수로 인한 불편함을 얼마나 너그러이 받아내느냐에 있다. 배우자의 실수 때문에 사이가 멀어진다면 이는 소중히 여김이 아니다. 소중히 여기려면 너그럽고 온유하고 친절한 반응을 공들여 가꾸어야 한다. 그러면 감사와 친밀함이 깊어진다. 누구나 다 실수가 많은 현실 속에서, 소중히 여기는 결혼생활의 "배터리"를 늘 충전해 두려면 그 길밖에 없다.

- 우리는 배우자가 실수한다는 사실을 받아들여야 한다. 어쩌다 특정한 방식으로 실수해도 분개하지 말아야 한다.

- 소중히 여기는 결혼생활의 목표는 서로의 성격적 치부와 취약점을 알면서도 여전히 서로 아껴 주고 존중하고 연모하고 다가가는 데 있다.

- 성경에 따르면, 거룩한 사람인지 확실히 알려면 대개 덜 거룩한 사람을 얼마나 참아 주는지를 보면 된다.

- 소중히 여김이란 실수하는 배우자를 격려해 실수를 조금씩 덜 하게 해 주는 장기 전략이다.

- 대개 재발도 회복 과정의 일부다. 그러니 마음을 굳게 먹으라.

- 문제 이면의 사람을 보라. 어차피 완벽한 배우자는 없으니, 간헐적인 실수쯤은 상대와 함께 살기 위해 치르는 대가임을 상기하라.

- 결혼생활에 흔히 있는 일—배우자가 당신의 열쇠를 잘못 두는 등—에 온유하게 반응하면 그것이 소중히 여기는 부부관계의 모판이 될 수 있다. 이렇게 자문해 보라. 배우자가 나를 해칠 의도도 없었고 이미 미안해하고 있는데, 굳이 내 쪽에서 잘못을 지적할 필요가 있는가?

- 배우자 쪽에 유리하게 해석하라. 자칫 과열될 수 있는 대화를 비난 대신 질문으로 시작하라. 이때다 싶어 잔소리를 늘어놓을 게 아니라 이해하려 애쓰라.

1 결혼생활에서 당신이 가장 자주 범하는 실수를 두세 가지 떠올려 보라. 배우자 쪽에서 무엇을 참아야 하는가?

2 당신의 배우자가 수시로 범하는 실수를 한두 가지 생각해 보라. 당신이 받아들여야 할 부분인가? 참아야 할 부분인가? 똑바로 지적해야 할 부분인가? 이번 장에서 살펴본 내용에 비추어 가장 적절한 반응이 무엇일지 생각해 보라.

3 거룩함이 타인의 죄와 실패를 참고 견디는 일로 규정된다면, 지난 한 주 동안의 당신의 거룩함에 점수를 몇 점이나 주겠는가? 지난 한 해 동안은 어떤가?

4 회복에 재발이 수반되긴 하지만, 그렇다고 당신의 인내가 유해한 습관을 지속시키는 방조로 오용되어서는 안 된다. 그러려면 어떤 감시 대책이 적절하겠는가?

5 함께 사는 데서 오는 불가피한 짜증쯤 견뎌도 좋을 만큼, 당신의 배우자가 곁에 있어 좋은 점은 무엇인가?

6 근래의 부부싸움 중에서 돌이켜 보니 그냥 넘어가는 게 좋았을 때에 대해 말해 보라. 그 때는 '해결하려' 했지만 지금 돌아보면 "나의 배우자는 이렇게 실수한다"라고 생각하고 그냥 접어 두는 게 나았을 경우다.

7 배우자 쪽에서 당신에게 유리하게 해석해 주는 일이 당신에게는 얼마나 중요한가? 평소에 그런 혜택을 누리는 편인가? 당신은 배우자에게 그 일을 얼마나 자주 하는가?

소중히 여김 받기 쉬운
대상 되기

12

내가 어떻게 하느냐에 따라
배우자가 나를 소중히 여기는 일이
더 쉬워질 수 있다

우리는 누구나 소중히 여김을 받기 원한다. 그런데 내가 아내에게 소중히 여김을 받는 최선의 길은 소중히 여김을 받기 쉬운 대상이 되려는 노력이다. 여태 나는 부부간에 서로 소중히 여길 것을 당부했다. 책을 읽으면서 당신도 배우자에게 그런 대우를 받고 싶었다면, 이렇게 자문해 보라. "어떻게 하면 좀 더 소중히 여김을 받기 쉬운 대상이 될 수 있을까?"

소중히 여김을 받기 쉬운 면모를 개발하고, 그와 반대되는 습관을 없애 보면 어떨까? 혹 당신은 이렇게 이의를 제기할 수도 있다. "어찌됐든 배우자는 나를 소중히 여겨야 한다!" 이 말은 어떤 의미에서 맞는 말이지만, 다른 의미에서는 현실 세계와 동떨어진 말이다.

삶의 가장 좋은 일들과 모든 변화는 겸손으로 시작된다.

나의 강박 성향

이전에 말했듯이 나는 강박증 환자는 아니지만, 거기에 근접해 있다. 내 정해진 일과를 중시하다 못해 사수한다. 아내에게는 그것이 스트레스가 된다. 내가 일과에 연연하면 나나 아내나 서로 소중히 여기기가 더 힘들어진다. 결혼 초에는 왜 그런지 잘 몰랐지만, 아내 때문에 내 일과에 차질이라도 생기면 나는 잔뜩 스트레스를 받았다. 아내의 문제가 아니라 내 문제인데도 그때는 아내 탓으로만 여겼다.

평생 이어져 온 그 문제를 우리는 지금도 해결하는 중이다. 결혼한 지 30년이나 된 작년에만 해도 그랬다. 시애틀에 사는 아들과 새 며느리의 아파트를 아내와 함께 방문했을 때의 일이다. 예전 그쪽 지방에 살 때 나는 그린레이크 주변을 즐겨 달리곤 했다. 그런데 그 호수가 우리가 살던 벨링햄에서 130㎞쯤 떨어져 있어 대개는 공항에서 차로 귀가하던 길에 달렸다. 아들의 아파트는 그 호수에서 0.5㎞도 떨어져 있지 않았다. 그린레이크 호반을 달린 뒤에 집에 가서 샤워할 때까지 땀에 젖은 축축한 운동복 차림으로 운전해야 했던 적이 얼마나 많았던가. 아주 많았다. 그런데 여기서 두 블록만 가면 샤워할 집이 있었다!

그린레이크를 달리고 나서도 땀에 젖은 복장으로 앉아 있지 않아도 된다니, 나는 그 경험이 못내 기다려졌다.

그날은 일요일이었다. 아침에 아들의 교회에 다녀온 우리는 남은 하루의 계획을 짜고 있었다. 그날 나는 16㎞를 달리도록 예정되어 있었다('예정'이란 말은 농담이다. 코치도 없고 검사할 사람도 없으나, 내 머릿속에 그날 최소한 16㎞는 '꼭' 달려야 한다는 생각이 박혀 있었다. 정당성을 내세울 수는 없으나 평소에 내 사고방식이 그렇다). 하루 일정을 함께 의논하면서도 나는 달리기를 어디에 끼워 넣어야 할지 그 생각만 하고 있었다.

마침내 아내가 아주 참을성 있게 애정을 기울여 말했다. "여보, 지금 그게 일차 관심사는 아닌 것 같네요. 다른 일들부터 생각해 봅시다. 오늘은 달리는 거리를 줄이고 내일 16㎞를 달리면 정말 큰 일이라도 날까요?"

알고 보니 나는 강박적으로 집착하고 있었는데, 이는 내가 원하지 않는 바다. 아내의 도움으로 실상을 깨닫고 감사했다. 참으로 나는 예수를 더 닮고 싶기 때문이다. 그분은 섬기시는 분이며, 강박적인 허상의 '욕구'에 이끌리지 않으신다(결국 나는 그린레이크 호반의 16㎞를 **달렸고**, 일부 구간은 아들과 나란히 달리며 좋은 시간을 보냈다).

소중히 여김을 받고 싶다면 겸손을 실천하라. 정말 짜증을 유발하는 부분이 있다면 변화가 필요함을 인정하라. **그 변화를 반기라.** 당신도 자신이 완전하지 않음을 머릿속으로 알지 않는가? 그런데 배우자가 그 점을 우리보다 더 똑똑히 보고 지적해 주면 왜 우리는 분개하는가? 이런 위선적인 괴리는 교만에서 비롯된다.

문제를 배우자 탓으로 돌려서는 그 괴리를 극복하는 데 도움이 **안된다.** 그런데 우리는 "남편(아내)의 과잉반응일 뿐"이라는 말로 아주 교묘하게 상대를 탓한다. 내게 문제가 있는 게 아니라 문제에 대한 배우자의 과잉반응이 문제라는 것이다! 그러면서 우리는 배우자가 너무 심하다는 걸 입증하려고 친구나 자기 부모형제를 들먹인다. 그러나 배우자에게 더 소중히 여김을 받으려면 알아야 할 게 있다. 당신에 대한 친구나 부모형제의 의견은 배우자의 의견만큼 유효하지 못하다. 그 이유를 팀 켈러(Tim Keller)는 이렇게 말했다.

"당신의 성격 결함이 다른 사람들에게는 가벼운 문제만을 일으켰을지 몰라도 배우자에게나 결혼생활에는 중대한 문제를 일으킨다. … 당신의 결함 때문에 배우자만큼 불편하거나 상처받는 사람은 없다. 그러므로 그 누구보다도 배우자야말로 당신의 문제를 예리하게 알아차린다."[1]

성격 결함을 가끔 접하는 건 몰라도, 그런 사람과 아예 더불어 사는 일은 전혀 다른 문제다. 친구나 부모형제에게 거슬리지 않는다는 이유만으로, 배우자에게 거슬리는 게 상대의 과잉반응은 아니다. 좋은 쪽으로일 때도 있고 나쁜 쪽으로일 때도 있으나 결혼하면 모든 게 증폭된다.

잠시 멈추어 당신이 배우자에게 소중히 여김을 받기 어려울 만한 요소를 세 가지만 적어 보라.

1

2

3

친밀하게 소통하는 결혼생활을 원하는데 나의 어떤 행동이 배우자를 정말 괴롭게 한다면, 그 이유만으로도 자신의 문제를 더 진지하게 다루어야 한다. 친형제나 절친한 친구가 이를 문제 삼지 않는다는 사

---

1 Tim Keller, *The Meaning of Marriage: Facing the Complexities of Commitment with the Wisdom of God* (New York: Riverhead, 2011), 153 (《팀 켈러, 결혼을 말하다》 두란노).

실은 아무런 의미가 없다. 내가 결혼생활을 가꾸려는 대상은 형제나 친구가 아니라 배우자이기 때문이다. 자신의 강박 성향이 방해가 된다면, 그 약점에 대해 겸손하고 정직하고 단호해질 필요가 있다.

내 블로그에 올라오는 댓글을 보면 이 개념에 강하게 반발하는 성격 유형들이 있다. "나더러 지금과는 다른 존재가 되라는 말이군요. 내 배우자는 나를 있는 그대로 받아들여야 합니다." 나는 여기에 두 가지로 답한다. 첫째, 예수(마 5:48)와 바울(고후 7:1)과 베드로(벧후 1:5~9)와 야고보(약 1:4)와 요한(요일 3:2~3)은 하나같이 우리에게 지금과는 다른 존재가 될 것을 명한다. **성장하라는** 뜻이다. 이미 완전하다면 아무도 성장할 필요가 없다. 배우자의 권유로 그리스도를 더욱 닮아가게 된다면, 상대는 신약의 모든 주요 저자 겸 스승의 가르침을 적용하도록 당신을 돕는 하나님의 종 역할을 하는 셈이다.

둘째, 결혼생활을 통한 변화를 받아들임으로써 우리는 독자적이고 고집스러운 이기심을 버리는 대신 친밀하게 알려지고 사랑받고 소중히 여김을 받는 놀라운 세계를 얻는다. 나도 그 양쪽의 삶을 다 살아 보았는데, 친밀한 소통이 악착같은 독자적 방어보다 훨씬 낫다. 훨씬 나은 자리에 이르기 위해 몇 가지 자기중심적인 부분에 대해 죽어야 한다면, 전체적으로 이는 행복에 이르는 아주 완벽히 수지맞는 거래다.

겸손하려면 원망이나 방어적인 태도를 버리고 배우자로 인해 감사해야 한다. 상대는 우리 성격의 짜증 나는 부분을 너그럽고 용감하고 온유하게 다룰 줄 아는 사람이다.

상대의 도움을 잘 받으라

당신을 더 잘 소중히 여기도록 배우자를 돕는 방법이 또 있다. 당신을 하나님 나라의 더 훌륭한 종이 되게 해 주려는 상대의 도움을 잘 받아라. 역시 겸손이 관건이다. 더 훌륭해진다는 말은 아직 충분히 훌륭하지는 못하다는 뜻이다.

레이니 부부의《부부의 자긍심 세우기》(순출판사)를 보면, 데니스의 강연 사역 초기에 바버라가 그를 격려해 주었다. 데니스도 솔직히 인정하듯이 그의 전공 분야는 언어가 아니라 낚시였다. 그래서 초기 강연에는 눈에 띄게 틀린 문법이 으레 몇 가지씩 들어 있었다.

바버라는 문법의 원리를 알기에 남편의 실수를 여러 번 지적해 주었다. 나중에 데니스는 그런 건설적 비판을 제시하는 시점을 주의해 달라고(즉 강연 직후만은 피해 달라고) 아내에게 당부했으나 어쨌든 경청했다. 그 결과를 보라. 현재 데니스는 결혼과 가정 분야에서 세계 최고의 소통자 중 하나다. 그에게 두루 호평이 쏟아지고 있음은 당연한 일이다. 그가 매일 하는 말을 수백만 인파가 듣고 있다.

데니스는 강연을 더 잘하려는 의욕이 있었다. 그래서 지금은 아내가 그를 소중히 여기기가 더욱 쉽다. 하나님께 쓰임 받는 남편을 보며 어떻게 남편이 자랑스럽지 않을 수 있겠는가? 그가 만일 자기를 도우려는 아내의 노력을 외면했다면, 그는 여태 덜 훌륭한 소통자로 남아 있을 것이다.

아내가 당신의 시간 관리를 도울 수 있는가? 남편이 협상 요령을 알려 줄 수 있는가? 직장이나 대인관계에서 더 훌륭해지도록 배우자가 깨우침을 줄 수 있는가? 그렇다면 끝까지 들어라. 경청하라. 더 훌륭해진다는 말은 상대가 당신을 존중하지 않는다는 뜻이 아니라 우리가 다 인간인지라 발전의 소지가 있다는 뜻일 뿐이다. 나아가 이를 통해 상대가 당신을 소중히 여기기가 더 쉬워진다. 바울은 디모데에게 권면하기를 그의 **성숙함**을 모든 사람에게 나타나게 하라고 했다(딤전 4:15). 우리 각자는 이미 목적지에 도달한 게 아니라 **성장 중인** 그리스도인이다.

여기 미묘한 차이가 있다. 당신은 자신의 모습 그대로 소중히 여김을 받고 받아들여지기를 원한다(이해할 만한 갈망이다). 그러나 더욱 **진정으로** 소중히 여김 받도록 또한 자신을 발전시키고 싶지 않은가? 배우자의 말을 경청할수록 배우자 쪽에서 당신을 소중히 여기기가 더 쉬워진다.

삶의 더 큰 목적

데니스의 일화는 더욱 소중한 존재가 되는 또 다른 일면을 보여 준다. 그의 삶에는 자아를 넘어선 목적이 있다. 배우자가 보기에 자신의 가치를 높일 수 있는 최선의 길은 자신을 하나님께 바치고 남을 위해 사는 것이다. 은사와 재능을 남에게 나누어 주는 사람은 감동을 선사한다. 상대가 당신을 감동하게 한다면, 그런 상대일수록 소중히 여기기가 더 쉽다.

N. T. 라이트의 책에 소개된 어느 옥스퍼드 재학생은 미술에 재능

이 있었는데, 지도 교수들은 그가 그리스도인이 되었다는 이유로 그를 무시했다. 그런데 나중에 그가 그리기 시작한 추상적이고 종교적인 작품들이 어찌나 장대하고 수려했던지 동일한 교수들이 그의 참신한 창의력을 극찬했다. 그는 그들이 결과물을 볼 때까지 기다렸다. 그때까지는 이런 신작 회화가 실제로 자신의 새로운 신앙에서 영감을 얻은 작품임을 밝히지 않았다.[2] 그가 그림을 그린 목적은 두각을 드러내거나 호평을 받기 위해서가 아니라 신에 대한 의식을 세상에 일깨우기 위해서였다. 그거라면 소중히 여기기가 쉽다. 물론 분야는 사람마다 달라서 당신은 역사 과목을 가르칠 수도 있고, 경찰관이나 고등학교 진로지도 교사나 소기업 사장이 될 수도 있다. 어쨌든 당신만을 위한 직업이 되지 않게 하라. 하나님이 맡겨 주신 당신의 한 모퉁이에서 전체 그림 속에 빠져들라. 바로 하나님이 온 세상을 향해 다가가시는 그림이다.

내가 아내를 소중히 여기고 싶은 부분은 덧없는 미모나 현세적 명예나 경제적 안전이나 세간의 인정이 아니다. 내가 소중히 여길 아내는 영원한 변화를 낳고자 가족과 하나님께 헌신한 여자다. 염려하기보다 예배하는 여자다. 그냥 바쁜 게 아니라 신중하게 초점이 잡힌 여자다. 안락과 부요를 추구하기보다 평안과 겸손과 온유와 인내를 더 추구하는 여자다. 재물을 주무르기보다 신앙을 퍼뜨리고자 힘쓰는 여

---

2 N. T. Wright, *The Challenge of Jesus: Rediscovering Who Jesus Was and Is* (Downers Grove, IL: InterVarsity, 1999), 186 (《예수의 도전》 성서유니온선교회).

자다. 외모로 호감을 사려 하기보다 복음의 진리로 사람들을 감화시키는 여자다.

이런 여자를 소중히 여기기란 쉽다. 하나님을 위한 삶과 남을 위한 삶은 고귀하기 때문이다. 그런 삶은 감동을 준다. 널리 칭송할 만한 삶이다.

여기 거룩한 기도가 있다.

"하나님, 저를 써 주소서. 하나님은 목적이 있어 저를 창조하셨고, 사명을 위해 저를 구원하셨습니다. 그 사명을 깨닫고 이제부터 이루어 가도록 도와주소서."

그러면 실제적인 결과로, 우선 둘이 함께 대화하고 기도할 주제가 생겨난다. 부부가 함께 사역하면 군인이 함께 전투하거나 팀이 함께 시합할 때와 동일한 효과가 있다. 공동의 노력을 통해 하나로 결속된다. 부부가 서로 매료된 상태를 유지하기란 어려운 일이다. 우리는 너무 진부할 뿐더러 서로에게 아주 익숙해진다. 그러나 사람들 가운데 역사하시는 하나님의 모습은 볼 때마다 감동이다. 그분은 진부하지 않으시므로 그분의 창의적 방법에 식상해질 일도 없다. 그분의 역사하심을 다시 또 보아도 우리 마음의 경이는 사라지지 않는다. 당신의 결혼생활이 밋밋하다면 대개 치유법은 하나님을 더 구하는 데 있다. 부부관계를 일신하거나 되살리기 위한 최선책 중 하나는 이제부터 결혼생활 바깥에서 하나님의 일에 집중하는 것이다.

하나님께 받은 당신의 소명이나 사명을 모르겠거든, 첫걸음으로 하나님을 구하고 이제부터 섬길 자리를 찾아 보라(부부의 사명을 발견한다는 주제를 내 책《부부사랑학교》5장 "목적 있는 열정 공유하기"에 다룬 바 있다. 데니스와 바버라 레이니의 책《부부 건축》에도 "당신을 향한 하나님의 뜻은 무엇인가?"라는 탁월한 장이 나온다. 당신의 사명을 규정하고 이해하는 데 어려움이 있다면 두 책의 해당 장을 참조하기 바란다).

배우자를 배려하라

앞서 말했듯이 남편들은 하나님께 아내를 아름다움의 기준으로 삼게 해 달라고 기도하며 아내의 몸을 소중히 여겨야 한다. 내가 남편들에게 이런 말을 하면 여자들은 대개 아주 좋아한다. 그러나 아내들이여, 남편에게 그 일이 더 쉬워지려면 당신 쪽에서 해야 할 일이 있다. 남편이 당신에게 매력을 느끼는 요소에 신경을 써야 한다.

남자들이여, 아내가 사랑에 빠질 때의 당신은 운동 애호가였는데 지금의 당신은 심장 강화 운동은커녕 살찌는 음식을 밝히는가? 그렇다면 그게 아내의 눈에 띄지 않기를 바랄 수는 없다. 절대다수의 사람에게 체중 증가는 불가피한 일이다. 물론 그런 통상적 생리 현상을 용케 면하는 '돌연변이'도 더러 있다. 하지만 배우자에게 선택될 당시의 당신은 운동을 중시하기라도 했고 삶 전반에 적극적이었는데 반해, 지금은 완전히 달라지다시피 하여 자꾸 삶에서 물러나 뒹굴뒹굴 게으름만 피우는가? 그렇다면 당신은 배우자에게 엄청난 자비를 요구하는 것이다.

일단 결혼하고 나면 우리 몸은 혼자만의 것이 아니다. 소중히 여김을 받고 싶다면 이 엄연한 현실을 받아들여야 한다. 독자적인 권리를 주장하면서 배우자에게 그런 줄 알라고 통보해서는 안 된다.

내가 수없이 많이 듣는 이야기가 있다. 남자가 긴 머리를 늘어뜨린 여자를 만나 둘은 사랑에 빠진다. 여자는 아이를 한둘 낳은 뒤 '예쁜' 단발머리로 남편을 놀라게 해 준다. 아내의 친구들이 모두 열광하는 헤어스타일이다.

손질하기 쉬우니 현명한 선택이다. **귀엽기까지** 하다.

그런데 남편은 처음 보는 순간 실망을 감추지 못한다. 아무리 표정 연기의 달인일지라도 말이다.

당신의 남편이 실망을 감추려 드는 마당에, 모든 친구며 친정어머 니며 여동생이 당신의 짧은 머리에 아무리 찬사를 발한들 그게 그렇 게 중요한가? 그렇다고 모든 남자가 다 실망할 거라는 말은 아니다. 당신의 남편은 단발머리를 좋아할 수도 있다. 또 결정권이 남편에게 있어야 한다는 말도 아니다.

그런 말이 **아니다.**

내가 하려는 말은 **이것**이다. 남편은 당신과 사랑에 빠졌고 거기에 당신의 겉모습도 포함되는데, 그 남자를 당신은 얼마나 배려하고 있 는가?

여러 해 동안 남성형 탈모증과 싸우면서 나는 늘 아내에게 말했다. 패배를 인정하고 머리를 전부 다 면도해야 할 때가 되거든 알려 달라 고 말이다. 10년 전에 처음으로 어떤 남자가 내게 요즘은 가발이 참 우 수하다고 말해 주었다. 하지만 그 때 내 생각에는 가짜 머리를 하고서 하나님의 진리를 세상에 전한다는 게 앞뒤가 맞지 않아 보였다.

마침내 어느 날 아침에 리자가 나를 보며 말했다.

"여보, 때가 됐어요."

나는 머리칼이 있는 게 좋다. 머리를 감을 때의 감촉과 샴푸 냄새도 좋다. 하지만 나보다 아내가 내 머리를 더 자주 본다. 그래서 나는 **그날로** 머리를 다 밀었다.

그러므로 여자들이여, 당신의 몸은 혼자만의 것이 아니다. 말이야 바른 말이지, 모든 조건이 같다면 (내 아내를 비롯한) 절대다수의 여자는 탈모증이 없는 남자를 선호한다. 어떤 부분은 우리 힘으로 바꿀 수 없지만, **바꿀 수 있는** 부분에 대해서는 신경을 써야 한다. 질병이나 노화 때문에 어쩔 수 없이 외모가 확 바뀐다면, 성숙하고 경건한 배우자라면 더 애정을 품고 상대를 소중히 여길 것이다. 내가 말하려는 관건은 외모가 아니라 **태도**다. 노화의 여러 영향을 막을 수는 없어도 최소한 배우자의 취향을 배려할 수는 있다. 그러면 상대가 나의 겉모습까지 소중히 여기기가 좀 더 쉬워진다.

필요를 찾아내 채워 주라

배우자에게 당신을 소중히 여기고 싶은 마음이 더 들게 하려면, 가장 빠른 방법의 하나는 상대의 필요를 찾아내 채워 주는 것이다.

나와 아이패드의 연분은 가히 끈끈하다고 할 수 있다. 오랜 세월 아이패드 없이 강연을 다녔던 터라 첫 모델이 출시되었을 때만 해도 그저 장난감에 불과하려니 했다. 그런데 몇 년 후 하나 사서 써 보니 강연할 때 노트보다 아이패드를 쓰는 게 훨씬 간편했다. 이메일을 확인할 때도 노트북컴퓨터를 켜기보다 그쪽이 훨씬 간편하다. 게다가 방향감각이 무딘 내게는 지도 앱이 특히 유용하며, 화면 또한 노안으로도 실제로 보일 만큼 큼직하다. 이런 물건이 있다니! 전자 기기와 사랑에 빠지는 게 가능할진대 나는 거의 그 상태였다.

필요를 채워 주는 물건은 대개 소중히 여김을 받는다.

아이들이 다 집을 떠난 뒤부터 리자는 내 일을 훨씬 적극적으로 거들었다. 한동안 사역의 공식 웹사이트를 관리할 사람이 없었는데, 그런 기술 분야라면 나는 바닥에 가깝다. 날마다 불안한 상황인데 우리와 계약한 담당자들은 자꾸 일을 그만두었고, 나는 다른 적임자를 물색할 시간조차 없었다. 혼자 출장을 다니는 데다 휴스턴에서 하루 13~14시간씩 일하는 날이 많다 보니, 웹사이트를 더 영구적으로 손볼 마음은 늘 굴뚝같아도 도무지 짬이 나지 않았다.

그래서 극도로 취약한 상태로 지냈다. 어느 날이든 아침에 일어나 웹사이트가 고장 나 있으면 그대로 속수무책이었다.

한 달쯤 후에 마침내 리자가 나서서 확실한 해결책을 찾아냈다. 사람들을 시켜 웹사이트를 이미 백업해 두었으니 혹시 컴퓨터에 문제가 발생하더라도 자료를 손실할 일은 전혀 없다고 아내는 말했다.

"원래 백업을 하는 거란 말이오?" 그렇게 물으며 나는 상황이 생각보다 훨씬 취약했음을 처음으로 깨달았다.

리자의 개입은 평소의 어떤 도움 못지않게 중년의 내 마음을 훈훈

하게 해 주었다. 내 절실한 필요를 아내가 채워 주었으니 그렇게 고마울 데가 없었다.

소중히 여김을 받고 싶은가? 그런 필요를 찾아내 채워 주라. 배우자가 힘들어하는 문제를 세 가지만 적어 보라. 좌절을 덜어 주기 위해 당신이 할 수 있는 일은 무엇인가? 기한까지 정해 두면 도움이 된다.

상대의 소중히 여김을 거부하지 말라

소중히 여김을 받기를 거부하는 사람들도 있다. 그들은 자신을 소중히 여기려는 배우자의 일을 어렵게 만든다. 당신이 그런 사람이라면, 이번 장에 말한 모든 내용이 오히려 **해로울** 수 있다. 당신은 전혀 다른 범주에 속한다. 자신의 모습 그대로 소중히 여김을 받을 만하다는 영적인 진리에 순복해야 한다.

내 친구 스티브 윌키(Steve Wilke) 박사는 30년 넘게 부부와 가정을 상담했다. 그의 추산에 따르면, 부부 중 한쪽이라도 큰 외상을 겪어 자신이 소중히 여김을 받을 만하지 못하다고 느끼는 경우가 오늘날 교회에 나오는 부부의 약 3분의 1에 해당한다. 윌키는 "사람을 곁길로 빠뜨려 하나님의 은혜와 사랑도 받지 못하고 그 결과로 다른 모두의 사랑도 받지 못하게 하는 게 사탄의 전략이다."라고 말했다.

다시 말해서 사탄은 당신의 상처가 **오래가기를** 원한다. 상처를 연장하려 한다. 사탄은 과거에 당신에게 벌어진 끔찍한 일 때문에 현재와 미래에까지 당신의 기쁨과 평안을 앗아가려 한다.

월키 박사에 따르면 "외상은 유년기나 성인기에서 또는 전쟁터의 외상후스트레스장애 등에서 비롯될 수 있다."

메건(Megan)은 11년의 결혼생활 동안 정서적, 정신적, 성적, 신체적으로 심한 학대를 당했다. "내가 여자라서 본래 하나님의 계획에 없던 존재이고, 사랑받지 못한 채 실컷 이용만 당하는 줄로 생각했다. 나 자신이 귀하거나 중요하지 않아 함부로 취급받아 마땅한 존재인 줄로 알았다."

새 남편이 될 데이비드(David)를 만났을 때 메건은 그가 너무 반듯한 사람이라서 처음에는 믿어지지 않았다. "전 남편에게 당한 학대 때문에 나는 남자가 아무런 대가도 바라지 않고 여자한테 애정과 존중을 표할 수 있다고는 정말 믿지 않았다."

재혼 초 메건은 남편이 신체를 접촉해 오면 때로 펄쩍 뛰었다. 자신을 나쁘게 이용하거나 해치려는 것만 같아 두려웠다. 데이비드가 믿기에 "아내는 사랑하고 사랑받을 깊은 역량이 있었으나 그게 다 이전 결혼에 짓밟히고 억눌려 있었다. 이 모두를 표면에 다시 떠오르게 하는 게 아내로서는 쉽지 않을 터였다. 하지만 단언컨대 충분히 기다릴 가치가 있는 일이었다."

데이비드는 아내에게 시간을 충분히 주면서 부드러운 신체 접촉, 수용, 따뜻한 말을 통해 지성으로 아내를 소중히 여겼다. 그는 메건이 과거의 경험을 그냥 '극복하기'를 바라지 않았고, 몸을 사리는 아내를 감정적으로 받아들이지 않았다. 그런 반사 반응 때문에 아내를 조금도 더 나쁘게 생각하지 않음을 부드럽게 확신시켜 주었다. 또 자기가

고의로 아내를 해치거나 이용하는 일이 절대로 없으리라는 다짐도 주었다.

그는 또 아내의 생각을 중시함으로써 아내를 소중히 여겼다. 다시 메건의 말이다. "남편은 내 생각을 귀하고 중요하게 여겼고, 내 의견을 중시했다. 내가 누구이며 어떤 존재가 되어 가고 있는가에 대해 남편과 함께 긴 대화를 나누곤 했다. 결국 알고 보니 나는 공부를 더 하고 비영리기관을 세워서, 상처받은 이들에게 친절과 자비를 베푸는 일을 하고 싶었다."

"록"이라는 식당에서 보냈던 밤이 특히 뜻깊었다. 시대를 망라한 록 밴드들의 옛 앨범이며 포스터가 벽마다 걸려 있고 배경에 음악이 흘렀다. 메건은 호박 국수(매콤하고 맛있는 건강식)를 좋아해서 그날 밤에도 그 메뉴를 먹고 있는데, 데이비드가 포크를 내려놓고 참을성 있게 다시 상기시켰다. 자신의 사랑을 얻기 위해 그토록 열심히 애쓸 필요가 없다고 말이다. "당신은 있는 모습 그대로 아름다워요. 나는 당신과 함께 시간을 보내고 싶을 뿐이에요."

그 말에 메건은 감격을 주체할 수 없었다. 데이비드는 아내를 받아 주었고, 아내의 곁에 있기를 원했고, 실망하기보다 아내를 즐거워했으며, 함께하는 시간을 선물로 여기기까지 했다. 이 모두가 메건에게는 낯설면서도 깊은 치유를 가져다주는 신기한 현실이었다.

"남편은 나더러 너무 애쓰지 말고 그냥 **존재해** 달라고 당부했다. 그 대화를 영영 잊을 수 없다."

데이비드는 메건의 영적 회복이 남편인 자신에게도 큰 유익이 되었

도서출판 **CUP** www.cupbooks.com
cupmanse@gmail.com 02)745-7231

하나님, 생명이 뭐에요?

스스로 생각하는 아이로 만드는 기독교 세계관 생각노트 컬러링
제31회 한국기독교출판문화상 어린이청소년 부문 우수상 수상

유경상 지음 | 전병덕 옮김 15,000원

하나님, 미디어가 뭐에요?

미디어 시대를 사는 아이들을 위한 미디어 생활 가이드북

유경상 지음 | 전병덕 옮김 17,000원

하나님, 성공이 뭐에요?

돈만 성공으로 생각했던 아이는 없다 돈을 잃은 사람 되기

유경상 지음 | 전병덕 옮김 17,000원

한국기독교출판문화상 어린이청소년 부문 우수상(어린이용)성경

그리스도 중심 설교 이렇게 하라

브라이언 채플의 설교학 바이블 저자가 말하는 그리스도 중심 설교!

세계적인 설교학의 대가인 저자가 그리스도 중심 설교의 이론과 실제를 담은 통찰력 있고 친절한 지침서를 출간! 13개의 설교 예문을 통해 어떻게 설교문을 준비해야 하는지를 자연스럽게 터득할 수 있도록 돕는다.
성경 전체를 그리스도 중심으로 바라볼 수 있게 하며, 삶으로 적용할 수 있도록 돕는다.

브라이언 채플 지음 18,800원

경청기도

믿음이 선진들이 2천 년간 사용했던 바로 그 기도

육체적, 영적 고갈 가운데 처해 있는가? 하나님과의 관계가 침체되었거나 믿음이 닳아진 상태에 삶의 방향을 잃어버렸다면 경청기도는 하나님과 소통하게 하며, 삶의 실제적 부분까지 영적 식별력을 얻도록 돕는다.

켄 쉬게 지음 12,000원

어린이 교육 전문가가 완성한 100편의 그림책

"어떤 책을 선택하든, 어떻게 읽어줄까?"

그림책은 세상을 보는 창이다. 그림책은 인생에 없는 것을 담아낸다. 삶의 다양성을 길러주며, 추억에도 그림책을 읽어주는 것은 중요하다. 이런 책을, 어떻게 읽어주어야 할까 고민하는 부모나 교사에게 이 책은 그림책 읽어 주는 기쁨과 재미를 경험하고 누구나 손쉽게 안내자가 될 것이다.

명도식, 김경은, 염혜진, 김현경, 정서경 지음 22,000원
제30회 한국기독교출판문화상 신앙일반부문 최우수상 수상

해산 좋은 날, 하루를 더 만들고 싶다

인문성서에세이

대표적인 인문주의자인 김기창 교수가 자신이 사진 찍고 쓴 에세이! 우리 인생의 소소한 질문과 통찰을 제공한다. 우리 현실의 부조리를 그림에서 이 땅에서 살아 가면서 하나님의 소명과 삶의 의미를 발견하도록 돕는다.

김기창 지음 17,000원

타임 포인트

마크 A. 놀 지음 | 이재학, 강효신 옮김 15,000원

온전한 회심

C.구기 지음 | 윤종석 옮김 16,000원
2010 한국기독교출판문화상 신앙일반부문 최우수상 수상

누구나 쉽게 배우는 신학

교회를 향한 하나님의 마음 "공동체를 회복하라"
스티브 그레이 지음 18,000원

이제, 글쓰기

예수님을 닮고 싶다면 이 책을 읽어라!

홍 잉남 지음 10,000원

일상기도

예수 그리스도 저자 제로 코인씨의 글쓰기 전략

홍 잉남 지음 15,000원

이제, 글쓰기

베스트셀러 저자 제로 코인씨의 글쓰기 전략

제로 코인스 지음 19,000원

세계관 그 개념의 역사

콘트 이후 최고의 지적 담론

제임스 사이어 지음 18,000원

기독교 신앙 그 개념의 역사

알리스터 맥그래스 지음 25,000원

우리 사이를 가깝게 사랑

주변으로 밀려난 기독교

은혜로 지음 15,000원 2018년 세종도서 교양부문 선정

변함없는 신부의 하나님 나라

대럴 젝 지음 10,000원

동행기도_자비스 리터스

지음 | 운종석 옮김 18,000원

세계관 그 개념의 역사

제임스 사이어 지음 18,000원

크리스토퍼 라이트의 다니엘서 강해

크리스토퍼 J.H.라이트 지음 | 박세혁 옮김 16,000원

크리스토퍼 라이트의 십자가

크리스토퍼 J.H.라이트 지음 | 박세혁 옮김 13,000원

크리스토퍼 라이트의 성경의 열매

크리스토퍼 J.H.라이트 지음 | 박세혁 옮김 15,000원

기독교 신앙 그 개념의 역사

알리스터 맥그래스 지음 25,000원

누가 그리스도를 담아내나

에이징 브레인

뇌 건강에 나쁜 습관을 고치고 생애 주기별 뇌 건강 관리의 구체적인 방법을 찾아본다.

영문호 지음 | 문종속 옮김 | 18,000원

제3회 국가기독교출판문화상 신앙일반부문 우수상

생각, 하나님 설계의 신비

사고를 활용하는 전문적 성경적 모델을 통해 당신이 겪고 있는 사고의 문제와 싸움에서 이길 수 있는 새로운 방법을 제시한다.

E라지 지음 | 14,000원

마음, 하나님 설계의 신비

마음의 기능을 일반 해결원리로 돌려내어 한 사람의 마음이 변화되면 그 변화가 다른 사람에게 영향을 준다는 것을 보여준다.

E라지 지음 | 15,000원

뇌, 하나님 설계의 비밀

이 책의 사례들은 세계적인 전설의 것과 같은 종류의 연구로 인간 뇌의 비밀을 밝힌다.

제32회 한국기독교출판문화상 신앙일반부문 우수상

E라지 지음 | 14,000원

기독교적 세계관 | 기독교 세계관의 이해와 적용

영성훈 지음 | 19,000원

그랜드 캐니언, 정말 노아 홍수 때 생겼을까?

영성훈 지음 | 클레 | 16,500원

창조에서 종주까지 | 알튼슨 교수의 아주 특별한 창세기 주해

영성훈 지음 | 16,000원

제3회 국가기독교출판문화상 신앙일반부문 우수상

성경적 세계관 강의

한동대 채플로의 인생 수업

세평운 지음 | 13,000원

외과의 진리

우리 시대를 관통하는 세계관 전쟁에 관한 모든 것

리처드슨 미국 외교 옮김 | 14,000원

읽기의 기술

영성훈 지음 | 박영기 옮김 | 13,800원

나이듦의 신학

톰 스미스 지음 | 주성희 옮김 | 15,000원

일의 신학

WORK MATTERS

성경으로부터 배우는 일에 관한 모든 것

홍병룡 지음 | 박영기 옮김 | 12,000원

하나님을 영화롭게 하는 비즈니스

11가지 비즈니스 영역에 하나님을 기뻐하게 한다

매인 그루뎀 지음 | 배정훈 옮김 | 17,700원

일상의 영성

계로토스 지음 | 문종속 옮김 | 14,000원

영혼에도 색깔이 있다

계로토스 지음 | 문종속 옮김 | 16,000원

영성이든 색깔이 있다

자료는 경험에서 시작된다

예리 S. 예라 지음 | 문종석 옮김 | 13,000원

좋은 신앙

우리의 마음에 기독교 미래가 달려 있다!

데이비드 키네먼, 게이브 라이언스 지음 | 이남규 옮김 | 15,000원

왜? 부모으 믿을 수 없는 이야기가 되었나

복음의 도덕, 복음을 회복하는 전도 비밀

존 버그사더 | 강은원 옮김 | 색(새품과 옮김, 번역)

경청, 영혼의 지료제

조너선 지음 | 이정석 옮김 | 2017 올해의 책

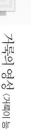

기독교 영성

가득교를 실제대로 보는 삶의 수레 하게 하는 책!

가득 외 지음 | 문종석 옮김 | 14,000원

거룩의 영성

하나님의 교회 개혁으로 이끄는 복음 상상력의 연구

계로토스 지음 | 20,000원

빨리 갔은 영성은 흔들리지 않는다

계로토스 지음 | 문종석 옮김 | 13,000원

부모학교

지혜 양육은 성부의 동복이다

계로토스 지음 | 12,000원

결혼 수업

함께 나누며 더 이해하게 하는 책!

계로토스 지음

연애학교

이혼으로 만드

계로토스 지음 | 15,000원

부부학교

계로토스 지음 | 문종석 옮김 | 15,000원

행복한 결혼학교

프랭크 성경별 생각을

계로토스 지음 | 17,000원

다고 믿는다. "우리 부부는 결혼한 지 얼마 후부터 상황이 더 좋아졌다. 자신이 참으로 소중한 존재임을 아내가 드디어 **깨달은** 결과였다. 2년 동안 아내를 애지중지 소중히 대해 주었다. 전에는 나를 온전히 신뢰하는 데 의지가 필요했던 아내가 이제는 내가 실제로 꾸준히 자기를 소중히 여김을 알고 나를 신뢰한다. 그만큼 내가 일부러 공들여 보여 주었다. 실제로 아내는 이제 자기가 내게 아름답다고 믿는다. 내 삶은 물론 수많은 사람의 삶에 자신이 값진 존재임을 깨달았다. 주님께 자신을 향한 고귀한 계획이 있으며 자신의 인생이 그저 남의 들러리가 아님도 이제 확실히 안다. 그렇게 아내는 자신의 진가를 깨달았고, 한 인간이자 남편으로서 나까지도 자신으로 인해 진정 더 나은 사람이 되어 가고 있음을 깨달았다. 덕분에 우리 관계는 더 친밀하고 기쁘며 서로 만족하는 차원으로 발돋움했다."

데이비드의 수용과 소중히 여김을 통해 하나님이 메건에게 그분의 사랑을 말씀하실 수 있는 문도 열렸다. "나를 있는 모습 그대로 받아 주고 사랑해 준 남편 덕분에 나를 향한 하나님의 사랑을 비로소 깨달았다. 내 가장 어두운 시절에도 그분은 나를 사랑하셨다. 나는 부부관계에서 활짝 피어나기 시작했고, 남편의 사랑과 하나님의 사랑을 얻어 내려는 노력을 그만두었다. 나는 남편에게 중요하고 우선적인 존재다.

내가 자신에게 우선적인 존재라던 남편의 말을 잊지 못한다. 한술 더 떠서 '메건, 당신은 내게 우선적인 존재 중 **하나**가 아니라 **유일하게** 우선적인 존재예요.'라고 말했을 때는 내 눈에 눈물이 흘렀다. 그 말에 내 영혼은 해방감을 느꼈다! 그날부터 내가 한껏 날아올랐던 것 같다.

남편도 나를 소중히 여기고 하나님도 나를 소중히 여기신다. 남편의 깊고 사심 없는 사랑을 더 깨달을수록 복음이 더 이해되고, 복음이 더 이해될수록 남편의 사랑이 더 받아들여진다. 나의 구주와 구원자는 한 분뿐이시다. 하지만 남편의 구체적인 사랑 덕분에 나는 딸을 애지중지하시는 아버지이자 친구이신 그분을 더 깊이 알게 되었다."

다음은 데이비드의 말이다.

"우리는 사랑과 신뢰와 친밀함이 계속 깊어지는 놀라운 결혼생활을 하고 있다. 이런 경험은 우리 평생 처음이다. 오랜 과정이지만 이제 메건도 죄책감을 느끼거나 의도를 의심하지 않고 내 사랑과 축복을 잘 받아들인다. 자신을 이렇게 사랑하려는 내 마음을, 그리고 자신에게 그만한 가치와 자격이 있음을 아내도 안다."

믿어지지 않을 만큼 경이로운 삶

반항하여 타락한 우리를 향한 하나님의 은혜와 수용과 인정은 때로 너무 좋아 믿어지지 않지만 하나님의 이 모든 선물은 사실이다. 배우자의 사랑을 잘 수용하려면 먼저 자신을 온전히 받아들일 수 있어야 한다. 때때로 나는 부족한 남편이라는 게 싫을 때가 있다. 약점을 마구 노출시키는 내가 혐오스러울 때도 있다. "오, 하나님! 내가 왜 이러는 걸까요?"

그게 가능하다면 오죽 좋으랴.

부족한 우리를 하나님이 사랑하심을 믿지 못한다면, 부족한 나를 향한 배우자의 사랑도 받아들이기 힘들다.

우리 중에 상처받은 사람이 많지만, 은혜라는 하나님의 묘약 덕분에 그 상처는 고통스러운 과거일망정 지금의 현실이 되지는 않는다. 당신을 깨끗이 씻어 주는 하나님의 용서와 인정과 수용을 받아들이라. 그러면 하나님의 은총을 닮은 배우자의 소중히 여김도 받아들일 수 있다.

다윗 왕은 교만하게 간음과 살인을 저질렀지만 그래도 하나님의 **기뻐하심**을 알았다. 다음의 고백은 둘 다 그의 입에서 나왔다.

- ◆ "나를 또 넓은 곳으로 인도하시고 나를 **기뻐하시므로** 구원하셨도다"(삼하 22:20).
- ◆ **"그의 종의 평안함을 기뻐하시는** 여호와는 위대하시다"(시 35:27).

에베소서 5장 1절에 바울은 그리스도를 따르는 무리를 "사랑을 받는 자녀"라 칭했다. 하나님의 거룩한 수용을 받아들여야만 배우자의 수용도 받아들일 수 있다. 하나님이 당신을 기뻐하시는 근거는 당신의 행위가 아니다. 어림도 없다. 종종 그분은 우리가 그분을 밀쳐냈을 때 우리를 가장 위로해 주신다. 그분이 기뻐하시는 근거는 우리가 착하게 타고났거나 호감을 주어서도 아니다. 이 무슨 망발인가. 그 근거는 우리의 대언자이신 예수 그리스도께 있다. 심리적으로 그밖에는 무엇도 통하지 않는다. 우리 대부분은 자신이 배우자에게 항시 소중히 여김을 받을 만큼 사랑스럽거나 착하거나 훌륭하다고 확신할 수 없다. 나 또한 그런 망상에 빠져 있지는 않다! 그러나 복음을 '깨닫고' 용서와 구원이라는 영적 유산과 그에 수반되는 수용을 받아들이면, 소중히 여김을 순순히 받을 줄도 알게 된다.

이렇게 소리 내어 기도하라.

"주님, 소중히 여김을 순순히 받겠습니다. 주께서 저를 기뻐하신다고 말씀하시니 받아들입니다. 주께서 저를 사랑받는 자녀라 부르시니 잘못된 자기혐오를 버리고 주님의 그 진실한 선언을 받아들입니다. 주님의 은혜에 순복합니다. 주님의 공로로 말미암아 부족한 저를 소중히 여겨 주시니 그 사실에 순복합니다."

이 수용을 받아들이면 하나님의 은혜가 한없이 경이롭게 다가온다. 나는 사고를 치지만 놀랍게도 하나님이 이미 그 사고의 대책을 마련해 두셨음을 떠올린다. 나는 너무 바쁘거나 독자적이거나 피폐하거나 교만해진다. 하나님은 이를 지적하신 뒤 내가 회개하고 나면 이렇게만 말씀하신다. "그 죄는 내가 용서했으니 너도 잊어버리고 다시 시작하자."

은혜 안에 살아가는 삶은 끝없는 경이의 연속이다. "이 죄도 용서하셨다고요? **그 죄**까지도요? 주님, 저는 중년이 되어서도 이 모양인데 주님의 은혜는 정말 **다함이 없군요**. 얼마나 놀라운지요. 얼마나 놀랍기 그지없는지요!" 그래서 **자신으로 인하여 침울해지지 않고 하나님으로 인하여 기쁨이 차오른다.**

소중히 여김이란 하나님의 은혜로 용서받고 그 은혜를 나누는, 은혜 안의 삶이다. 하나님의 은혜가 정말 우리 각자에게 아주 넓고 높고 깊다는 사실, 거기에 감탄하며 걸어가는 길이다.

죄책감에 찌든 남편이나 아내여, 부디 배우자의 소중히 여김을 잘 받아들이라. 이거야말로 '그리스도인다운' 일이다!

◆ 소중히 여김을 받고 싶다면 가장 효과적인 방법의 하나로, 자신에게 성장이 필요한 부분이 있음을 겸손히 인정하라. 그 부분이 달라지면 배우자 쪽에서 나를 소중히 여기기가 한결 쉬워진다.

◆ 우리의 성격 결함과 약점은 다른 누구에게보다 배우자에게 더 영향을 미친다. 그래서 다른 누구보다 배우자의 견해와 취향이 더 중요하다. 물론 상대의 병적이거나 비뚤어진 욕구까지 들어 주어야 한다는 말은 아니다. 하지만 배우자에게 내 명백한 결함을 참으라고 우길 게 아니라 내 쪽에서 긍휼을 보이며 결함을 힘써 바로잡아야 한다.

◆ 잘못을 부드럽게 지적해 주는 배우자의 말을 귀담아들어야 한다.

◆ 더 큰 목적을 위해 살아가면 그만큼 더 소중히 여김을 받을 만한 사람이 된다. 내가 이기적일수록 상대가 나를 소중히 여기기가 더 힘들어진다.

◆ 배우자에게 더 소중히 여김을 받고 싶다면 그의 필요를 찾아내 채워 주라.

◆ 배우자와 사랑에 빠지던 때의 당신을 떠올려 보라. 자신에게 어떤 큰 변화를 주기 전에 먼저 상대의 취향을 배려하라.

◆ 어떤 사람들의 경우 배우자에게 소중히 여김을 받는다고 느끼지 못하는 이유는 자신이 상대의 소중히 여김을 받아들이지 않기 때문이다. 이 영적인 병을 고치려면 하나님의 은혜를 더 깊이 깨닫고 체험해야 한다.

1 배우자가 당신을 소중히 여기기 가장 어려운 점 세 가지를 솔직히 꼽아 보라. 당신은 그런 문제를 해결하는 중인가, 아니면 배우자에게 참으라고만 하고 있는가?

2 당신의 성격 결함과 약점은 지금까지 어떤 식으로 배우자에게 큰 스트레스를 주었는가?

3 지난번에 배우자가 당신의 잘못을 지적해 주었던 때를 생각해 보라. 상대의 방법이 옳았는지 아닌지를 떠나 당신은 마음을 열고 이를 받아들였는가, 아니면 방어 자세를 취했는가?

4 당신은 이기적인 관심사에 매몰되어 초라하게 살아가고 있는가? 어떻게 지금부터 더 큰 목적을 위해 살 수 있겠는가? 당신의 독특한 재능과 성격으로 어떻게 하나님의 사랑과 빛을 세상에 드러낼 수 있을지 심각하게 생각해 본 적이 있는가?

5 당신이 본문에 적었던 배우자의 세 가지 당면한 필요를 다시 보라. 이런 필요를 채워 주기 위해 앞으로 몇 주 동안 당신이 할 수 있는 일은 무엇인가?

6 외모 부분에서도 당신은 배우자의 취향을 배려하기 위해 애쓰고 있는가?

7 당신은 자신이 소중히 여김을 받을 자격이 없다고 느껴지는가? 이 때문에 배우자가 당신을 소중히 여기기가 더 어려워지는가? 복음을 더 잘 이해하면 이 부분에서 성장하는 데 어떻게 도움이 되겠는가? 다른 사람들에게 이 부분에서 더 성경적으로 사고하는 데 도움이 되었던 서적을 권해 달라고 하라.

소중히 여김을
지속하는
성경적 능력

13

하나님의 은혜에 대한
진리를 이해하면
배우자를 계속 소중히 여길
동기와 능력이 생긴다

🌹　　"너는 뚱뚱한 여자애치고 냄새는 심하지 않구나."

줄리(Julie)의 아빠가 실제로 한 말이다. 사실 줄리는 뚱뚱하지 않다. 날씬하지 않을 뿐이다. 줄리를 보고 뚱뚱하다고 할 개인 트레이너나 의사는 아무도 없다. 아빠도 딸이 뚱뚱하다고 생각하지는 않았을 것이다. 그냥 딸들에게 조심하라고 일깨우는 '우스갯소리'였다고 한다. 딸들은 늘 과체중의 언저리에 가 있었다.

이 아빠는 매사에 군대식인 데다 사랑이란 엄해야 한다는 주의였으므로, 자녀가 탁월하면 당연한 거고 평균치는 실패로 통했다. 그중 한 자녀는 성적표에 B학점을 받아오느니 차라리 경찰에 체포되는 게 나을 정도였다. 그게 아빠의 시각이었다.

줄리의 엄마는 남편을 대할 때 늘 두려워하면서도 남편에게 의존했다. 남편의 말이나 결정에 한 번도 이의를 제기하지 않았다. 자연히 딸들은 아무런 보호막도 없이 아빠의 과도한 기대에 짓눌려야 했다.

말할 것도 없이 줄리는 소중히 여김을 받지 못하며 자랐다. 지성과 매력과 위트를 갖춘 그녀인데도 수십 년 동안 벼랑 끝에 살았다. 밑에는 사람을 받아 낼 그물조차 없었다. 최고 기량을 발휘하지 못해 부모를 실망하게 하면 실패자와 하찮은 존재로 전락했다. 그녀를 받아 줄 사람은 아무도 없었다.

그러다 그녀는 제프(Jeff)를 만나 결혼했다.

아빠처럼 되어 가는 딸

줄리의 마음이 마침내 깨어난 때는 하나님이 그녀에게 주신 아들이 딸들의 수준에 미치지 못하면서부터였다. 첫딸은 그야말로 대통령감이고 둘째 딸은 포드 자동차 회사라도 인수할 것 같은데, 아들 브렌트 (Brent)만은 다르다. 야구 카드 가게를 운영하는 은퇴자만큼이나 야망이 없다.

설상가상으로 브렌트는 아빠인 제프를 빼닮았다. 제프는 주님을 사랑하는 착실한 남자로 가족을 그런대로 잘 부양한다. 가계 수입에 기여하는 정도가 줄리와 비슷하다. 그런데 더 발전하려는 욕심은 없다. 마라톤이라도 달려 자신을 시험해 볼 마음도 없다. 10년 된 자동차를 몰아도 괜찮고, 집에 자잘하게 수리할 데가 있어도 상관하지 않는다. 제프는 더 관계 중심이라서, 그에게 집이란 손님에게 잘 보여야 할 곳이 아니라 사랑하는 가족을 대하는 곳이다.

처음에 줄리는 제프의 그런 면에 끌렸다. 아무런 조건 없이 자기를 마냥 사랑하고 받아 주는 그가 참 좋았다. 제프의 평안과 자족과 영적 안식이 분명히 줄리 자신에게 양분이 되었다.

결혼하기 전까지는 그랬다. 그러나 결혼 후부터 제프는 줄리가 보기에 제대로 하는 게 거의 없었다.

줄리는 우선 그에게 공부를 더 하고 싶으냐고 물었다. 제프는 왜냐고 되물었다. 마치 그녀가 머리를 주황색으로 염색하고 싶으냐고 묻기라도 한 듯 그에게는 그 질문이 이상하게 들렸다.

이번에는 줄리가 이직의 기회를 언급하기 시작했다. 그러나 제프는

"하지만 나는 지금 함께 일하는 사람들이 좋아요. 상사도 내 마음에 들고!"라고 답했다.

결국 줄리는 남편이 조용한 삶으로 만족하다 못해 행복하기까지 하다는 사실을 받아들였다. 하지만 아들 브렌트까지 아빠의 전철을 밟도록 둘 수는 없었다.

그런데 아들은 이미 그 길로 가고 있었다.

브렌트는 기질과 생김새가 아빠의 판박이였다. 그래서 줄리는 아들을 남편의 영향력으로부터 '건져내' 딸들의 수준으로 끌어올리는 일에 착수했다.

그러다 친구의 지적을 받고서야 정신을 차렸다. 어느 날 친구가 말했다. "줄리, 너를 부러워하는 아내들이 얼마나 많은지 알아? 제프는 건실하고 자상하고 배려심이 많잖아. 지금까지 수많은 사람을 도우며 그들의 자긍심을 세워 주고 있어. 제프에게 부족한 야망과 수입은 그의 진실성과 신앙과 친밀한 관계로 상쇄되고도 남아. 네가 브렌트를 딸들처럼 만들려 한다면 아들을 망쳐 놓고 말 거야. 제프 같은 사람이 하나 더 있는 건 세상의 복이야. 솔직히 두 딸로 이미 충분하잖아."

친구가 줄리를 이해시킨 방식은 위의 내 표현보다 더 친절하고 사려 깊고 온유했다. 어쨌든 줄리도 결국 요지를 알아들었다. 그녀는 자기 아빠처럼 되어 가고 있었다.

친구는 긍휼이 담긴 목소리로 이런 말도 했다. "줄리, 너는 평생 그리스도인이었는데 내가 보기에는 진짜 복음을 깨닫지 못한 것 같아."

"무슨 소리야? 평생 교회에 다녔는데."

"하지만 복음이 어떤 의미인지 아니? 너 자신이 하나님의 사랑과 수용을 받아들일 줄 모르면, 브렌트와 제프는 절대로 너에게 온전히 사랑받고 받아들여진다고 느껴지지 않을 거야."

은혜란 한없이 낯설고 초자연적이며 외관상 논리에 어긋나는 개념이라서, 우리가 먼저 하나님의 은혜를 받아들이지 않고는 남에게 은혜를 베풀 수 없다. 우리는 타락한 세상에서 사는 만큼, 우리가 먼저 은혜를 받아들이지 않고는 남을 소중히 여기기가 매우 어렵거나 때로 아예 불가능하다. 은혜는 하나님이 우리를 소중히 여기시는 방식이다. 은혜는 엔진의 연료처럼 우리에게 배우자를 소중히 여기는 동력이 된다.

세 가지 진리

당신이 **복음**이란 단어를 잘 모른다면 복음이란 이런 뜻이다. 우리는 다 죄인인데 하나님은 자비롭고 너그럽게 우리를 부르셔서, 예수 그리스도의 죽음과 부활을 각자의 것으로 삼아 그분과 화목해지고(바른 관계를 맺음) 그분의 의로운 진노(우리가 반항하고 그분을 인정하지 않고 제 갈 길로 가서 하나님과 사람들에게 큰 고통을 초래했기 때문)로부터 구원받게 하신다. 이는 우리의 노력으로 얻어 내는 게 아니라 그냥 받아들이는 선물이다. 그래서 복음 곧 '기쁜 소식'이다(중요한 두 번째 부분인 복음의 '결과'에 대해서는 잠시 후에 살펴볼 것이다).

부족하고 때로 배은망덕한 배우자를—제프처럼 대체로 착실한 '보통의'

배우자도 마찬가지다—계속해서 소중히 여기는 능력은 우리가 복음의 세 가지 기본 진리를 깨닫는 데서 비롯된다.

1. 나 자신이 얼마나 용서받았는가?
2. 나는 무엇으로부터 구원받았는가?
3. 그 구원을 이루고자 그리스도께서 어떤 대가를 치르셨는가?

사람에 따라 이 내용이 아주 종교적이거나 너무 빤하게 들릴 수 있다. "그거라면 나도 이미 안다. 평생 그런 설교를 들었다." 하지만 소위 복음의 메시지야말로 당신의 부부관계에 그 무엇보다도 가장 실제적인 도움이 된다. 계속 서로 소중히 여기려면 매일 매시 상기해야 할 사실이기도 하다.

복음을 단지 역사적 사실로만 인정하면, 우리는 소중히 여길 능력이 없다. 복음은 매 순간 들이쉬는 영적 산소가 되어야 한다. 복음은 아주 강력한 진리인데 반해 우리는 줄줄 새는 그릇이다. 이 단순해 보이는 진리를 깨닫고 살아야 한다. 그래서 이번 장은 이 책에서 가장 영향력 있고 유익하고 실제적인 장이다.

날마다 이 진리로 힘써 재충전하지 않는다면, 배우자를 고강도로 소중히 여길 능력과 동기를 잃을 것이다. 이는 가장 진지한 그리스도인들만을 위한 선택 사안이 아니라 역시 호흡에 더 가깝다. 숨이란 내쉬는 순간 다시 들이쉬어야 한다.

당신은 자신이 얼마나 죄인인지 아는가? 죄 때문에 당신 앞에 놓인 어두운 운명을 참으로 깨달았는가? 당신을 고통에서 건지실 뿐 아니라 영광스럽고 풍요로운 삶을 주시려고 그리스도께서 치르신 처참한 대가를 잠시라도 언뜻 보았는가? 만일 그렇다면 당신은 남은 평생 기쁘게 미소 지으며 사람들을 섬길 것이다. 하나님의 아들이나 딸을 사랑한다 해서 당신이 그분께 호의를 베푸는 게 아니다. 호의는 그분이 **당신에게** 베푸셨다. 거기에 비하면 당신이 하는 일은 아무것도 아니다.

실생활 속에 실천하는 기독교를 한마디로 압축한다면 거의(완전히는 아니지만 거의) 이렇게 된다. 그리스도께서 나를 섬겨 주셨기에 이제 나도 당신을 섬긴다.

당신의 영적인 빚과 본래의 영적인 상태를 모르고는 구원을 알 수 없다. 당신이 마땅히 받아야 할 대우를 참으로 안다면, "이건 내게 부당하다"라는 불평이 결코 나올 수 없다. 그 말은 거꾸로 감사와 경이의 감탄사로만 가능하다.

당신은 "하지만 나는 그렇게 악하지 않다"라고 말할지 모른다. 이는 고등학교 농구 선수가 아직 스티븐 커리(Stephen Curry)를 상대해 본 적이 없어, 자신이 대단한 줄로 아는 것과 같다. 야고보는 예수와 함께 자랐는데, 그렇게 그분의 바로 곁에 살면서 "우리가 다 실수가 많으니"(약 3:2)라는 결론이 나왔다(개신교는 야고보가 마리아의 아들이며 예수와 같은 집에서 자랐다고 본다. 천주교는 대개 야고보를 예수의 사촌으로 본다. 어쨌든 둘은 지척에서 어린 시절을 함께 보냈다). 예수의 탁월한 도덕성을 직접 목격한 야고보는 스스로 '양호한' 척할 수 없었다. 하나님의 화신을 보며 그는 자기(와 우리 모두)가 얼마나 완전함과는 거리가 먼 존재인지 깨달았다. 우리는 다 "실수가 많으"며, 아무리 일진이 좋은 날 아무리 뛰어난 사람도 다를 바 없다(문맥상 야고보가 선생들과 지도자들을 두고 한 말이다).

실수투성이인 우리를 되찾으시려고 예수는 손가락 한 번 딱 부딪쳐 주문을 걸어서 문제를 바로잡으신 게 아니다. 대가가 치러져야 했다. 죄가 없으신 예수께서 우리를 위해 죄가 되셨다. 그 희생의 영적인 고뇌를 우리로서는 알 수 없다. 어찌나 처절했던지 아마 그분은 물리적인 십자가형으로 죽으시기 전에 그 고뇌 때문에 절명하셨을 것이다(그분은 십자가상에서 비교적 일찍 운명하여 로마 당국을 놀라게 했다).

스스로 구원할 수 없는 우리를 위해 그분이 치르셔야 했던 처참한 희생을 일단 받아들이면, 무릎을 꿇고 지극히 작은 행위로 배우자를 비롯하여 남을 섬겨도 전혀 억울하지 않을 것이다.

하나님을 떠난 당신의 심히 악한 마음, 하나님과 영영 분리되는 끝없이 긴 파멸, 죄와 죽음을 이겨 당신에게 은혜로 주신 예수의 위대하고 확실하고 희생적인 승리—이것을 제대로 깨달으면 당신은 아낌없이 사랑을 베풀 길을 찾을 것이다.

그리스도께서 나를 섬겨 주셨기에 이제 나도 당신을 섬긴다.

즐겁게 섬긴다.

기쁘게 섬긴다.

희생도 억울하지 않다.

평생 매 순간 그분을 섬기며 살아도 그분이 갚아 주신 빚에 보답하기에는 언감생심 어림도 없다.

　줄리는 자신이 수용을 어렵게 얻어 냈기에 남들도 똑같이 자신의 수용을 얻어 내야 한다고 생각했다. 그래도 자신에게 요구하는 그 이상을 남들에게 요구하지는 않는다는 게 그녀의 생각이었다.

　문제는 그녀의 기준이 너무 낮았다는 것이다! 그녀는 표면상의 훈육과 야망으로 사람의 가치가 입증된다고 생각했다. 얌전하거나 상처가 많거나 재능이 덜한 사람의 진가를 알아주고 소중히 여기지 못하는 게 심각한 성격 결함인데도, 그녀의 눈에는 그 사실이 보이지 않았다.

　줄리의 마음이 깨어난 것은 "예수의 발자취를 따라 걷기"라는 성금요일 프로그램을 통해서였다. 고난주간의 여러 단계를 재현해 놓은 실내를 걸으며, 그녀는 그리스도의 한없는 희생을 깨달았다. 캄캄한 교회당 안에 앉아서 수용의 참 근원을 보았다. 그러자 남편과 아들을 수용하지 못한 게 가슴 아프게 다가왔다. 딸들에게 자신의 사랑을 얻어내게 만들어 친정아버지의 죄를 대물림하고 있음도 깨달았다. 각자의 죄를 적어 십자가에 못 박는 지점에 이르렀을 때 그녀 안에서 뭔가 무너져 내렸다.

　줄리는 울었다. 예수께서 이미 대가를 치러 주신 수용을 얻어 내려고 얼마나 오랜 세월 애썼던가. 자신이 유년기에 겪었던 그 똑같이 끝없는 쳇바퀴로 얼마나 오랜 세월 딸들을 내몰았던가. 그리스도께서 십자가에서 말씀하신 "다 이루었다"는 문구를 읽으며 그녀는 마침내 그 말뜻을 깨달았다. 그녀가 할 일이 더는 없었다. 그렇다면 남편이 할 일도 더는 없었고, 아들 브렌트가 할 일도 더는 없었다.

수용이 이겼다.

그때부터 소중히 여김이 시작되었다.

새로운 메시지

고대 그리스 철학은 자비와 긍휼을 연약함으로 보았다. 자비로운 사람은 지나치게 감상적이고 유약하게 여겨졌다. 그런데 예수는 긍휼과 자비의 살아 있는 화신으로 오셔서 진정한 성숙과 힘이 무엇인지에 대해 영원히 새로운 표준을 세우셨다.

십자가는 1세기의 세상 전반에 패배로 비쳤지만, 사실은 사상 최대의 승리였다.

예수는 다르셨다.

우선 그분은 이런 말씀으로 의존의 삶을 가르치셨다. "내가 진실로 진실로 너희에게 이르노니 아들이 아버지께서 하시는 일을 보지 않고는 아무것도 스스로 할 수 없나니"(요 5:19). 또 우리에게 "그가 내 안에, 내가 그 안에 거하면 사람이 열매를 많이 맺나니 나를 떠나서는 너희가 아무것도 할 수 없음이라"(요 15:5)고 말씀하셨다.

예수는 긍휼의 삶을 사셨다. 마가는 그분에 대해 "예수께서 … 그 목자 없는 양 같음으로 인하여 불쌍히 여기사"(막 6:34)라고 썼다. 바리새인들이 비난해 올 때 그분은 "내가 긍휼을 원하고 제사를 원하지 아니하노라"(마 9:13)라는 말씀으로 자비의 우월성을 선포하셨다.

예수는 자비와 은혜의 복음을 관계의 표준으로 삼으셨다. 우리는 하나님께 의존하여 매일 은혜를 받아야 한다. 그분의 은혜가 긍휼을 낳고, 긍휼이 우리를 자비 쪽으로 떠밀기 때문이다.

의존을 한시도 멈추어서는 안 된다. 자신을 영적으로 자율적인 존재로 보는 순간 우리는 긍휼을 잃는다. 긍휼을 잃으면 자비를 잃고, 자비를 잃으면 부족한 배우자를 계속 소중히 여길 능력을 잃는다.

이것은 사고의 싸움이다. 사도 바울은 "오직 마음[생각]을 새롭게 함으로 변화를 받"으라고 썼다(롬 12:2). 그래서 날마다 복음을 상기해야 한다. 하루에 여러 번씩 곱씹어야 할 때도 많다.

빚을 탕감받은 결과

큰 빚을 탕감받은 사람이 자기한테 작은 빚은 진 사람을 감옥에 가둔 비유는 우리에게 두 가지 사실을 말해 준다. ① 우리 힘으로는 빚을 갚을 수 없다. ② 일단 하나님께 빚을 탕감받았으면 우리도 남의 빚을 탕감해 주어야 한다.

은혜를 받았으니 마땅히 그 은혜를 베풀어야 한다.

그러나 복음의 진리는 의무를 넘어 참으로 **영광스러운** 삶에 이르는 관문이다. 그 진리가 결혼생활을 전혀 새로운 차원으로 격상시켜 준다. 바울이 디도서 3장에 기술한 영광을 '복음에 합당한 결혼생활'이라 불러도 무방하다. 정말이지 당신도 이런 결혼생활을 원한다.

바울은 무엇이 소중히 여김이고 무엇이 소중히 여김이 아닌지 묘사했다. 양쪽은 극명한 대조를 이룬다. 문맥상 딱히 결혼과 가정생활에 대한 말은 아니지만, 가정을 염두에 두고 읽어도 타당한 적용이다.

너는 그들로 하여금 … 모든 선한 일 행하기를 준비하게 하며 아무도 비방하지 말며 다투지 말며 관용하며 범사에 온유함을 모든 사람에게 나타낼 것을 기억하게 하라. 우리도 전에는 어리석은 자요 순종하지 아니한 자요 속은 자요 여러 가지 정욕과 행락에 종노릇한 자요 악독과 투기를 일삼은 자요 가증스러운 자요 피차 미워한 자였으나 우리 구주 하나님의 자비와 사람 사랑하심이 나타날 때에 우리를 구원하시되 우리가 행한바 의로운 행위로 말미암지 아니하고 오직 그의 긍휼하심을 따라 중생의 씻음과 성령의 새롭게 하심으로 하셨나니 우리 구주 예수 그리스도로 말미암아 우리에게 그 성령을 풍성히 부어 주사 우리로 그의 은혜를 힘입어 의롭다 하심을 얻어 영생의 소망을 따라 상속자가 되게 하려 하심이라. 이 말이 미쁘도다(딛 3:1~8).

소중히 여기는 능력은 "우리 구주 하나님의 자비와 사람 사랑하심"이라는 복음의 메시지를 깨닫는 데서 시작된다. 그분은 "우리가 행한바 의로운 행위로 말미암지 아니하고 오직 그의 긍휼하심을 따라" 우리를 구원하셨고, 또 "성령의 새롭게 하심"을 우리에게 주셨다.

그런데 복음의 중요한 두 번째 요소는 흔히 간과된다. 고린도후서 5장 15절에 그것이 이렇게 나와 있다. "그가 모든 사람을 대신하여 죽으심은 살아 있는 자들로 하여금 다시는 그들 자신을 위하여 살지 않고 오직 그들을 대신하여 죽었다가 다시 살아나신 이를 위하여 **살게**

하려 함이라˝.

복음은 용서받는 데서 그치지 않고, 새 생명을 받아 삶의 동기를 새로 배우는 데로 나아간다. 그리스도께서 시작하신 일을 이어받아 우리도 세상을 새롭게 하는 것이다. 소중히 여김은 바로 이 적용 부분에 해당한다. 새 생명을 받고도 계속 여태 살던 대로 산다는 것은 바울을 비롯한 성경 저자들로서 상상할 수도 없는 일이다. 성령의 임재를 받은 사람이 이전과 똑같이 이기적인 동기로 하찮은 일에 집착하며 악하고 자기중심적인 성향으로 살아갈 수는 없다.

먼저 소중히 여김을 받아야 소중히 여길 수 있다

"우리가 사랑함은 그가 먼저 우리를 사랑하셨음이라"(요일 4:19). 이것이 복음의 적용이다. 다시 말해서 먼저 **예배해야만 일도 할 수 있다**. 다른 길은 없다. 예배를 멈춤은 영적으로 호흡을 멈춤과 같다. 조만간 약해져 끝내 생사의 갈림길에 이른다. 우리의 변화와 재충전과 의욕과 혁신은 하나님을 예배하는 데서 온다. 즉 그분의 은혜, 왕이신 예수, 부름 받은 삶의 원천인 영광 등을 기억해야 한다. 결혼생활의 안팎을 막론하고 예배가 없이는 제대로 일할 수도 없다. 먼저 하나님께 소중히 여김 받지 않고는 배우자를 장기적으로 소중히 여길 수 없다.

성경에 명한 방식대로 사랑하려면 수시로 하나님께 나아가 그분의 사랑과 수용과 인정을 받아야 한다. 그렇지 않고는 사랑이 바닥나 더 내줄 게 없어서 단 하루도 버틸 수 없다. 하나님의 사랑을 미리 쌓아

둘 수는 없다. 삶과 관계가 계속 우리를 고갈시키기 때문이다. 소중히 여겨 주시는 하나님의 임재가 계속 우리를 통해 흘러나가게 해야 한다. 바울은 에베소서 5장 18절에 "성령으로 충만함을 받으라"고 했는데, 원어로는 "계속 성령으로 충만해지라"는 뜻이다. 꾸준히 하나님께 우리를 그분 자신으로 채우시도록 해 드리라는 명령이다. 이는 그리스도를 닮아 가는 길일 뿐 아니라 생명을 살리는 그리스도의 지속적인 은혜에 동참하는 길이기도 하다.

다시 말해서 우리 힘으로 살아가고 우리 힘으로 소중히 여기려 하는 순간, 소중히 여김의 엔진이 꺼지면서 속도가 확 떨어진다. 완전히 멎기까지는 시간문제일 뿐이다.

복음을 기억하는 게 배우자를 계속 소중히 여기는 데 왜 중요한가? 다음 사실을 더 잘 떠올릴 수 있기 때문이다. 하나님이 나처럼 연약하고 정서가 불안하고 죄와 심리적 문제가 많은 사람을 기뻐하고 소중히 여기실 수 있다면, "소중히 여김을 받을 자격"의 기준은 거의 바닥으로 떨어진다. 하나님 아닌 어느 누가 나를 조금도 귀찮아하지 않고, 늘 똑같은 대화를 참을성 있게 되풀이할 수 있겠는가? 그게 얼마나 짜증스러운 일일지 솔직히 생각해 보면, 다른 모든 사람을 향한 내 생각의 기류가 달라진다.

줄리는 자신의 고백서를 아직 십자가에 못 박지 않았다. **생각으로만** 그곳에 못 박았고 실제 종이는 매일 환기하기 위해 간직하고 있다. 복음을 잊어버리지 않게 해 줄 중요한 도구로 사용하고 있다.

성경책에 끼워 둔 그 종이를 보면 하나님이 자신을 용서해 주신 목적, 수용의 근원, 그분께 진 빚이 날마다 떠오른다. 내년 고난주간에 교회에서 똑같은 의식이 진행될 때 그 종이를 십자가에 못 박을 작정이다.

이제 줄리도 안다. 그리스도 안에서 하나님의 수용과 사랑과 소중히 여김을 받고, 은혜로 용서받고, 성령의 능력을 입은 사람은 삶을 바꾸어 놓는 이 진리를 깨닫는다. 즉 **부족한 당신을 소중히 여기시는 하나님이라면 능히 당신을 도와 부족한 배우자를 소중히 여기게 하시고도 남는다.**

그런 삶의 실제 모습

복음을 받아들이고 실천하는 삶이 실제로 어떤 모습인지 디도서 3장에 나와 있다. 그야말로 최상이자 최고의 결혼생활이다. 찬란한 빛을 발하는 이 결혼생활에서는 서로 소중히 여김을 주고받는 게 확연히 드러난다.

우선 성경은 우리에게 "모든 선한 일 행하기를 준비하게 하며 아무도 비방하지 말며 다투지 말며 관용하며 범사에 온유함을 모든 사람에게 나타낼 것"(딛 3:1~2)을 명한다.

하나님께 소중히 여김을 받아온 복음의 사람들은 다음과 같이 살아간다.

◆ 모든 선한 일을 행할 준비가 되어 있다. 의욕과 열정으로 무르익

어 있다.

- ◆ 누구에 대해서도 비방하지 않는다.
- ◆ 특히 다투지 않는다. 화목하게 해야 할 자신의 소명을 잘 알고 있다.
- ◆ 하나님이 자신에게 관용하시듯 자신도 남들의 오류를 관용으로 대한다.
- ◆ 범사에 온유함을 나타낸다.

하나님께 소중히 여김을 받으면 자연히 남을 소중히 여기고 싶어진다. 위의 목록은 그 의미의 일부일 뿐이다. 바울에 따르면 하나님께 소중히 여김을 받는 사람은 선을 행하려는 거의 강박적인 추구가 생겨난다. 디도서 3장 1~14절에만도 이 추구가 **세 번이나** 언급된다. "모든 선한 일 행하기를 준비하게 하며"(1절). "선한 일을 힘쓰게 하려 함이라"(8절). "좋은 일에 힘쓰기를 배우게 하라"(14절).

바울은 은혜에서 흘러나오는 선행을 **매우** 중시했다.

서로 소중히 여기려는 그리스도인 부부의 경우, 남편과 아내는 모든 선을 행할 **준비**가 되어 있다. 서로 축복할 길을 찾는다. 다른 누구에 대해서도 비방하지 않는다. 모든 선행에 준비되어 있다 보니 **다툴** 일도 없다. 서로 **관용하며 온유함을 나타내기** 때문이다(딛 3:2).

나를 별세계에 사는 정신 나간 사람으로 보기 전에("게리, 도대체 누가 그렇게 산단 말인가?"), 잠시 멈추어 자문해 보라.

"그런 집에 살고 싶지 **않은** 사람이 누가 있겠는가?"

"하지만 그게 어떻게 가능한가?"

오매불망 그렇게 살고 싶다는 결심만으로는 **안 된다**. 날마다 의지적으로 복음을 되뇌며 이렇게 떠올려야 한다. "이게 표준이다. 그냥 비열함과 가혹함과 서로에 대한 비방을 삼가는 정도가 아니라, 여태 하나님이 우리에게 얼마나 자비롭고 선하셨는지를 날마다 상기해야 한다. 하나님과 함께 시간을 보내며 날마다 성령으로 새로워져야 한다. 그래야 초자연적으로 서로 용서하고 온유하게 대하며, 서로에게 복이 될 선행을 적극적으로 찾을 수 있다."

간단한 것 같지만 위력적인 공식이다. 먼저 자신에게 복음을 전하라(하나님의 은총을 받아들이라). 다음 그 복음을 삶으로 실천하라(그분의 은총을 사람들에게 표현하라). 바로 이 능력으로 우리는 배우자를 소중히 여길 수 있다. 우리를 한없이 소중히 여기는 복음을 믿고 받아들인 다음, 거기에 함축된 의미를 실천하여 서로 소중히 여기는 것이다.

물론 무수히 실패할 것이다. 하지만 복음의 놀라운 점은 실패하는 배우자에게 당신이 은혜를 베푸는 만큼 당신도 실패할 때 은혜를 받는다는 사실이다. 이는 부담스러운 연기(演技)가 아니라, 날마다 자유를 누리며 점차 자신이 늘 되고 싶었던 사람—배우자를 향해 은혜롭고 친절하고 잘 용서하고 열정적인 사람—으로 자라 가는 과정이다.

줄리는 제프를 위해 선을 행할 길을 하나님께 여쭙기 시작했다. 어느 오후에 정원 손질을 하고 들어오는 그에게 그녀는 전문 마사지를 3회 받을 수 있는 상품권을 건넸다. "정말 수고가 많았어요, 여보. 이걸로 몸이나 좀 푸세요."

제프는 전문 마사지를 받아 본 적이 없었다. 줄리는 씀씀이가 빡빡한 편이었고, 다른 남편들만큼 돈을 많이 벌어 오지 못하는 그에게 늘 희생을 강요하는 듯 보였다. 그녀가 이렇게 남편만을 위해 가욋돈을 지출하기는 처음이었다. 그의 야망이 부족해도 괜찮다는 뜻으로 전달되었을 수 있다. 그녀는 돈을 더 벌지 못한다는 이유로 자신이 남편에게 사실상 복수하고 있었음을 깨달았다.

남편을 벌하던 그녀가 이제 그를 축복하고 싶어졌다.

제프는 할 말을 잃었다. 감동에 겨운 그를 보며 줄리는 그동안 자신이 얼마나 이기적이고 비판적이었는지 깨달았다. 무언의 메시지는 늘 "당신은 수준 미달이에요"였다. 그런데 이제 "당신의 모습 그대로로 인해 감사해요"로 바뀐 셈이다. 이는 제프의 영혼에 큰 유익을 끼쳤고, 그녀는 거기에 깜짝 놀랐다.

그런 일이 계속 되풀이되었다. 줄리는 제프를 위해 돈을 쓸 새로운 길을 모색했고, 그렇게 돈을 쓸 때마다 남편을 좋아하는 마음이 더해져 갔다. 소중히 여김이 그녀의 마음을 바꾸어 놓았다.

어떤 면에서 줄리가 남편을 소중히 여기기는 아마 결혼 후 처음이었다. 물론 늘 남편을 **사랑했고** 남편도 이를 알았다. 그러나 이제 줄리는 그를 **소중히 여긴다**. 둘의 결혼생활에 이보다 행복한 때는 없었다.

당신은 결혼생활에서 배우자를 위한 선행에 신중히 힘쓰고 있는가? 선을 행한다는 긍정적 초점이 없으면, 나쁜 행동을 하지 않는 게 결혼생활의 목표가 된다. 하지만 그것만으로 부족하다. 그것은 소중히 여김이 아니라 바리새인 같은 모습이다("나도 당신에게 나쁜 짓을 하지 않을 테니 당신도 내게 나쁜 짓을 하면 안 돼").

당신은 날마다 적극적으로 방도를 찾고 있는가? 먼저는 하나님의 사랑과 자비를 받아 성령으로 새롭게 충만해지려 애쓰고, 나아가 집에 들어갈 때마다 이런 태도를 품으려 애쓰는가? "하나님, 오늘 배우자를 축복할 길을 보여 주세요. 집에서 행할 선을 하나라도 찾게 해 주세요." 선행으로 꾸준히 배우자를 축복하지 않고는 견딜 수 없을 만큼, 그렇게 강력하게 복음을 받아들이고 있는가?

요컨대 **믿음은 열매를 낳는다.** 배우자에게 어떻게 선을 행할지에 대해 관심이 없다면 당신은 하나님께 받은 복, 그분의 사랑과 자비, 성령을 통한 능력을 망각한 것이다. 따라서 열매를 맺으려면 먼저 믿음부터 세워야 한다(많은 교회에서 내 책《영성에도 색깔이 있다》(CUP)를 활용해 사람들에게 하나님과 날마다 소통하는 최선의 길을 이해하도록 돕고 있다. 책에 소개된 9가지 '영적 기질'을 통해, 하나님께 지음 받은 각자의 성향에 맞게 경건의 시간을 계발할 수 있다. 경건의 시간이 정체된 듯싶거든 그 책의 가르침을 살펴보는 것도 좋다).

물론 어떤 부분은 이상주의적으로 들릴 수 있다. 나 또한 이를 통달한 척 말할 생각은 없다. 하지만 행복한 결혼생활을 추구하지 않을 까닭이 있겠는가? 듣기만 해도 아름답지 않은가? 게다가 이런 교훈을 주신 분이 하나님인데, 감히 우리가 너무 높아 올라가지 못할 나무라고 말할 셈인가?

다른 대안은 무엇인가? 디도서 3장으로 돌아가 보면, 다른 대안은 **이전의** 우리 모습이다. "우리도 전에는 어리석은 자요 순종하지 아니한 자요 속은 자요 여러 가지 정욕과 행락에 종노릇한 자요 악독과 투기를 일삼은 자요 가증스러운 자요 피차 미워한 자였으나"(딛 3:3). 이는 복음을 떠난 삶이다. 받은 사랑을 도로 베풀며 영원하고 영광스러운 계획에 이끌리는 게 아니라, 하루하루 자아에 매몰된 채 하찮고 이기적인 일에 힘쓰는 삶이다.

NIV 성경에는 3절 마지막 문구가 "서로 미움 받고 미워하던 자였으나"로 되어 있다. 이 덫에 빠지는 부부를 나는 많이 보았다. 근본 문제는 부부간에 미움이 시작된 데 있다. 그들은 바닥의 젖은 수건, 쪼들리는 돈, 너무 잦거나 드문 섹스 등이 문제라고 생각하지만, 사실은 그 이면에 **영적인 변질**이 깔려 있다. 그것은 복음의 핵심을 잊어버린 것이다. 소중히 여김을 주고받지 않는다. 오가는 사랑도 없다. 그저 미움에 빠져 하루하루를 보낼 뿐이다. 복음의 삶으로 돌아가지 않는 한 진짜 문제는 풀리지 않는다. 즉 자신에게 복음을 전하고 받아들이고 실천해야 한다.

사랑받고 사랑하는 삶이야말로 우리에게 주어진 영적 유산이다. 우리는 서로 미워할 필요가 없다.

복음은 줄리와 제프에게 새로운 결혼생활을 가져다주었다. 당신도 그렇게 될 수 있다. 사랑받고 사랑하는 삶을 회복하라. 날마다 자신에게 복음을 되새기고, 매순간 그 복음대로 살아가라. 바로 거기에 소중히 여김의 배후 능력이 있다.

- 배우자를 소중히 여길 동기를 잃지 않으려면 내가 얼마나 용서받았고, 무엇으로부터 구원받았으며, 그리스도께서 내게 재기의 기회를 주시려고 어떤 대가를 치르셨는지를 기억해야 한다.

- 복음을 깨닫고 또 상기하면, 서로 계속 소중히 여길 수 있는 마음가짐과 영적인 상태가 갖추어진다. 그리스도께서 나를 섬겨 주셨기에 이제 나도 당신을 섬긴다.

- 성경에 명한 방식대로 서로 소중히 여기려면 먼저 하나님의 자비와 사랑을 가슴 깊이 받아들이고, 그분의 긍휼에 의지하고, 성령으로 새롭게 되어야 한다.

- 부족한 당신을 소중히 여기시는 하나님이라면 능히 당신을 도와 부족한 배우자를 소중히 여기게 하시고도 남는다.

- 복음에 합당하게 살아가는 부부는 서로를 위한 선행에 준비되어 있고, 서로 비방하지 않고, 다투지 않고, 관용하며, 범사에 온유함을 나타낸다.

- 복음이 없으면 많은 부부가 서로 사랑받고 사랑하는 게 아니라 결국 서로 미움받고 미워하게 된다.

1 당신은 어렸을 때 주변의 수용을 느끼며 자랐는가? 그 여부는 당신이 하나님을 보는 시각에 어떤 영향을 미쳤는가? 배우자를 대하는 방식에는 어떤 영향을 미쳤는가?

2 하나님이 당신을 무엇으로부터 구원해 주셨는지 자신의 말로 표현해 보라. 당신이 어떤 사람이었고 어떻게 살아왔는지를 전부 생각할 때 자신이 마땅히 받아야 할 대우가 참으로 무엇인지 고백해 보라.

3 그리스도께서 당신의 어깨에서 그 영적인 짐을 벗겨 주셨을 때 당신이 경험했던 기쁨을 되살려 말해 보라. 당신에게 구원은 어떤 의미로 다가왔는가?

4 당신은 어떨 때 하나님의 사랑이 가장 잘 느껴지는가? 그분의 은혜와 인정과 위로를 기억해 받아들이고 그분의 임재와 음성에 더 민감해지기 위해, 당신이 경건의 시간에 할 수 있는 일은 무엇인가?

5 다음 한 주 동안 배우자에게 행할 수 있는 선한 일을 두세 가지만 생각해 보라.

6 아래에 열거한 복음의 열매를 다시 검토해 보면, 당신이 가장 강한 부분과 가장 약한 부분은 각각 무엇인가?

◆ 선을 행하려는 열의가 있다.

◆ 절대로 서로 비방하지 않는다.

◆ 다투지 않는다.

◆ 서로 관용한다.

◆ 서로 범사에 온유함을 나타낸다.

맺는말

내 친구 그레그 블레드소(Greg Bledsoe) 박사는 의대 예과 3학년 때
어느 가정의학과 병원에서 실습했다.[1] 의대생들이 으레 그래야 하듯
이, 그날도 그는 여느 날처럼 "병원 일을 적극적으로 배우고, 방해가
되지 않도록 애쓰고" 있었다.

회진하는 시간, 레지던트 의사와 함께 어느 할머니 환자의 진료실
에 들어서니 환자의 남편이 함께 있었다. 여든이 다된 환자는 휠체어
에 옆으로 기울어지게 앉아 있었는데, 신경근육병으로 사지가 오그라
들었고 벌어진 입에서는 침이 흘렀다.

그레그에 따르면 "환자의 남편은 기력이 정정했다. 기민하고 정신
적으로 예리한 데다 말하기까지 좋아했다. 나이는 병약한 아내와 엇
비슷한데 건강은 훨씬 좋았다. 대개는 그 반대라서 나는 놀랐다. 남자
가 여자보다 훨씬 일찍 건강을 잃는 편이라, 건강한 아내가 병약한 남

---

1 이 부분은 그레그 블레드소의 블로그 게시물에서 따왔다. 그는 너그럽게도 그 게시물을
내 블로그 www.garythomas.com에 올리도록 허락해 주었다. 이 책 전체와 보조를 맞추
려고 일인칭을 삼인칭으로 고쳤을 뿐, 전부 다 그레그 자신의 표현이다. 그는 다수의 의학
학술지에 논문을 발표해 왔으며 ghbledsoe.com에 블로그 활동도 꾸준히 하고 있다.

편을 간병하는 경우가 대부분이다."

젊은이—아직 참사랑을 이해하지 못하는 사람—에게 흔한 정서적, 영적 병이 그레그에게도 있었다. "솔직히 그 남편이 참 안 돼 보였다."

남편은 아내의 턱에 흘러내리는 침을 닦아주면서도 기분이 밝아 보였다. 그런 환자들에게 24시간 내내 간병이 필요함을 알기에, 그레그는 간병을 맡은 사람이 얼마나 많은 일로 녹초가 되는지도 알았다. 진료 기록을 넘겨다보니 환자는 아직 자택에서 남편과 함께 살고 있었다. 간병을 맡은 사람은 바로 남편이었다.

'하나님, 부디 제게는 이런 일이 없게 하소서.' 대개의 젊은이처럼 그레그도 그런 생각이 들었다.

마침 호출이 있어 레지던트 의사가 통화하느라 복도로 나가는 바람에 진료실에는 환자 부부와 함께 그레그만 남았다.

그의 고백을 들어 보자. "약간 어색했다. 그때 나는 예과생이라 아직 관찰만 하는 단계였고 직접 환자를 진료할 수는 없었다. 레지던트가 밖으로 나가자 회진은 중단되었다. 침 흘리며 가끔 신음을 내는 환자 옆에 그 남편과 둘이서 앉아 있자니, 정중히 말 상대가 되어 드리는 길밖에 없었다.

열의에 찬 남편의 우렁찬 한마디에 어색함이 곧 깨졌다.

"아내는 내 낚시 친구였다오."

"네?"

"아내가 내 낚시 친구였다니까. 우리는 둘이 함께 사방으로 낚시하러 다녔지."

"정말요?"

"그럼. 저쪽 호수에 견지 낚싯줄을 내려놓고는 아침마다 일어나 확인하곤 했다오. 결혼한 지는 50년이 넘었고."

그레그가 바라보니 그의 두 눈은 빛을 발했고, 환하게 함박웃음을 지은 입속에 이가 드문드문 빠져 있었다.

얼굴이 그렇게 밝을 수가 없었다.

"아무렴, 여기 이 사람이 내 낚시 친구였다네." 그는 그 말을 또 하면서 아내의 손을 살짝 잡고 아내에게 애정 어린 미소를 보냈다.

다음은 그레그의 회상이다. "10여 분 동안 나는 그에게서 눈을 뗄 수 없었다. 조금 전에 내가 딱하게 여겼던 그가 아내와 함께 살아온 온갖 이야기로 나를 즐겁게 했다. 믿어지지 않았다. 그런데 더 믿어지지 않은 건 내 속에 일어난 변화였다.

아내의 손을 어루만지고 볼에 입 맞추고 침을 닦아주면서 둘이 함께해 온 삶을 즐겁게 풀어내는 그 할아버지를 지켜보는 사이, 내 내면의 시각이 확 바뀌었다. 동정심은 흔적조차 사라지고 오히려 그가 부러워졌다."

이 노인은 침 흘리며 정신이 오락가락하는 주름살투성이 늙은 아내를 **소중히 여겼고**, 아직 독신이던 한참 젊은 의사는 80대의 아내를 지긋이 바라보며 결혼생활을 즐겁게 회상하는 그 노인이 **부러웠다.**

그레그와 대화했던 그 노년의 남편은 아마도 이제는 세상을 떠났을 테고, 소중히 여긴 자신의 행동이 훗날 많은 이들에게 읽히게 될 줄은 꿈에도 몰랐을 것이다. 그를 만난 지 몇 년 후 그레그는 빼어난 금발

미인과 결혼했다. 아직 20대의 그녀는 피부에 흠결이 없고 근육도 더 없이 탱탱했지만, 이제 그레그는 사랑이 그런 것들로 규정되거나 지속되는 것이 아님을 이미 알았다.

휠체어에 앉아 신음하며 침 흘리는 80대의 '낚시 친구'를 당신도 소중히 여길 수 있다.

소중히 여김은 수십 평생에 걸쳐 수많은 선택이 몸에 배면서 가꾸어지고 지속된다. 상대가 우리에게 갈수록 더 중요해짐은 과거에도 늘 그랬고 앞으로도 늘 그럴 것이기 때문이다. 위에 말한 환자의 남편은 데이트하던 20대 시절에도 그녀의 입가에 묻은 아이스크림을 웃으며 닦아주었을 것이다. 80대 아내의 턱에 묻은 침을 닦아주는 일도 그에게는 전혀 다르게 느껴지지 않았다. 그는 동일한 한 여자를 연모했다. 그녀는 그의 하와였다. 다른 누구와 함께하는 삶을 그는 상상할수도 없었고 바라지도 않았을 것이다.

"내 비둘기, 내 완전한 자는 하나뿐이로구나"(아 6:9).

하나님이 기뻐하신다면 이 책을 통해 그런 이야기들이 더욱 많아지기를 바란다. 그리하여 마지막 순간까지 아내를 깊이 소중히 여기는 남편들, 남편을 뜨겁고 후하게 소중히 여기는 아내들이 그분의 교회에 가득하기를 바란다.

훌륭한 결혼이란
완벽한 커플이 함께하는 것이 아니라
불완전한 커플이
그들의 다름을 즐기는 것을 배우는 것입니다.

— 데이브 뮤러 —

A great marriage is
not when the 'perfect couple' comes together.
It is when an imperfect couple learns
to enjoy their differences.

—Dave Meurer—